KB153215

최치원 논문선집
崔致遠 論文選集

최치원 논문선집

찍은날 / 2017년 7월 10일
펴낸날 / 2017년 7월 17일
지은이 / 이성호
펴낸이 / 김경현
펴낸곳 / 도서출판 역사문화
02708 서울특별시 성북구 솔샘로5가길 30(정릉동) 101호
등록번호 / 제 6297호
전 화 / 02) 9429717
팩 스 / 02) 9429716
홈페이지 / http://www.ihc21.com
찍은곳 / 한영문화사

ISBN 979-11-86969-34-2
ⓒ 2017 이성호

무단 전제와 복제를 금합니다.
※ 잘못된 책은 바꾸어드립니다.
값 25,000 원

최치원 논문선집
崔致遠 論文選集

이성호 지음

도서출판 **역사문화**

일러두기

1. 주석은 각주로 처리하였다. 각주는 원문의 형태를 살리기 위해 한자의 경우 그대로 표기하였다.

   각 논문의 학술지 출전은 다음과 같다.

	논문 제목	학술지 출전
I	崔致遠의 新儒學 思想	〈한국사상과 문화〉(75권), 2014.
II	'孤雲' 字號에 대한 검토와 『秋夜雨中』	〈역사와 경계〉(97권), 2015.
III	최치원의 저술에 나타난 立言觀과 그 의의	〈지역과 역사〉(37호), 2015.
IV	최치원의 기록에 나타난 오백년 기한설과 도통론	〈역사와 경계〉(103권), 2017.
V	홍석주의 고문론과 『계원필경집』 重刊의 의미	〈한국사상과 문화〉(78권), 2015.
VI	晦軒 安珦 선생의 朱子 景慕	〈한국선비연구〉(3집), 2015.

2. 맞춤법과 띄어쓰기는 한글 맞춤법과 표준어 규정을 따랐다.

3. 문장부호 및 인용문 표시는 다음과 같이 처리하였다.
   - ( )　　：원문에는 없는 내용이나 역주 상에 필요할 때 보충한 문구에 사용한다.
   - 〔 〕　：원문의 주석 역주나 부연설명에 사용한다.
   - 『 』　：책명을 표시한다.
   - 「 」　：편명 표시 및 각주의 소제목에서 사용한다.
   - " "　　：대화내용 및 전거를 인용할 때 사용한다.
   - ' '　　：강조 부분이나 대화내용 안의 대화에 사용한다.

4. 국왕 연대는 연대와 왕명은 병기하는 것을 원칙으로 하였다.
   예) 영조 46년(1770)

5. 이 책에 나오는 『조선왕조실록』 인용문의 출전은 국사편찬위원회(sillok.history.go.kr)에서 제공하는 번역본이고, 문집류 인용문의 출전은 한국고전번역원(www.itkc.or.kr)에서 제공하는 것이다.

6. 중국 경전의 출전은 中國哲學書電子化計劃(http://ctext.org/zh)에서 제공하는 원문이고, 역사서의 출전은 漢籍電子文獻資料庫(http://hanchi.ihp.sinica.edu.tw)에서 제공하는 원문이다.

책을 펴내면서

　동방 최고의 학자인 고운孤雲 최치원崔致遠 선생을 연구하게 된 계기를 먼저 설명하고자 한다. 늦깎이로 박사과정에 입학하여 최충崔冲 연구로 학위를 받게 되었다. 최충의 사상을 송대宋代 신유학新儒學과 연계 시킨 것이고, 최충 학맥의 연원을 최치원까지 올려 잡은 것이었다. 말하자면 동방 신유학의 연원을 고운孤雲 선생으로 잡은 것이다. 따라서 이후 자연스레 고운孤雲 선생으로 연구 방향을 옮기게 되었다.

　지금까지 학술지에 발표하거나 준비한 논문을 중심으로 『최치원 논문 선집』을 세상에 펴내게 되었다. 책의 구성을 일관성 있게 엮어 내지 못한 점은 널리 혜량 바란다.

　그리고 이 정도까지의 연구 성과를 발표하게 된 것도 주변에서 도와주신 분들의 은덕恩德 때문이다.

　가장 먼저 학부 때부터 지금까지 학문의 은덕을 베풀어 주신 세분 선생님께 감사 드린다. 채상식, 지두환, 윤용출 선생님께서 내려 주신 은혜 때문이다. 물론 학부에 입학 한 이래 가르침을 베풀어 주신 여러 은사님들께도 감사의 인사를 드린다.

　다음으로 부경역사연구소 중세1분과 고려사 모임의 선·후배님들과 부산 명륜서당의 임병수, 이순구, 권윤수, 김준은, 류명환 선생께 감사드린다. 항상 꼼꼼하게 읽어 주시고 세세한 조언을 해주었기 주었기 때문이다. 그리고 국립고궁박물관의 양웅렬 선생의 교정에 감사함을 드린다. 이들 모두 숙고의 인연임에 틀림없다.

그외 지금까지 은덕을 입은 모든 분들에게 일일이 인사를 드리지는 못하지만 지면상으로 감사의 인사를 드린다.

부산 명륜서당에서

2017. 7. 10.

차 례

제3편 최치원의 저술에 나타난 입언관^{立言觀}과 그 의의

제4편 최치원의 기록에 나타난 오백년^{五百年} 기한설^{期限說}과 도통론^{道統論}

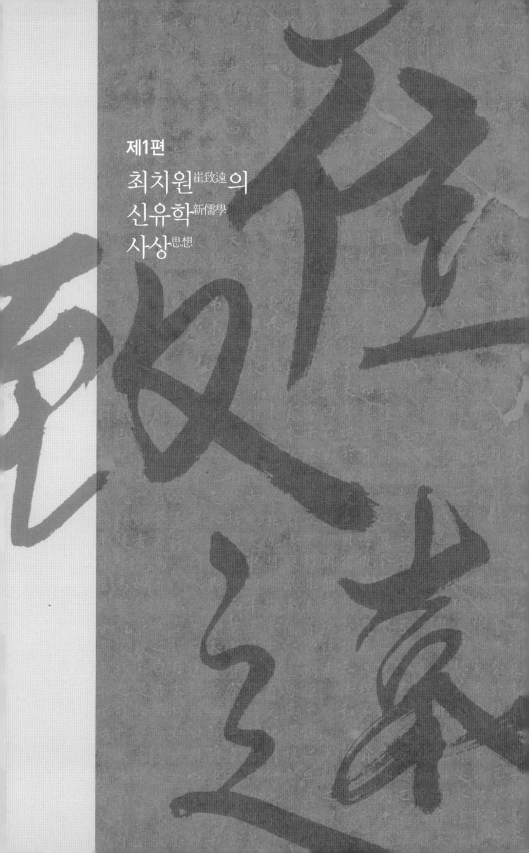

제1편

최치원崔致遠의
신유학新儒學
사상思想

제1편 최치원崔致遠의 신유학新儒學 사상思想

1. 서론

나말여초의 최치원崔致遠(857~?)의 사상적 위상에 대해 신유학자新儒學者로 인정하거나,[1] 신유학적新儒學的 경향을 인정한[2] 연구들이 있다. 이런 연구 성과를 바탕으로 고려 최충이 최치원을 계승하여 신유학新儒學을 전개하였다는 연구도[3] 나온바가 있다. 이때 신유학에 대한 개념과[4] 시대 규정이 필요하다고 생각된다. 중국 유학사에서 신유학의 기점을 한유韓愈(768~824)로 잡는다면[5] 우리는

---

1) 池斗煥, 『한국사상사』, 역사문화, 1999.
2) 全基雄, 「新羅末期 政治社會의 動搖와 六頭品知識人」, 『한국고대사연구』 7, 1994.
   노평규, 「최치원 유학사상의 특성에 관한 연구」, 『범한철학』 20, 1999, 57~64쪽에서 신유학적 경향을 내포하고 있다고 하였는데 주요 내용은 古文과 心學에의 지향이라고 하였으며, 또 『역』과 『중용』을 중시하였다고 한다.
3) 이성호, 『崔冲의 政治·敎育活動과 儒敎思想』, 부산대학교 박사학위논문, 2013.
   이성호, 『최충과 신유학』, 역사문화, 2014.
4) 池斗煥, 위의 책, 제5장. "한당유학漢唐儒學에서는 천도天道가 인간 밖의 초월적인 법칙적 존재로 인식되고 그것은 왕만이 알 수 있고 또 인간세人間世에 구현시킬 수 있는 것이라고 주장되었다. 왕도정치란 바로 그러한 천도 구현의 정치이다. 한당유학은 이와 같이 왕권의 절대성을 부여하면서, 그것을 견제하는 대책으로는 천재이변天災異變을 왕정王政의 책임으로 돌리었다. 반면에 신유학新儒學에서는 천도天道·천리天理는 인간에게 내재하는 것으로 규정하여 그것을 깨치는 수기修己의 노력이 관리 전체의 과제로 삼아진다. 따라서 치인治人에서의 절대자는 부정된 것이다."고 하여 신유학에 대한 개념 규정을 제시하고 있다.
5) 풍우란 저, 정인재 역, 『중국철학사』, 1985, 형설출판사.

최치원부터 적용할 수 있다고6) 한다. 한유를 기점으로 잡는 문제
에 대해서는 이견이 없다는 점에서 최치원이 신유학 사상의 기점임
을 밝히는 것이 본 연구의 목적이라고 할 수 있다.

학계에서는 그의 사상 중에서 유·불·도의 삼교관三敎觀에7) 많
은 관심을 가져오고 있었다. 혹은 유교8), 불교9), 도교10)로 각자
구분하여 연구하고 있다. 대개의 연구가 삼교관에 집중되는 이유는
당唐의 사상적 경향에 기인하는 현상이다.

최치원과 관련하여 주목되는 사항은 당唐의 유교 변화와 한유韓

張淸華, 「繼承舊道統 創立新儒學」『中州學刊』, 1992-4.
葉賦桂, 「韓愈之道: 社會政治與人生的統一」『淸華大學學報』, 1996, 11-1.
楊世文, 「論韓愈的儒學文化觀及其曆史意義」『孔子硏究』, 2002-6.
尹博, 「從《讀荀》、《讀墨子》看韓愈新儒學」『周口師範學院學報』, 2008, 25-4.
査金萍, 『宋代韓愈文學接受硏究』, 安徽大學出版社, 2010.
羅聯添, 『韓愈硏究』, 天津敎育出版社, 2012, 192쪽의 '五 奠定新儒學基礎' 참조.
유종원으로 이해하는 경우도 있다. 金明姬, 「隋唐代의 新儒學의 傾向」
『호남대학교 논문집』 18, 1997.
6) 池斗煥, 위의 책.
7) 김복순, 「고운 최치원의 사상연구」『史叢』 24, 1980.
최영성, 「고운 최치원의 삼교관과 그 특질」『한국사상과 문화』 1,
1998.
최영성, 『최치원의 철학사상 연구 ―삼교관과 인간주체를 중심으로―』,
성균관대학교 박사논문, 1999.
장일규, 『최치원의 사회사상 연구』, 국민대학교 박사논문, 2001.
8) 이재운, 「최치원의 유교관」『백산학보』 46, 1996.
천인석, 「고운 최치원의 유학사적 위치」『유교사상문화연구』 8, 1996.
최영성, 「최치원의 유교적 개혁사상」, 『신라 최고의 사상가 최치원 탐구』,
주류성, 2001.
장일규, 「최치원의 유교적 정치이념과 사회개혁안」『한국고대사연구』
38, 2005.
9) 蔡尙植, 「崔致遠의 佛敎認識」『孤雲의 思想과 文學』, 新知書院, 1997.
이재운, 「고운 최치원의 불교관」『전주사학』 4, 1996.
10) 최영성, 「최치원의 도교사상 연구」『한국철학논집』 4, 1995.
이재운, 「고운 최치원의 도교관」 5, 1997.
장일규, 「최치원의 도교사상과 그 의미」『한국사상과 문화』 17, 2002.

愈이다. 한유 출생 직전에 공자와 안연에 대한 추숭이 송대 문묘 확립 및 도통론과 어떤 관계가 있는지 확인할 필요가 있다. 한편 한유의 도통론과 고문운동은 그 궤를 같이하고 있으며,[11] 고문운 동은 문이재도文以載道의 형태로 사상성을 바탕으로 하고 있고 ,[12][13] 문학적 수양론인 문기설文氣說은 맹자孟子의 호연지기浩然之 氣와도 관계된다.[14] 또 도통론은 맹자를 중시하는 신유학을 바탕으 로 하고 있다.[15] 한유의 사상적 특징은 그를 중심으로 당의 역사 를 이전과 이후로 구분할 정도로 의미가 있다.[16]

학계에서는 아직 최치원 사상을 구체적으로 신유학적 관점에서 분석한 연구는 없는 형편이다. 최치원의 사상을 한유 사상과의 연 관성 속에서 찾으면 사상적 성격을 밝히는 것이 가능하다고 생각된 다. 그 단서를 신유학의 중심 서적인 『대학』, 『논어』, 『맹자』, 『중 용』 및 「홍범洪範」의 내용을 인용한 용어에서 찾고자 하는데, 이의 서술은 수기·치인으로 구분하고자 한다. 최치원이 귀국한 이후에 저술한 비문에서는 도통론을 추출하고자 한다. 그리고 한유와 최치 원에게 공히 부여된 유종儒宗의[17] 의미를 밝히고자 한다. 다만 한 유와 최치원의 고문운동古文運動에 대한 부분은 지면의 한계상 다음

---

11) 羅聯添, 『韓愈研究』, 天津教育出版社, 2012.
12) 吳洙亨, 「韓愈의 碑誌文과 古文運動」『中國文學』59, 2009, 162쪽.
13) 文以載道는 文道一貫으로도 표현된다. 崔琴玉, 「韓愈 文論의 特徵과 古文運動의 展開」『中國文學』16, 1988, 104~106쪽.
14) 崔琴玉, 위의 논문, 106~107쪽.
15) 池斗煥, 『한국사상사』, 역사문화, 1999.
16) 陳寅恪 著, 金智英 譯, 「韓愈에 대하여 논함」『中國語文論譯叢刊』28, 2011.
17) 유종儒宗에 대한 의미는 다음 논고가 참고된다. 이성호, 「최충에 대한 역대 인식 변화와 문묘종사 논의의 이해」『역사와 경계』82, 2012.

고稿에서 다루고자 한다.

2. 당唐의 유교 변화

유교의 기본은 요순우 삼대의 이상사회를 추구하는 것이다. 그것
을 왕도정치라고 한다. 당 중기까지 수신은 불교가 정치는 유교가
담당하는 형태로 이루어져 오고 있었다.[18] 그래서 삼교三敎의 시대
라고 한다. 그러나 한유韓愈가 출현하면서 변화를 겪게 된다. 한유
연구의 대가인 진인각陳寅恪의 표현에 의하면 한유 이전과 이후로
나눌 수 있다고[19] 한다. 같은 시대 신라의 유교는 통일 이후에 공
영달의 『오경정의』로 집대성된 효제孝悌 중심의 유교였는데 신라말
최치원에 의해서 한유의 신유학이 도입되었다고[20] 한다.

따라서 최치원이 도당渡唐하여 공부하던 시기에 한유 이후의 이
런 변화 양상이 계속 영향을 미치고 있었다고 보아야 한다. 그 변
화 과정은 한유가 처한 당나라의 역사적 상황과 연계해서 파악할
필요가 있다. 한유가 직면했던 당시는 이민족이 중원에서 안安 · 사
史의 난亂을 일으키고 있던 상황에서 중국 민족의 자부심을 고양하
던 때였다. 안 · 사 난의 원인이 선왕지도先王之道가 일어나지 못해
서 그렇다고 인식한[21] 것이다.

이는 불교과 도교에 대한 비판으로 이어지고 도통론道統論, 고문
운동古文運動, 사도중시師道重視로 연결된다.[22] 한유가 불교와 도교

---

18) 지두환, 『한국사상사』.
19) 陳寅恪, 위의 논문.
20) 지두환, 『한국사상사』.
21) 蔡慧崑, 『韓愈之仕宦歷程及其思想研究』, 國立中山大學 博士論文, 2013, 99쪽.

를 배척한 것을[23) 자신의 사상적 출발로 삼았던데 비해서 최치원에게서는 아직 그런 흔적을 찾을 수는 없다. 한유는 중원의 한인漢人으로서 이민족에 대한 화이관이 강할 수밖에 없는 상황이었다. 그래서 자신의 사상적 근원을 유교로 삼은 것을 이해할 수 있다. 최치원도 유교를 자신의 학문적 기틀로 삼은 것은 확인할 수 있는데, 다음장에서 서술하고자 한다.

한유는 『대학』, 『중용』 등 유가의 경전을 높이 드러내어 인의仁義를 중심으로 하는 유가의 윤리 도덕과 성경誠敬을 위주로 하는 수양방법을 제창하였다.[24) 그 수양방법이 호연지기浩然之氣를 함양하는 것이었다. 이는 '故求觀聖人之道 必自孟子始'의[25) 존맹사상과 연결된다. 존맹사상은 『맹자』에 포함된 도통론道統論, 함호기涵浩氣, 벽이단辟異端, 담심성談心性, 변왕패辨王霸를 강조하는 것이다.[26) 이를 철학적으로 뒷받침하는 그의 「원도原道」를 살펴보자.

傳曰 古之欲明明德於天下者 先治其國 欲治其國者 先齊其家 欲齊其家者 先修其身 欲修其身者 先正其心 欲正其心者 先誠其意 然則古之所謂 正心而誠意者 將以有爲也 今也欲治其心而外天下國家者 滅其天常 子焉而不父其父 臣焉而不君其君 民焉而不事其事[27)

22) 查金萍, 앞의 책, 2~6쪽.
23) 한유는 불교를 배척하는 한편 승려와는 교류하고 있다는 사실을 해명해야 한다. 이는 불교 배척을 자신의 사상적 출발로 삼고 있는 문제점을 해결해야 한다는 점이다.
24) 구스모토 마사쓰구 지음, 김병화 · 이혜경 공역, 『송명유학사상사』, 예문서원, 2009, 23쪽.
25) 韓愈의 「送王秀才序」.
26) 李傳印, 「孟子在唐宋時期社會和文化地位的變化」 『中國文化研究』 33, 2001, 51쪽.
27) 『고문진보 후집』 권2, 원도.

인용문의 '전왈傳曰'은 『대학』의 전傳을 의미한다. 『대학』의 핵심은 3강령·8조목으로 구성되어 있다. 3강령은 '大學之道 在明明德 在親民 在止於至善'이고 8조목은 '격물·치지·성의·정심·수신·제가·치국·평천하'이다. 그중에서 3강령과 2조목을 제외하고 우선 6조목만 제시하고 있다. 그것은 '성의·정심·수신·제가·치국·평천하'이다. 격물格物·치지致知는 아직 인용하고 있지 않다. 『대학』은 원래 『예기』의 편명이었으나 한나라에서 당나라까지 아무도 주목하지 않았던 것인데 한유에 의해서 비로서 주목 받게 된 것이다.

한유가 「원도」에서 『대학』의 '성의誠意·정심正心'의 학설을 제시하면서 이학理學의 선구로 불린다. 그래서 한유가 신유학의 기초를 마련했다고 하는 것이다.[28] 정자程子도 한유의 업적에 대해서는 인정하고 있다.

　　정자程子가 말씀하였다. "한유韓愈는 또한 근세의 호걸스러운 선비다. 원도原道와 같은 내용은 비록 병통이 없지 않으나 맹자孟子 이래로 능히 이것을 안자는 홀로 한유韓愈 뿐이다. 그는 말하기를 '맹자孟子는 순수하고 순수하다.'하였고, 또 이르기를 '순자荀子와 양자揚子는 택하였으나 정하지 못하고, 말하였으나 상세하지 못하다.'하였으니, 만일 본 바가 없다면 어찌 천년千年의 뒤에서 그 득실을 판별하기를 이와 같이 분명히 했겠는가?"[29]

맹자 이후에 한유 밖에 없다고 할 정도로 상찬이다. 그 이유는

---

28) 羅聯添, 앞의 책, 193쪽.
29) 『고문진보 후집』 권2, 원도.

한유가 맹자를 존숭하고 순자와 양자를 배척하였기 때문이라고 할
수 있다.

또 당 중기의 변화는 공자에 대한 칭호이다. 당 개원 27년(739)
에 현종이 공자孔子에게 문선왕文宣王이란 시호를 내린다. 이로써
비로소 문선왕묘문묘가 정식으로 성립되게 된다.30) 이때의 왕은
제후의 의미로서의 왕이 아니라 주나라 천자인 무왕武王·성왕成王
과 같은 왕이라고31) 한다. 제왕帝王과 같은 의미로 이해해도 될 것
이다. 이때 또 하나 공자의 수제자인 안연顏淵에 대한 존숭도 함께
이루어진다.32) 안연이 연국공兗國公으로 추증됨으로써 안연의 안빈
낙도安貧樂道에 대한 관심도 높아진다. 공자를 석전의 중심으로 숭
사崇祀하면서 안회를 배향하고, 다음으로 십철과 제현諸賢을 종사하
여 배향과 종사의 위차, 즉 도통을 정립해 나가는 것을 의미한다.
그리하여 송대 완성되는 문묘향사제가 이 시기에 그 기본적인 모습
을 보이고 있는 것이다.33)

다만 한유의 사상은 성의誠意·정심正心을 제시하였다고는 하지만
수심修心을 할 수 있는 완전한 철학체계를 확립하지는 못하고 있었
다. 이러한 철학체계는 북송 오자五子인 소옹邵雍, 주돈이周敦頤, 장
재張載, 정호程顥, 정이程頤를 거쳐서, 남송대에 주자朱子가 나와서
성리학으로 집대성 한 이후에 가능하였기 때문에,34) 아직까지는

---

30) 지두환, 「한국 문묘 제도의 변천」『國樂院論文集』17, 2008, 217쪽.
31) 『百度百科』, 孔子. "玄宗李隆基封孔子爲文宣王 文宣爲諡号 王是爵位
    這儿的王不是后世皇帝以下的侯王的王 而是周天子武王成王的王"
32) 『구당서』 권9, 현종 개원27년. "制追贈孔宣父爲文宣王 顔回爲兗國公
    餘十哲皆爲侯 夾坐"
33) 지두환, 위의 논문, 217쪽.
34) 侯外廬 외, 박완식 역, 『송명이학사』1, 이론과 실천, 1993, 57쪽.

이를 선종禪宗이 대신하고 있었다.35)

3. 최치원의 신유학 사상

최치원은 당대 사상에 충실했다고 할 수 있다. 그것은 자신이 삼
교三敎를 공부하고 있다는 것을 직접 표방하고 있기 때문이다.

최치원의 난랑비鸞郎碑 서문에는 "나라에 심오하고 미묘한 도가 있는
데 풍류風流라 한다. 교敎를 설시設施한 근원은 『선사仙史』에 자세하거
니와, 실로 삼교三敎를 포함한 것으로써 여러 백성을 접촉하여 교화시켰
다. 또한 들어가면 집안에서 효도하고 나가면 나라에 충성함은 노魯나라
사구司寇의 뜻이요, 자연 그대로 행하고, 말없는 가르침을 행함은 주周
나라 주사柱史가 주장한 요지며, 모든 악한 짓을 하지 말고 착한 일만
받들어 행함은 인도 태자의 교화다."고 했다.36)

삼교에 대한 설명으로 노나라 사구는 유교, 주나라 주사는 도교,
인도 태자는 불교를 뜻 한다. 이렇게 삼교의 원리를 함께 설명하고
있지만 최치원 자신은 유교를 바탕으로 하고 있다고 볼 수 있다.
과거 공부하는 기간 동안 청년 최치원을 형성한 것은 유교사상이
핵심이었으며, 그의 중심 사상은 유교였다고37)38) 한다. 그래서 최

---

35) 지두환, 『한국사상사』.
36) 『삼국사기』 권4 신라본기, 진흥왕.
37) 劉沛霖, 「關於孤雲崔致遠的儒佛道思想 - 朝鮮思想史散論三」, 『解放軍
    外語學院學報』 72, 1995-1, 87~88쪽.
38) 최영성, 「고운 최치원의 삼교관과 그 특질」, 『한국사상과 문화』 1,
    1998, 83쪽.

치원 자신은 유교를 통해서 과거에 급제하였고,39) 스스로 유도儒道를 공부했다고 칭하고 있다. 소유小儒,40) 범유凡儒,41) 말유末儒,42) 부유腐儒,43) 니부생도尼父生徒,44) 현도미유玄菟微儒,45) 유문말학儒門末學46) 등으로 자신을 칭하고 있다.

한유와 최치원이 동시에 유교를 사상적 근원으로 삼았다고 가정할 때 사서四書에 대한 관심을 표명할 수밖에 없다고 생각한다. 한편 피일휴皮日休(약838~약883)와 두순학杜荀鶴(약846~약906) 등이 신악부시新樂府詩와 고문운동古文運動의 전통을 계승하고 있었는데,47) 마침 두 인물은 최치원과의 교유관계가 확인되고 있다.48)

최치원은 『중용』 뿐만 아니라 『역』도 중시하였다.49) 또 맹자의 왕도王道를 논하고 『대학』과 『중용』을 자주 인용한 것은 모두 도道에 대한 관심을 보여주는 것인데, 당의 유학자로서 성리학의 선하를 이룬 한유韓愈와 그의 제자인 이고李皐 등의 영향으로 볼 수 있다고50) 한다. 결국 그의 사상에는 신유학 사상의 핵심인 『대학』, 『중용』, 『맹자』, 「홍범」에 대한 이해가 동시적으로 나타나고 있었다.

---

39) 『고운집』 권3, 智證和尙碑銘. "至乙巳歲 有國民媒儒道 嫁帝鄕 而名掛輪中 職攀柱下者曰崔致遠 捧漢后龍緘 賮淮王鵠幣 雖慙鳳擧 頗類鶴歸"
40) 『桂苑筆耕集』 권18, 賀高司馬除官狀.
41) 『桂苑筆耕集』 권18, 謝新茶狀.
42) 『桂苑筆耕集』 권18, 謝示延和閣記碑狀.
43) 『桂苑筆耕集』 권18, 無染和尙碑銘並序.
44) 『桂苑筆耕集』 권19, 賀除吏部侍郞別紙.
45) 『桂苑筆耕集』 권19, 謝元郎中書.
46) 『고운집』 권1, 上太師侍中狀. "今致遠儒門末學"
47) 崔藝花, 「晩唐詩在崔致遠的影響與接受」『人力資源管理』 2010-5, 274쪽.
48) 장일규, 「계원필경집과 최치원의 교유관계」『민족문화』 34, 2009.
49) 노평규, 앞의 논문, 60쪽.
50) 천인석, 앞의 논문, 12쪽

최치원의 신유학 체계를 분석하면서 『대학』의 체제를 활용하고자
한다. 신유학의 핵심이 『대학』이기 때문이다. 원래 성리학에서는
격물·치지, 성의·정심까지 포함해서 설명해야 하지만 아직 그런
단계까지 진입한 것이 아니기 때문에 '수신=수기修己'와 '제가·치
국·평천하=치인治人'에 관련된 부분만 다루고자 한다. 송대 이후
의 학자들은 수기修己와 치인治人으로 양분하여 설명하기 때문이다.
다만 내용 설명은 구체적이어야 하기 때문에 수신, 제가, 치국, 평
천하로 나누어서 설명하기로 한다. 이어서 신유학의 또 다른 핵심
인 도통론을 덧붙였다.

1) 수기修己

최치원도 한유와 같이 『대학』을 중시하기 시작한다. 이는 수기修
己·치인治人과 관계된다고 할 수 있다. 「지증화상비명」에서 다음과
같이 말하고 있다.

> 이에 대사가 대답하기를, "자신을 닦고[修身] 남을 교화하려면[化人]
> 조용한 곳을 놔두고서 어디로 가겠습니까. 새가 나무를 가려 앉듯 하라
> 는 분부야말로 저를 위해서 제대로 말씀해 주신 것이라고 하겠습니다.
> 부디 도중塗中에 편안히 거하도록 허락해 주시고, 문상汶上에 있는
> 일이 없게끔 해 주십시오." 하였다.51)

지증화상은 승려임에도 불구하고 최치원은 분명 수신修身과 화인

---

51) 『고운집』 권3, 智證和尙碑銘 竝序.

化人으로 표현하고 있다. 이는 수기修己·치인治人을 달리 말한 것이다. 말하자면 불교식이 아닌 신유학식으로 표현한 것이다. 그의 인식이 신유학의 사유를 바탕으로 하고 있다는 것을 알 수 있다. 그의 생각을 계속 추적해 보자.

> 장서가 말하기를 "잘못을 고칠 줄 안 사람으로는 안씨顔氏의 아들이 있었다."라고 하였다. 그 뒤에 장서가 자기가 말한 대로 행동을 고치고 몸을 닦아서[修身] 마침내 현달賢達한 사람이 되었으니, 옛날의 호준豪俊한 사람을 지금도 본받아야 할 것이다.[52]

인용문에서 말하는 '안씨의 아들'은 안연顔淵을 말하고 그가 수신修身한 것처럼 수신해야 한다는 의미로 말하고 있다. 다음 인용문은 고변이 관직에 제수된 것을 표현한 글이지만 '몸을 닦음에[修身] 있어서는 물을 마시며[飲水]'라고 하였다. 수신修身은 음수飲水와 같이하고 있다는 것이다. 이때 음수는 『논어』「술이述而」의 "나물밥에 물을 마시고 팔 베고 눕더라도 즐거움이 또한 그 속에 있나니, 떳떳하지 못한 부귀는 나에게 뜬구름과 같다.[飯疏食飲水 曲肱而枕之 樂亦在其中矣 不義而富且貴 於我如浮雲]"를 빌려온 것이다. 이는 안연顔淵이 안빈낙도하는 것을 자신의 수신의 목표로 설정했음을 이해할 수 있다. 수신은 계속해서 덕德과 연결된다. 다음 인용문을 살펴보자.

> 그런데 신과 같은 자로 말하면, 덕德은 몸을 윤택하게 하기에 부족하고, 지혜는 사물을 두루 살피기에 미흡하며, 유儒에 있어서는 오색필五色筆

---

52) 『계원필경집』 권13, 趙詞攝和州刺史.

을 대하기가 부끄럽고, 무武에 대해서는 한 사람만을 상대할 검을 지니고 있을 뿐인데야 더 말해 무엇 하겠습니까. … 이처럼 다행히 성감聖鑑을 만나서 충성을 다하고 있습니다.53)

주목되는 부분은 '덕德은 몸을 윤택하게 하기에 부족하고 … 성감聖鑑을 만나서 충성을 다하고'에 있다. 이는 『대학』의 전6장에 나오는 '富潤屋 德潤身 心廣體胖 故君子必誠其意'에서 인용한 것이다. 이는 '성의誠意'와 관계되고 있다. 한유와 마찬가지로 성의誠意·정심正心의 성의에서 출발하고 있다는 의미이다. 이는 당대 지식인으로서 최치원이 수신修身을 중요한 과제로 생각하고 있다는 증거라고 할 수 있다. 최치원의 다음 인용문도 살펴볼 필요가 있겠다.

판관判官은 덕으로 몸을 윤택하게 하는 것을 본래 자기의 임무로 여기고, 은혜를 베풀어 남을 구제하면서도 사람들이 알지 못하게 하였다. 처리하는 일이 매우 복잡하였지만 공무公務를 지체한 적이 있지 않았으며, 붓이 곧아서 관리가 두려워하는 기색이 많았고, 채찍은 가벼워서 감옥에는 원망하는 소리가 끊어졌다. 군자君子의 극진한 마음을 볼 수 있으니, 이는 실로 고인古人의 마음 씀과 같다고 할 것이다.

판관에게 내린 글에서도 '덕으로 몸을 윤택하게 하는 것'을 인용하고 있다. 역시 『대학』의 전6장의 '성의誠意'를 강조하고 있는 모습이다. 이런 수신을 갖춘 모습에서 '군자君子의 극진한 마음을 볼 수 있다'고 하였으며 이는 '고인古人의 마음'과 같다고 하였다. '고인

___

53) 『계원필경집』 권2, 謝加太尉表.

古人의 마음'이 계승된다고 함은 마치 『서경』「우서虞書」의 '人心惟危 道心惟微 惟精惟一 允執厥中'과[54] 같다고 할 수 있다. '요-순-우'로 도통을 전할 때 쓰는 표현이었다. 도통은 마음을 전하는 것이기 때문이다. 따라서 수신을 갖추고 있어야 한다는 뜻이다. 또 '도를 지킨다〔守道〕'는 의미도 파악할 필요가 있다.

> 안씨의 골목을 어떻게 견디리오마는   那堪顔氏巷
> 맹가의 이웃에 사는 행운을 얻었네   得接孟家隣
> 오직 옛것을 상고하며 도를 지키는 분   守道惟稽古[55]

이는 우신미 장관에게 주는 시로, 최치원이 추구하는 수도守道는 안연顔淵과 맹자孟子의 도道를 지킨다는 의미임을 알 수 있다. 안연은 공자로부터 안빈낙도의 도를 지켰다고 인증받고 있다. 앞 장에서 보았듯이 당 현종 때 안연이 연국공에 봉해지는 것을 인지하고 바로 수용하고 있는 장면이다. 맹자의 도는 호연지기浩然之氣를 함양하는 것이라고 할 수 있다. 공자를 계승한 안연顔淵의 안빈낙도安貧樂道와 맹자의 호연지기浩然之氣와 같은 도를 지키는 것이다. 이어서 맹자의 양용養勇을 다루고자 한다. 신유학은 특히 맹자 유학이라고 할 수 있는데 그것은 수신과 관련되기 때문이다.

> 그리하여 자취는 정역鄭驛에 나아가고, 몸은 도창陶窓에 의지하면서, 동곽東郭의 가난을 걱정할 필요 없이, 북궁지용北宮之勇만 하면 되었습니다.[56]

---

54) 馮輝, 「儒學·新儒學·現代新儒學」, 哈爾濱師專學報, 1997-3, 55쪽.
55) 『孤雲集』 권1, 長安旅舍與于愼微長官接隣.

인용문은 최치원 자신이 불우할 때를 설명하면서 쓴 글이다. 따라서 자신의 어쩔 수 없는 상황에서 '북궁지용北宮之勇'만 하였다는 자탄이었다. '북궁지용'은 『맹자』 권3 「공손추 상」에 나오는 '북궁유北宮黝의 양용養勇'을 말한다. 이는 좀 구체적으로 살펴볼 필요가 있다. 먼저 맹자의 제자인 공손추가 부동심不動心에 대해서 물었다. 그러자 맹자는 40세부터 부동심하였다고 대답하면서 이는 이미 고자告子도 하였던 것이라고 하자, 공손추가 다시 그 방법이 있는지 질문한다. 이에 '북궁유의 양용'을 예로 든다. 그는 살을 찔러도 흔들리지 아니하며 눈을 찔러도 피하지 아니하며, 생각하기를 털끝만큼이라도 남에게 꺾이면 저자나 조정에서 매 맞은 것같이 여겨 갈관박에게도 모욕을 받지 아니하며 또한 만승의 군주에게도 멸시를 받지 아니하여 만승의 군주를 찌르는 것을 보되 갈부를 찔러 죽이는 것같이 여겨 무서워하는 제후가 없었으며 험담하는 소리가 이르면 반드시 보복하였다고 대답한다.[57] 북궁유의 부동심不動心은 맹자의 부동심과는 차이가 난다는 뜻이다. 맹자가 추구하는 부동심은 호연지기를 통한 부동심을 추구하는 것이다. 한편 부동심은 마음을 보존하거나 본성을 기르는 것과 관계되기 때문에 중요한 것이라고

---

56) 『계원필경집』 권18, 長啓.
57) 『孟子』 권3, 「公孫丑上」. "公孫丑問曰 夫子加齊之卿相 得行道焉 雖由此霸王不異矣 如此則動心否乎 孟子曰 否 我四十不動心 曰 若是則夫子過孟賁遠矣 曰 是不難 告子先我不動心 曰 不動心有道乎 曰 有 北宮黝之養勇也 不膚橈 不目逃 思以一豪挫於人 若撻之於市朝 不受於褐寬博 亦不受於萬乘之君 視刺萬乘之君若刺褐夫 無嚴諸侯 惡聲至 必反之 孟施舍之所養勇也 曰 視不勝猶勝也 量敵而後進 慮勝而後會 是畏三軍者也 舍豈能爲必勝哉 能無懼而已矣 孟施舍似曾子 北宮黝似子夏 夫二子之勇 未知其孰賢 然而孟施舍守約也 昔者曾子謂子襄曰 子好勇乎 吾嘗聞大勇於夫子矣 自反而不縮 雖褐寬博 吾不惴焉 自反而縮 雖千萬人吾往矣 孟施舍之守氣 又不如曾子之守約也"

할 수 있다.58) 즉 부동심不動心-호연지기浩然之氣 순으로 연결된다. 이런 설명의 과정은 호연지기와 부동심이 연결되어 있음을 보여준다.59) 그래서 최치원은 스스로가 아직 맹자와 같은 수준의 부동심-호연지기를 이루지 못했음을 인정한 것이라고 할 수 있다. 다만 맹자가 부동심을 이룬 나이가 40세임을 감안할 때 아직 최치원 자신의 나이가 30세도 되지 않은 상황에서 그 이후를 기약하는 다짐으로 들릴 수도 있는 표현이다. 그러면서 인작人爵보다는 천작天爵을 닦아야 한다는 의사를 펼쳐 보이는데, "입에 풀칠하는 것이야 땅 위의 곡물에 의지한다고 하더라도 마음을 단련하는 것은 오직 천작을 귀하게 여겨야 할 일이다."고60) 하였다. 천작은 『맹자』 「고자 상」에 "인의충신과 선을 좋아하여 게을리 하지 않는 이것이 바로 천작이요, 공경대부 같은 종류는 인작일 뿐이다.〔仁義忠信樂善不倦 此天爵也 公卿大夫 此人爵也〕"라고 하였다. 수신修身의 목표는 인의충신仁義忠信에 바탕을 두어야 한다는 의미이다.61) 다음은 맹자의 양지養志를 살펴보도록 하자.

　　신이 엄한 가르침을 가슴에 새겨 감히 망각하지 않고서 겨를 없이 현자懸刺하며 양지養志에 걸맞게 되기를 소망하였습니다. 그리하여 실로 인백기천人百己千의 노력을 경주한 끝에 중국의 문물文物을 구경한 지 6년 만에 금방金榜의 끝에 이름을 걸게 되었습니다.62)

---

58) 박재주, 「맹자의 부동심의 도덕철학적 의미」 『동서철학연구』 18, 1999, 45쪽.
59) 성태용, 「맹자의 호연지기 양성론에 대하여」 『철학과 현실』 7, 1990, 233쪽.
60) 『고운집』 권1, 善安住院壁記.
61) 이상은 필자의 『최충과 신유학』에서 전재함.

최치원은 스스로 『맹자』의 '양지養志'를 길러서 '인백기천人百己千'을 계승하여서 '금방제회金榜題廻'하게[63] 되었다는 뜻이다. '인백기천人百己千'은 『중용』 20장의 "남이 한 번에 잘 하면 나는 그것을 백 번이라도 하고, 남이 열 번에 잘 하면 나는 그것을 천 번이라도 할 것이다. 과연 이 방법대로 잘 행하기만 한다면 아무리 어리석은 사람이라도 반드시 밝아지고, 아무리 유약한 사람이라도 반드시 강해질 것이다.〔人一能之 己百之 人十能之 己千之 果能此道矣 雖愚必明 雖柔必强〕"라는 문장을 바꾸어 쓴 것이다. 공부하는 방법은 '신은 소싯적에 절차탁마切磋琢磨에 힘쓰다가'라고[64] 표현하고 있다.

최치원이 추구하는 수신의 이상적인 전형은 공자·맹자의 도라고 할 수 있다. 최치원은 당시 신라의 학문을 표현할 때 '右臣伏以當蕃地號秦韓 道欽鄒魯'라고 하면서 신라의 도道는 공자·맹자의 가르침을 따른다고 하였다.

  예전에 문고文考는 비파를 내려놓은〔捨瑟〕 현인이었고, 지금 과인은 외람되게 자리를 피해 일어난〔避席〕 아들이 되었습니다. 그리하여 부왕父王의 뒤를 이어 공동崆峒의 가르침을 청하여 얻었으며, 이를 가슴에 간직하고서 혼돈의 근원을 열기에 이르렀습니다.[65]

인용문에서 문고는 경문왕이고, 과인은 헌강왕이다. 현왕現王인 헌강왕은 증점曾點과 증삼曾參 부자父子가 모두 공자孔子의 제자가 되었

---

62) 『계원필경집』, 桂苑筆耕序.
63) 이지관, 『교감역주 역대고승비문고려편 1』, 가산불교문화연구원, 1994. "人所謂一代三崔金榜題廻 曰崔致遠 曰崔仁滾 曰崔承祐"
64) 『계원필경집』 권2, 讓官請致仕表.
65) 『고운집』 권2, 無染和尙碑銘 竝序.

던 것처럼, 선왕先王과 자신 또한 똑같이 대사의 제자가 되었다는
말이다. 이는 백왕의 스승인 공자처럼 대사도 인정한다는 의미이
다. 국왕이 대사를 스승으로 모신다는 자체가 시대의 변화를 보이
고 있는 모습이다. 공자와 대사를 동격으로 놓기 때문이기도 하지
만, 공자가 문선왕이 추증된 이후이기 때문에 가능한 현상일 것이
다. 공자가 무왕武王·성왕成王과 같은 왕으로 인식된 것과 관련이
있다고 보인다. 그래서 공자의 택선擇善에 대해서도 설명하고 있다.

　이는 실로 악을 몰아내려 한 태종의 마음을 받들고, 선을 택하게
　한〔擇善〕 선니宣尼의 취지를 지킨 것으로서, 오수鼇岫에 아름다운 명성
　을 떨치고 제명鯷溟에 기쁜 기운을 들뜨게 한 쾌거였습니다.66)

　인용문은 박인범朴仁範과 김악金渥 두 사람을 과거에 등용하게 해
준 것에 대한 보답의 글이다. 여기서 택선擇善한 선니宣尼는 『중용』
제20장의 "성 그 자체는 하늘의 도요, 성하려고 노력하는 것은 사
람의 도이다. 성의 경지에 이르면 굳이 애쓰지 않고도 중도를 행하
며 생각하지 않고도 터득하여 자연스럽게 도에 합치되니, 이런 분
이 성인이다. 반면에 성하려고 노력하는 자는 선을 택해서 굳게 잡
고 행하는 사람을 말한다.〔誠者天之道也　誠之者人之道也　誠者　不勉而中
不思而得　從容中道　聖人也　誠之者　擇善而固執之者也〕"라는 공자의 말을
발췌한 것이다.
　수신의 목표는 결국 공자·맹자 이외의 성인聖人까지 확대되고
있다. 신유학의 궁극적인 목표는 성인이 되는 방법을 가르쳐 주는

---

66) 『고운집』 권1, 新羅王與唐江西高大夫湘狀.

데 있다고[67] 하였다. 「무염화상비명」에서 국왕은 "순 임금은 어떤 사람이고〔舜何人〕 나는 어떤 사람이란 말인가?"라는 말을 사용하고 있다. 이는 『맹자』 「등문공 상」에 나오는 안연顔淵의 말로써 자신도 노력으로 성인을 기필期必할 수 있다는 표현으로 역시 위기지학爲己之學을 상징하는 것이다. 이는 『논어』에서 인용한 것으로 논어가 중시되고 있는 상황이다. 최치원은 이를 당대 인물을 평가하는 데도 사용하고 있었다.

　　그리고 요즈음 봉토를 나눠 받은 제후와 조정을 가득 채운 다사多士를 보면, 오직 벼슬길에만 신경을 곤두세울 뿐 유술儒術에는 관심을 가지는 일이 드뭅니다. 그런데 시중 대왕께서는 옛것을 널리 알고 오늘날의 일에 통달할 뿐만 아니라 외화外華를 버리고서 내실內實을 취하고 계십니다.[68]

이는 유주幽州의 이가거李可擧 대왕大王에게 보내는 글로서 당시 현실을 비판하고 있는 내용이다. 다사들이 벼슬에만 신경 쓸 뿐 유술에는 관심을 가지는 일이 드물다고 하면서 이가거 대왕은 외화를 버리고서 내실을 취하고 있다고 칭송하는 내용이다. 이는 위인지학이 아니라 위기지학이 유술이라는 뜻이다. 그래서 자신의 학문에 대해서 "참으로 전각篆刻하는 무익한 짓은 본받지 말고, 탁마琢磨하는 유익한 일을 청해야 할 것이다."는[69] 표현을 사용하고 있다. 이는 문장을 위주로 하는 공부가 아니라는 뜻이다. 물론 최치원이 당

---

67) 풍우란, 앞의 책, 345쪽.
68) 『계원필경집』 권8, 幽州李可擧大王 第四.
69) 『계원필경집』 권19, 賀除禮部尙書別紙.

에서 성공할 수 있었던 이유가 비록 문장이라고 하더라도 자신의 원래 지향점은 위기지학이었다는 점이다. 성리학에서 위기지학을 강조했다는 점을 감안할 때 최치원의 사상적 의미를 짐작할 수 있지 않을까 한다. 수신의 결과는 『중용』과도 관계된다.

> 復惟之 西學也彼此俱爲之 而爲師者何人 爲役者何人 豈心學者高 口學者勞耶 故古之君子愼所學 抑心學者立德 口學者立言 則彼德也或憑言而可稱 是言也或倚惪而不杇 可稱則心能遠示乎來者 不杇則口亦無愧乎昔人 爲可爲於可爲之時 復焉敢膠讓乎篆刻[70]

대사와 최치원이 동일하게 중국에 유학한 것은 피차 일반인데 '심학자心學者〔무염화상〕'는 높고, '구학자口學者〔최치원〕'는 수고로워야 한다는 점에 의문이 있다고 여긴다. 그래서 고지군자古之君子는 배우는 바에 신중하였다고 한다. 이 말도 역시 자신이 배운 학문으로 대사의 비명을 저술하는 것에 대해 불만을 표출한 것이다. 자신의 학문이 구학口學이라고 할 때 대사의 학문은 심학心學이라는 점이다. '심학은 입덕立德이고 구학은 입언立言'이라는 점이 의미 있다. 심학은 입덕立德하는 대사의 학문이기 때문에 당연히 선종禪宗이 되어야 하고, 구학은 입언立言하는 학문이기 때문에 최치원의 유교가 되어야 한다. 그리고 구학口學은 심학心學을 갖추지 못한 현재의 유교儒敎라고 할 수 있다. 이는 신유학新儒學이 심학心學을 갖추지 못했다는 중요한 증거가 될 수 있다. 수신修身은 설명하고 있지만 수심修心을 해결하고 있지 못한 모습이다.

---

70) 『譯註 韓國古代金石文 Ⅲ』 「성주사낭혜화상백월보광탑비」, 1992.

최치원이 표현한 '古之君子愼所學'의 의미를 좀 더 파악할 필요가 있다. 문장 구조로 볼 때 이것은 『중용』의 '君子戒愼乎其所不睹'와 '君子愼其獨'을 차용하였을 가능성이 크다. 군자들이 경계하는 바를 말한 것이다. 물론 이 때의 군자가 경계하는 내용은 '신부도愼不睹'와 '신독愼獨'에 대한 것이다. '신부도愼不睹'와 '신독愼獨'에 대한 용어 대신에 '학學'을 넣어서 표현한 것이다. 그러면 최치원의 학學은 논리적으로 신유학이 추구하는 '신부도愼不睹'와 '신독愼獨'이 된다.

그가 귀국하여 지은 「쌍계사진감선사대공탑비」에 보이는 다음 내용도 주목할 필요가 있다.

무릇 도道란 사람에게서 멀리 있지 않으며 사람에게는 나라의 다름이 없다. 그래서 동국의 사람은 불교를 공부할 수도 있고, 유교를 공부할 수도 있다.〔夫道不遠人 人無異國 東人之子 爲釋爲儒〕71)

인용문의 '道不遠人 人無異國'의 문장은 『중용』의 '道不遠人 其則不遠其則不遠'을 빌려온 것이다. 이 두 문장을 연결하면 최치원이 말한 의미를 알 수 있다. 즉, 그가 말한 것은 "도道란 사람에게서 멀리 있지 않고 그 법칙도 멀지 않아서 중국이나 신라나 다름이 없다."라는 뜻이라고 할 수 있다. 당시 자신의 학문 수준이 중국과 다름없다는 표현이다.72) 이어서 『계원필경』 권1의 「하개연호표賀改年號表」에서는 『예기』「대대례」를 언급하고 있다.

---

71)『譯註 韓國古代金石文 Ⅲ』,「雙溪寺眞鑑禪師大空塔碑」, 1992.
72) 이는 동인의식東人意識을 표현한 것이다. 최영성, 『한국유학통사 상』, 심산, 2006, 157~167쪽.

　　"중은 천하의 큰 근본이요 화는 천하의 공통된 도리이니, 중화를 이루면 천지가 제자리를 잡고 만물이 제대로 길러진다.〔中也者 天下之大本 和也者 天下之達道 致中和 天地位焉 萬物育焉〕"73)

　　그런데 이 문장은 『중용』의 문장이기도 하다. 최치원은 이 문장의 의미를 부연하면서 "한漢나라 익주자사益州刺史 왕양王襄이 촉蜀의 사인詞人인 왕포王褒로 하여금 중화中和와 악직樂職과 선포宣布의 시를 지어서 임금의 덕을 노래하게 하였다."고74) 이해하고 있다. 이때 중화中和를 지은 왕포王褒에 대해서 살펴보자. 왕포는 전한 선제宣帝 때 활약한 인물이다. 그의 「성주득현신송聖主得賢臣頌」은 『고문진보』에 실려 있다. 『문선』에는 왕포의 「사자강덕론四子講德論」이 실려있다. 왕포의 글을 수록한 『문선』은 이미 신라의 독서삼품과에서도 중요하게 취급된 서적이었기 때문에 최치원이 그의 작품을 숙지하고 있었을 것이다. 그래서 다른 표문에서도 인용하고 있다.

　　지금 옥경玉京이 비록 수복되었어도 대가大駕가 아직 돌아가지 못한 이때에 번진의 작전 계획을 잠깐 멈추게 하고 궁궐의 복잡한 기무機務를 맡기셨으니, 상공께서 「중화中和」와 「악직樂職」의 아음雅音을 계승함은 물론이요, 사예司隸의 옛 헌장憲章으로 성대한 의식을 곧바로 일으키리라 확신합니다.75)

　　역시 최치원이 중요하게 생각하는 왕포의 작품은 「중화中和」와 「악

---

73) 『계원필경집』 권1, 賀改年號表.
74) 『계원필경집』 권1, 賀改年號表.
75) 『계원필경집』 권7, 前太原鄭從讜尙書.

직樂職」임을 알 수 있다. 특히 중화를 언급하는 것은 『중용』의 '中也者 天下之大本 和也者 天下之達道 致中和 天地位焉 萬物育焉' 때문임이 분명하다. 비록 최치원 당시에 『예기』에서 「중용」이 완전 분리된 것은 아니라고 하더라도 단초는 열리고 있었다는 의미이다. 또 중화를 당대 인물들에게 적용하고 있다. '상공相公 중용일창中庸日彰',76) '현형좌승賢兄左丞 중용처후中庸處厚',77) '대임천강大任天降 중용일창中庸日彰',78) '상서尙書 중용수지中庸守志',79) '낭중郎中 대아함청大雅含淸 중용처후中庸處厚'80)라고 표현하고 있다. 따라서 그의 수신修身은 『대학』에서 시작하여 『중용』으로 마무리 짓는다고 할 수 있다.

2) 치인治人

치인에는 제가·치국·평천하가 포함되는데, 그 출발은 수신이라고 할 수 있다. 제가齊家의 원리에 대한 것은 「하봉공주표賀封公主表」에서 다음과 같이 설명하고 있다.

삼가 생각건대, 황제 폐하께서는 제가齊家·이국理國＝治國을 하매 자신의 몸을 공손히 하고 친족을 예우하고 계십니다. 그리하여 봉의鳳扆의 특별한 은혜를 베풀고 난규蘭閨에 아름다운 명을 내리시되, 잠시 수고롭게 외방外方으로 순행하며 황도皇都를 아직 수복하지 않았다

---

76)『계원필경집』 권7, 鹽鐵李都相公.
77)『계원필경집』 권7, 盧紹給事.
78)『계원필경집』 권18, 獻生日物狀.
79)『계원필경집』 권19, 上座主尙書別紙.
80)『계원필경집』 권19, 與金部郞中別紙 又.

하여, 궁위宮闈에서의 성대한 전례典禮를 유보하고 간우干羽의 성공을 기다리고 계시니, 태양을 떠받들며 영광이 구족九族에 흘러넘치고 풍도 風度를 흠모하며 기쁨이 사방에 퍼집니다.81)

이 글은 황제에게 올리는 표문이다. 황제에게도 제가齊家·치국治 國을 하기 전에 먼저 '자신의 몸을 공손히 하고〔恭己敬親〕'를 강조하 고 있는 것을 알 수 있다. 수신을 통해서 제가·치국하고 있는 모 습이다. 송대 이후의 성리학자들은 수신과 제가·치국·평천하로 구분해서 설명하고 있는데 최치원도 이와 같은 구분 방식을 따르고 있다. 이는 『대학』에서 가져왔음이 분명하다. 최치원이 보기에는 이를 바탕으로 간우干羽를 정복할 수 있다는 논리를 제시하고 있 다. 간우는 『서경』「대우모大禹謨」의 '帝乃誕敷文德 舞干羽于兩階 七 旬有苗格'에서 인용한 것이다. 즉 "순 임금이 문덕을 크게 펴면서, 방패와 새 깃을 들고 두 섬돌 사이에서 춤을 추니, 그로부터 70일 만에 유묘족이 귀순하였다."라는 것으로 수신을 통해서 치국과 평 천하를 강조하고 있는 것이다. 이렇게 성덕으로 천하를 다스리면 "구주九州의 들판은 안정되어 모두 풀처럼 누웠습니다."처럼82) 교화 될 수 있다고 하였다. 이는 황소의 난을 진압한 이후 서울을 수복 한 것을 하례한 표문에 인용된 것이다. '풀처럼 누웠다'는 표현은 『 논어』「안연」의 '君子之德風 小人之德草 草上之風 必偃'에서 인용한 것이다. 다시 한 번 말하지만, 황제에게도 수신을 바탕으로 제가와 치국이 이루어진다는 논리를 적용한다는 점에서 획기적인 시도라고

---

81) 『계원필경집』 권1, 賀封公主表.
82) 『계원필경집』 권1, 賀收復京闕表.

할 수 있으며,83) 최치원이 신유학을 인식하고 있다는 뜻이다.

신유학에서 「홍범」이 중요한 이유는 북송 초의 호원胡瑗이 저술한 『홍범구의』에 대한 평가에서 잘 알 수 있다.

호원은 북송의 성시盛時에 태어나서 학문이 최고로 독실하였다. 그래서 그 학설은 천인합일의 취지를 발명하여 신기롭고 기이한 것에 힘쓰지 않았다. 하늘이 홍범을 내렸다는 해석은 제요帝堯가 내렸다고 하였으며 신귀神龜가 글을 지고 나왔다는 주장을 취하지 않았다. 오행의 차례는 기자가 말한 것이라고 하였으며 낙서洛書의 본문의 다과에 대해서는 판단하지 않았다. 오복五福과 육극六極은 천하에 모두 공통되어서 나타나는 것이지 한 사람만을 지칭해서 말한 것이 아니라고 하였다. 이런 모든 내용을 고쳐서 주소를 바로잡고는 마음에 얻은 것을 모두 풀어낸 것이다. 또 주관周官의 법을 상세하게 인용하여 팔정八政을 미루어 해석하여 경經으로서 경經을 주해한 것이니 특히 정확하였다. 그 요체는 건중·출치지도로 모두 돌리는 것이고 황극을 구주九疇의 근본 말씀으로 삼은 것이다. 비록 평이하지만 성인이 교훈을 세운 요체를 깊이 얻었으니 참위讖緯·술수術數의 유파들과는 함께 말할 수 있는 게 아니다.84)

「홍범」 중에서도 팔정八政과 오복五福의 중요성을 잘 설명하고 있

---

83) 지두환, 『한국사상사』.
84) 『四庫全書總目』 권11. "瑗生於北宋盛時 學問最爲篤實 故其說惟發明天人合一之旨 不務新奇 如謂天賜洪範爲賜自帝堯 不取神龜負文之瑞 謂五行次第爲箕子所陳 不辨洛書本文之多寡 謂五福六極之應通於四海 不當指一身而言 俱駁正注疏 自抒心得 又詳引周官之法 推演八政 以經注經 特爲精確 其要皆歸於建中出治 定皇極爲九疇之本辭 雖平近而深得聖人立訓之要 非讖緯術數者流 所可同日語也"

는데 이는 최치원에게도 기본적으로 나타나고 있는 현상이다. 한번
살펴보자. 최치원은 나라의 범위와 다스리는 원칙을 정할 때는 「홍
범」의 구주九疇를 기본으로 삼고 있다.

　삼가 생각건대, 성신聖神 총예聰睿하고 인철仁哲 명효明孝하신 황제
폐하께서는 삼극三極의 도道를 이루고 홍범洪範의 구주九疇를 펼치고
계십니다.85)

「홍범」의 구주九疇를 살펴보면 다음과 같다. 오행五行, 오사五事,
팔정八政, 오기五紀, 황극皇極, 삼덕三德, 계의稽疑, 서징庶徵, 오복五
福이다. 최치원의 생각으로 신라도 홍범 구주에 의해서 다스려진다
고 표현한 것은 인상적이다.

　더군다나 구주九疇의 남은 법도에 의지하고 일찌감치 팔조八條의 교훈
을 받았는 데야 더 말해 무엇 하겠습니까. 말할 때에는 반드시 하늘을
두려워하고, 걸어갈 때에는 모두 길을 양보하였으니, 이는 대개 인현仁
賢의 교화를 받아서 군자의 나라라는 이름에 실제로 부합되었기 때문입
니다.86)

최치원이 진성여왕을 대신하여 작성한 「양위표」에서 표현한 것으
로, 또 다른 동인의식이라고 할 수 있다. 구주 중에서는 팔정을 가
장 중요하게 인식하고 있다. 그래서 「홍범」의 팔정八政으로 중생을
제도해야 함을 말하고 있다.87)

85) 『계원필경집』 권1, 賀殺戮黃巢徒伴表.
86) 『고운집』 권1, 讓位表.

『서경』「홍범」에 "농에는 여덟 가지 정사를 행한다.〔農用八政〕"라고
하고, "첫째는 양식이요, 둘째는 재물이요, 셋째는 제사요, 넷째는 사공
이요, 다섯째는 사도요, 여섯째는 사구요, 일곱째는 손님 접대하는
일이요, 여덟째는 군사이다.〔一曰食 二曰貨 三曰祀 四曰司空 五曰司徒
六曰司寇 七曰賓 八曰師〕"라고 하였다.

팔정이 중요한 이유는 첫째가 양식이기 때문이다. 백성의 길흉화
복이 여기에 달렸다고 할 수 있는 것이다. 구주九疇가 잘 다스려지
고, 팔정八政이 이루어지면 백성에게는 마지막으로 오복五福이 온다
고 하였다. 그래서 "경사慶事는 오복五福이 근본으로서, 그 상서祥瑞
는 삼청三淸에서 내리는 것입니다."라고[88] 말하고 있다. 좌주 상서
에게 올리는 별지에서도 "도道는 잡념을 씻어 버리고, 덕德은 몸을
윤택하게 하면서, 다섯 가지 복〔五福〕을 모두 누리고, 온갖 신령들
의 축복을 맞고 계시리라 여겨집니다."라고[89] 하면서 역시 같은 표
현을 사용하고 있다. 최치원이 인식하기로 나라의 운영은 팔정八政
에서 시작하여 오복五福으로 마무리 할 때 백성에게 가장 큰 혜택
이 돌아간다는 것이다. 오복은 수壽·부富·강녕康寧·유호덕攸好德
·고종명考終命을 말한다.

나라를 운영하는 원리는 무편무당해야 함을 먼저 말하고 있다.
이는 「홍범」에서 가장 강조하는 말이다.

---

87) 『계원필경집』 권4, 奏請僧弘鼎充管內僧正狀. "右件僧 跡洗四流 心拘八
政 演法於有緣之衆"
88) 『계원필경집』 권17, 物狀.
89) 『계원필경집』 권19, 上座主尙書別紙.

삼가 살피건대, 『서경』에서 말한 것처럼 편당함이 없어야〔無偏無黨〕 왕의 교화가 일어나고, 『시경』에서 말한 것처럼 사적인 지식을 쓰지 말아야〔不識不知〕 상제의 계모計謀를 품수稟受하게 된다고 여겨집니다.90)

인용문에서 표현한대로 나라를 다스리는데 무편무당해야 교화가 일어난다고 하였다. 당나라의 황제가 이런 모습을 보이기 때문에 아래의 관리들도 "이것은 바로 사도司徒 상공相公께서 마음을 거울과 같이 하여 너그럽고 넉넉하게 하시며, 일을 저울처럼 처리하여 편벽됨이 없고 편당함이 없게 하시기 때문입니다."라고91) 하면서 실천하고 있는 모습을 보이고 있다. 신라에도 적용하면서 "하夏나라의 홍범洪範을 통해서 무편無偏의 자세를 본받고, 주周나라의 시편詩篇을 통해서 불궤不匱의 정신을 따라야 할 것이다."라고92) 하였다. 이렇게 하면 다음과 같은 결과가 이루어진다고 한다.

"바라건대 온 나라 사람들이 사양하는 기풍을 일으키게 하는 것〔一國興讓〕은 오직 우리 두 사람이 마음을 함께하는 데〔二人同心〕에 있으니, 적극 추진해 나갈 것이요 소수疏受의 일은 본받지 말 것이다."라고 하였습니다.93)

이 내용은 당에서 보낸 내용으로 「사사위표」에서 서술한 것이다.

---

90) 『계원필경집』 권3, 謝詔示權令鄭相充都統狀.
91) 『계원필경집』 권17, 初投獻太尉啓.
92) 『孤雲集』 권3, 大嵩福寺碑銘 竝序.
93) 『孤雲集』 권1, 謝嗣位表.

원문은 『대학』 전傳 9장의 "임금의 집안이 인을 행하면 온 나라가 인한 마음을 일으키게 되고, 임금의 집안이 사양을 하면 온 나라가 사양하는 마음을 일으키게 된다.〔一家仁 一國興仁 一家讓 一國興讓〕"에서 빌려온 것이다. 이인동심二人同心은 『주역』 「계사상」에 나오는 표현이다. 일국흥양은 최치원 자신도 직접 사용하고 있다.

그리하여 마침내 불교의 혜거慧炬를 얻으면 오승五乘의 광채와 융화되고, 유교의 가효嘉肴를 얻으면 육경六經의 진미를 만끽하게 되어, 1천 가문이 다투어 선에 들어오게 하고〔千門入善〕 온 나라가 인한 마음을 일으키게〔一國興仁〕 할 수 있는 것이다.94)

진감선사 비문에서 최치원이 당에서 보낸 내용을 그대로 사용하였다는 것은 이 문구가 일반화 되었다는 것을 반영하는 것이다. 지방을 통치하는 방식은 친현親賢해야 한다고 하였다.

신이 들건대, 주周나라에서는 이를 인지麟趾로 노래하였고, 한漢나라에서는 견아犬牙에 비유하였으니, 각 지방에는 친현親賢해야만 하늘의 총애와 위임을〔寵寄〕 얻을 수가 있는 것입니다.95)

친현親賢해야 한다는 것은 『맹자』 「진심 상」의 "仁者無不愛也 急親賢之爲務 … 堯舜之仁 不徧愛人 急親賢也"를 인용한 것이다. 그와 동시에 『대학』의 "군자는 그분이 어질게 여긴 이를 어질게 여기고 그분이 친하게 여긴 이를 친하게 여기며, 소인은 그분이 즐겁게 해

---

94) 『孤雲集』 권2, 眞監和尙碑銘 竝序.
95) 『계원필경지』 권1, 賀建王除魏博表.

준 것을 즐거워하고 그분이 이롭게 해 준 것을 이롭게 여긴다.〔君子
賢其賢而親其親 小人樂其樂而利其利〕"를 인용한 것이다.

천하를 다스리는 가장 큰 원칙은 이민족에 대한 입장인 것이다.
이는 대외정책과 관계되는 것으로 『맹자』의 원리에 입각하는 경우
가 많다.

그리하여 이해利害가 걸린 고장임을 분명히 알고 기미羈縻하는 방도를
잃지 않음으로써 마침내 요복要服이 조공을 바치게 하고 빈려賓旅가
귀인歸仁하게 하였으니, 마침 다사다난한 이때를 당하여 벌써 태평시대
의 조짐이 보이게 되었다고 하겠습니다.96)

이민족에 대한 운영의 원리를 기미羈縻, 요복要服, 빈려賓旅, 귀인
歸仁으로 설명하고 있는데 하나씩 살펴보자. 기미羈縻는 『한서漢書』
「교사지郊祀志」에 "천자天子는 오히려 기미羈縻의 정책을 쓰며 끊어
버리지 않는다."고 하였는데 그 주석에 "말 고삐는 기羈, 소 고삐는
미縻라 하는데 우마牛馬를 얽어매듯이 한다는 뜻이다."고 하였다.
이는 이민족을 묶어두는 뜻이라고 할 수 있다. 요복要服은 『서경書
經』「우공」에 "왕성을 중심으로 사방 500리씩으로 구분하여 명칭을
달리하여 구분하였는데, 왕성이 포함된 맨 안쪽이 전복甸服이고, 그
다음이 후복侯服이고, 그 다음이 유복綏服이고, 그 다음이 요복要服
이고, 맨 끝이 황복荒服이다."라고97) 하였다. 『후한서』에서 요복要
服은 '만이蠻夷'에 해당한다고98) 하였다. 이들을 빈려賓旅해야 한다

---

96) 『계원필경지』 권1, 賀通和南蠻表.
97) 『서경』 「禹貢」. "五百裏要服" 孔傳 "綏服外之五百裏 要束以文敎者"
98) 『後漢書』 西羌傳, 東號子疏奴. "戎狄荒服 蠻夷要服 言其荒忽無常"

는 뜻이다. 이는 『맹자』「고자 상」의 '柔遠人 所謂無忘賓旅者也'를
인용한 것이다. 이때 柔遠人은 『중용』의 '凡爲天下國家 有九經 曰脩
身也 尊賢也 親親也 敬大臣也 體羣臣也 子庶民也 來百工也 柔遠人也
懷諸侯也'를 인용한 것이다. 그래서 마지막으로 귀인歸仁해야 한다는
것이다. 『논어』「안연顏淵」에 "극기복례克己復禮가 바로 인仁이다. 하
루라도 극기복례를 할 수 있게 되면, 온 천하 사람들이 그 인에 귀
의할 것이다.〔天下歸仁焉〕"라고 하였고, 『맹자』「이루 상」에 "물이
아래로 내려가듯 백성은 인자에게 귀의하게 마련이다.〔民之歸仁也 猶
水之就下〕"라고 하였다. 군대를 동원할 때는 다음을 인용하고 있다.

　　탁발사공과 동방규 등은 중한 지위에 있는 신분으로 웅사雄師를 손에
　　쥐고서, 그 기세는 준피蠢彼하는 저 무리를 집어삼킬 듯하였고, 그
　　뜻은 혁사赫斯[99]하는 폐하의 노여움을 풀어 드리려고 하였습니다.

　　이때 혁사赫斯는 왕혁사노王赫斯怒의 준말이다. 『맹자』「양혜왕
하」에 "왕이 혁연히 노하여 군대를 정비했다.〔王赫斯怒 爰整其旅〕"라
는 『시경』「황의皇矣」의 말을 인용하면서, 주周나라의 문왕文王과
무왕武王이 "한 번 노하여 천하의 백성들을 안정시켰다.〔一怒而安天
下之民〕"라고 찬양한 말이 나온다. 그 의미는 백성을 안정시키는데
목적이 있는 것이다.
　　치인은 『대학』, 「홍범」의 체계를 혼용하여 사용하고 있고, 특히
외교는 『맹자』를 이용하고 있다.

---

99) 왕혁사노王赫斯怒의 준말이다.

3) 도통론

한유에 의해서 요-순-우-탕-문왕-무왕-주공-공자-맹자로 이어지는 도통이 형성되는 것이 맹자를 중시하는 신유학이다. 도통론의 성립은 선종禪宗과 연관되는데[100][101] 선사들의 법통法統 관념을 빌려온 것이다. 한유는 맹자 이외에도 양웅揚雄을 중시하는데 먼저 『고문진보』의 「원도」를 보면, "순자荀子와 양웅揚雄은 선택을 하였으나 정精하지 못하고, 말을 하였으나 상세하지 못하다."고[102] 하였다. 이에 대해서 북송성리학자인 정자程子도 인정하고 있음은 앞에서 인용하였다. 이어서 「원도」를 계속 살펴보자.

　요임금이 이 도를 순임금에게 전했고, 순임금은 우왕에게 전했고, 우왕은 탕왕에게 전했고, 탕왕은 문왕·무왕·주공에게 전했고, 문왕·무왕·주공은 공자에게 전했고, 공자는 맹가孟軻에게 전했는데, 맹가가 죽은 뒤에는 제대로 전승되지 못했다.[103]

한유가 도통을 중시한다는 것은 결국 자신이 도통의 계승자라는 의미이다. 즉, 맹자가 돌아가신 이후 단절된 도통을 전파할 적임자는 자신이라는 것이다.[104] 그래서 「중답장적서重答張籍書」에서는 다음과 같이 말하고 있다.

---

100) 지두환, 『한국사상사』.
101) 陳寅恪, 앞의 논문.
102) 『古文眞寶』 권2, 原道. "荀與揚也 擇焉而不精 語焉而不詳"
103) 韓愈 지음, 이종한 옮김, 『한유산문역주(1)』, 소명출판, 2012, 54쪽.
104) 査金萍, 위의 책, 4쪽.

부자夫子로부터 맹자孟子에 이르기까지 오래지 않았고, 맹자로부터
양웅揚雄에 이르기까지 또한 오래지 않았다. 그런데도 오히려 그 수고로
움이 이와 같고 그 곤궁함이 이와 같은 뒤에야 성립한 바가 있었으니,
내 어찌 이것을 쉽게 할 수 있겠는가. 하기를 쉽게 하면 그 전해짐이
영원하지 못하다. 그러므로 내 감히 하지 못하는 것이다. … 나의 도道가
이기기를 좋아하는 것이니, 나의 도는 바로 부자夫子·맹가孟軻·양웅
揚雄이 전한 바의 도이다.105)

한유의 생각은 공자-맹자-양웅-한유로 이어지는 도통을 생각하고
있는 것이다. 자신이 유교 도통론의 창시자이자 도통의 계승자임을
스스로 설정하고 있다. 「진학해進學解」에서는 다음과 같이 말하고
있다.

위로는 요姚[순], 사姒[우]의 혼혼하여 끝이 없음과 주고周誥, 은반殷
盤의 문리가 굴곡하고 문장이 난삽함과 『춘추』의 근엄함과 『춘추좌전』
의 부과浮誇함과 『주역』의 기이하면서도 법도에 맞음과 『시경』의 올바
르면서도 화려함을 엿보며, 아래로는 『장자』와 『이소離騷』와 태사공太
史公의 기록한 바와 양자운揚子雲과 사마상여司馬相如의 공부는 같으나
곡조는 다름에까지 미치니, 선생은 문장에 있어 그 속[내용]을 넓히고
그 겉[형식]을 크게 했다고 이를 만합니다.106)

요-순에서부터 양웅까지 이어지는 전통을 자신이 계승하고 있음
을 자부하고 있다. 이어서 「송맹동야서送孟東野序」에서도 "진秦나라

---

105) 『古文眞寶』 권2, 重答張籍書.
106) 『古文眞寶』 권3, 進學解.

가 일어났을 때에는 이사李斯가 울렸고, 한漢나라가 일어났을 때에는 사마천司馬遷·사마상여司馬相如·양웅揚雄이 가장 울리기를 잘한 자들이다."고107) 하였다. 역사에서는 사마천, 문장에서는 사마상여와 양웅이라는 뜻이다. 계속해서 양웅을 언급하고 있다.108)

양웅은 『법언法言』「오자吾子」에서 맹자가 양자와 묵자 같은 이단을 물리쳤다고 칭송하고109) 있다. 『법언』「연건淵騫」에서는 맹자의 용기에 대해서도 칭송하고110) 있다. 그래서 한유는 「송부도문창사서送浮屠文暢師序」에서 "이단異端의 학설을 주장하는 자가, 사문師門에 들어와 있으면 떨쳐야 하겠지만〔在門牆則揮之〕, 오랑캐 땅에 있는 자라면 이끌어 들여야 한다〔在夷狄則進之〕"는 양웅의 말을 인용하고 있다. 이는 양웅의 『법언』의 「수신修身」에 나오는데 그 원문은 "在夷貉則引之 倚門牆則揮之"로 글자의 동이同異가 약간 있다.

최치원은 도통론을 발전적으로 계승하여 선사禪師들의 비문에 적용하고 있다. 먼저 「무염화상비명」에서는 창주滄州 마조도일馬祖道一, 마곡보철麻谷寶徹, 무염無染으로111) 이어지는 법통을 언급하고 있다. 마조도일은 남악회양南岳懷讓의 제자이고 남악회양은 육조혜능六祖慧能의 제자이다.

선종禪宗에서의 법통을 손꼽아 세어 보면, 선사는 바로 조계曹溪〔慧能〕

---

107) 送孟東野序. "秦之興 李斯鳴之 漢之時 司馬遷 相如 揚雄 最其善鳴者也"
108) 「答劉正夫書」. "夫百物朝夕所見者 人皆不注視也 及睹其異者 則共觀而言之 夫文豈異於是乎 漢朝人莫不能文 獨司馬相如太史公劉向揚雄 爲之最"
109) 『法言』「吾子」. "揚墨塞路 孟子辭而辟之 廓如也 后之塞路者有矣 竊自比于孟子"
110) 『法言』「淵騫」. "勇于義而果于德 不以貧富貴賤動其心"
111) 『고운집』권2, 無染和尙碑銘.

의 현손에 해당한다. 그렇기 때문에 육조六祖의 영당影堂을 건립하고
분 바른 벽에 채색을 하여 널리 중생을 유도誘導하는 자료로 삼았으니,
이는 경經에서 말한바 "중생의 마음을 기쁘게 해 주려는 까닭에, 현란하
게 채색하여 여러 가지 상들을 그린 것이다.[爲說衆生故 綺錯繪衆像]"라
고 한 것이다.112)

이는 육조혜능에서 남악회양, 마조도일, 신감神鑑, 진감국사 혜
소慧昭로 이어지는 법통을 설명한 것이다. 「지증화상비명」에서는
다음과 같이 말하고 있다.

그러다가 장경長慶 초에 이르러 도의道義라는 승려가 중국으로 건너가
서 서당西堂의 오묘한 경지를 접하고는 지혜의 빛이 지장智藏[서당]과
비등해져서 돌아온 뒤에 처음으로 선종禪宗의 현묘한 계합에 대해서
말하였다.113)

마조도일, 서당지장, 도의로 계승되는 법통을 설명하고 있는 것
이다. 계속 「지증화상비명」에서는 홍척대사洪陟大師도 서당지장에게
가서 마음을 증득證得하고 돌아왔다고 언급하고 있다. 이어서 선종
의 계보를 상세하게 언급하고 있다.

그는 대성大成할 초기에는 범체梵體 대덕大德에게서 몽매함을 계발받
았고, 경의율사瓊儀律師에게서 구족계具足戒를 품수하였다. 그리고 마
침내 상달上達해서는 엄군嚴君이라 할 혜은慧隱에게서 현묘한 이치를

---

112) 『고운집』 권2, 眞監和尙碑銘.
113) 『고운집』 권3, 智證和尙碑銘.

탐구하였고, 영자令子라 할 양부揚孚에게 묵계默契를 전수하였다. 대사
의 법계法系를 보면, 당나라의 4조가 5세의 부조父祖로서, 그 법맥이
해외의 동방에 전해져 왔다고 할 수 있다. 그 흐름을 따라 헤아려 보면,
쌍봉雙峯[4조의 별칭]의 아들이 법랑法朗이요, 손자가 신행愼行이요,
증손이 준범遵範이요, 현손이 혜은慧隱이요, 그다음 내손이 바로 대사이
다.114)

이는 중국에 직접 가지 않고 법통을 계승했다는 의미이다. 쌍봉,
법랑, 신행, 준범, 혜은을 거쳐서 지증대사 도헌까지 이어지는 법
맥이다. 이런 선종사상은 혈통血統보다는 법통法統을 중요시하는 진
보된 형태의 중국적인 정통사상正統思想을 정치이념으로 받아들이고
있는 것이다. 이처럼 나말여초의 불교계에서는 순수혈통을 합리화
하는 인과설因果說에 의한 종교적인 질서체계에서 법통法統을 중요
시하면서 수심修心과 실천實踐을 강조하는 윤리적인 질서체계로 전
환하고 있었다.115)

최치원의 사상이 신유학이라는 점은 선종 선사의 비문은 쓰지만
교종 승려의 비문은 쓰지 않는 점과도 관계된다고 할 수 있는데 예
를 들면 지증 도헌道憲(824~882) 같은 경우가 대표적이다.116) 또
그가 저술한 비문을 통해서 선종 선사의 법통을 연결할 수 있는데
이는 유교의 도통론과 연계된 것이다. 한편 그가 인용한 「홍범」에
대한 사례도 도통론과 연결되고 있다.

---

114) 『고운집』 권3, 智證和尙碑銘.
115) 지두환, 『한국사상사』.
116) 지두환, 『한국사상사』.

삼가 생각건대, 성신聖神・총예聰睿하고 인철仁哲・명효明孝하신 황제 폐하께서는 삼극三極의 도道를 이루고 홍범洪範의 구주九疇를 펼치고 계십니다. 진위震位에서 나와 백성에 임하시니 바야흐로 요임금의 태양을 보겠고, 곤유坤維로 거둥하여 자신을 꾸짖으시니 순임금의 바람을 다시 맞았습니다.117)

이는 황소를 섬멸한 것을 하례하는 표문에서 인용한 것이다. 황제가 「홍범」의 구주를 다스리면서 요・순을 계승한다는 의식을 보이고 있다. 이는 당시 유행하던 도통론을 언급한 것이다. 이어서 다음과 같이 언급하고 있다.

삼가 생각건대, 황제 폐하께서는 중흥의 운세를 열고 「하무下武」의 공을 이루셨습니다. 하늘이 내려다보는 것을 눈으로 살펴 큰 경계로 삼으시고, 백성의 노래를 귀담아 들어 소강小康으로 그치려 하지 않으시며, 병기의 날카로운 쇠붙이를 영원히 녹여 곧바로 농기구를 주조하려 하십니다.118)

「하무」는 『시경』「대아」의 편명으로, 주무왕周武王이 태왕太王・왕계王季・문왕文王의 전통을 이어 천하를 소유하고 왕업王業을 이룬 것을 찬미한 시이다. 역시 문왕・무왕으로 계승되는 도통을 언급한 것으로 「하회가일불허진가악표」에도 동일하게 인용하고 있다. 소강은 요순 시대를 계승하면서 우・탕・문왕・무왕・성왕・주공로 이어지는 시대란 뜻이다. 역시 도통을 계승하고 있음을 표현한 것

---

117) 『계원필경집』 권1, 賀殺戮黃巢徒伴表.
118) 『계원필경집』 권1, 賀殺戮黃巢徒伴表.

이다.119) 당대에 이런 도통론이 등장한 이유는 안사의 난 이후에 새로운 사회를 추구하는 지식인의 의식에서 나온 것이라고120) 한다.

한편 한유의 도통론은 선왕지도先王之道와 관련된 도통론이라고121) 한다. 최치원이 이를 계승하였을 가능성이 크다. 그래서 『고운집』에서 '伏念致遠 四郡族微 七州學淺 俯習先王之道 雖自勤修 仰瞻夫子之牆 固難攀謁'이라고122) 하여 자신이 도통을 계승한 인물임을 표현하고 있다. 이어서 '弊國素習先王之道 丕稱君子之鄕'이라고123) 하여 신라가 선왕의 도를 익히고 있다고 하였다. 이는 신라가 유교적 도통론을 수용하고 있다는 의미이다.

4. 최치원과 유종儒宗

한유와 최치원 모두 유종儒宗으로 존숭받고 있다. 유종의124) 사전적 의미는 '유학의 종사宗師'란 뜻이다. 유종이란 의미는 결국 유교가 전래된 중국에서 학문과 함께 뜻이 전래되었을 것이기 때문에 중국의 경우를 살펴서 최치원에게 그 의미를 적용하는 게 하나의 방법이다.

중국의 경우를 살펴보면 『사기史記』에서 최초로 숙손통叔孫通에게 적용하고 있다.125) 숙손통은 전한 고조 시대의 인물로 의례를 제

---

119) 『예기』 「禮運」.
120) 賈發義, 「韓愈·李翺的道統說和性情論」 『四川大學學報』 167, 2010-2, 39쪽.
121) 賈發義, 위의 논문, 40쪽.
122) 『고운집』 권1, 上襄陽李相公讓館給啓.
123) 『고운집』 권1, 新羅王與唐江西高大夫湘狀.
124) 유종에 대한 내용은 필자의 『최충과 신유학』을 참고함.
125) 『史記』 권99, 열전 39, 叔孫通. "叔孫通希世度務 制禮進退 與時變化

정하고 유교를 일으켰기 때문에 유종이 되었다는 의미이다. 『한서
漢書』에는 동중서董仲舒에게 적용하고 있다.126) 『신당서』에서는 동
중서와 유향劉向을 언급하고 있다.127) 동중서와 유향이 이렇게 언
급된 이유는 『구당서』에서 찾을 수 있는데, 동중서와 유향 둘 다
『춘추』를 통해서 재이災異를 논하였다는 점에서 반고가 한나라 역
사를 서술하면서 그의 설을 채용하였다128)는 것이다. 그래서 동중
서와 유향은 둘 다 중국 문묘에 종사되고 있다.

　북송대 학자 중에서 유종으로 지칭되는 인물 중에는 유엄劉弇
(1048~1102)129)이 있다. 유엄은 최치원보다 후대의 인물이기 때문
에 최치원과 비견되기 어렵다는 문제점이 있지만, 북송 당대의 사
람들이 유엄을 유종이라고 표현한 이유는 유엄이 한유(768~824)와
구양수(1007~1072)를 계승한 인물이기 때문이었다. 그래서 한유와
구양수가 유종인 이유를 파악할 필요가 있다고 생각된다. 다시 말
하자면 북송 당대의 인식은 한유와 구양수를 계승할 때 유종이란
칭호를 붙일 수 있다고 생각한 것이다. 왕안석도 『상소학사서上邵學
士書』에서 '한창려〔한유〕는 당나라의 유종이었다.〔昌黎爲唐儒宗〕'130)
고 하여 한유를 유종이라고 표현하는 이유도 그 때문이었다. 한유
는 공맹도통설과 문이재도文以載道의 문체인 고문체를 주창한다. 구

　　　卒爲漢家儒宗"
126)『漢書』권36, 열전 6, 劉向. "仲舒爲世儒宗 定議有益天下"
127)『新唐書』권168, 열전 93, 柳宗元. "董仲舒劉向下獄當誅 爲漢儒宗"
128)『舊唐書』권37, 志 17, 五行. "漢興 董仲舒劉向治春秋 論災異 乃引九
　　　疇之說 附于二百四十二年行事 一推咎徵天人之變 班固敍漢史 採其說
　　　五行志"
129)『宋史』권444, 열전 203, 劉弇. "有龍雲集三十卷 周必大序其文 謂廬
　　　陵自歐陽文忠公以文章續韓文公正傳 遂爲一代儒宗 繼之者弇也"
130)『臨川文集』권75.

양수는 『신당서』의 저자이기 때문에 유종으로 인식되었을 가능성이 크다. 그런데 남송에서는 주희朱熹에게도 적용되고 있다.[131]

중국의 경우에 숙손통·동중서·유향·한유·구양수·주희로 연결되는 인물들에게 유종이란 칭호를 부여하고 있다. 이는 한유 이전과 이후로 나눌 수 있는 부분이다. 한유 이후는 모두 신유학과 관련된 인물이라는 점이다.

고려에서는 한유·이고 등의 공맹도통설을 수용하면서[132] 현종 11년(1020)에 최치원을 공자묘에 종사하고,[133] 현종 13년(1022)에 설총을 종사하게 된다.[134] 그런데 이것은 동국도통東國道統의 수립을 위한 것으로 이해된다.[135] 고려 후기 충선왕 때에는 "유종儒宗인 홍유후 설총, 문창후 최치원에게는 함께 마땅히 시호를 줄 것이다."고 하여[136] 설총과 최치원을 유종으로 칭한다.

최치원을 유종으로 처음 지칭한 인물은 이규보로서 "고운孤雲 최치원崔致遠은 파천황破天荒의 큰 공이 있다. 그러므로 동방학자들은 모두 그를 유종儒宗으로 여긴다."라고[137] 하였다. 이규보가 이렇게 유종의 칭호를 부여한 이유는 자신이 북송 신유학의 수용자이기 때문이고,[138] 최치원의 문장이 당을 울렸기 때문이 아닌가 한다. 일

---

131) 『宋史』 권434, 열전 193, 劉子翬. "及熹請益 子翬告以易之不遠復三言 俾佩之終身 熹後卒爲儒宗"
132) 劉明鍾, 앞의 논문.
133) 『高麗史』 권4, 현종 11년 8월.
134) 『高麗史』 권4, 현종 13년 1월.
135) 지두환, 『한국사상사』.
136) 『高麗史』 권33 충선왕 복위년 11월.
137) 『동국이상국집 부록』 백운소설白雲小說.
138) 문철영, 「이규보의 교유관계망을 통해 본 북송北宋 신유학 수용 양상」 『역사와 담론』69, 2014.

찍 최치원 자신도 유종의 칭호에 관심을 가지고 있었다. 「주청종사관장奏請從事官狀」에서 고언휴高彦休를 언급하면서 "상기 관원은 유종儒宗의 가르침을 받은 데다가 이술吏術의 재능을 겸하여 왕기王畿의 인수印綬를 매었을 적에 일찌감치 근로하는 업적을 세웠으며, 막빈幕賓의 자리에서 옷자락을 끌고 다닐 적에 자못 뛰어난 계책이 많았습니다."고 유종에게서 학습하였다는 점을 강조하고 있다. 「전태원정종당상서前太原鄭從讜尙書」에서는 정종당鄭從讜에 대해서 "더군다나 상공으로 말하면, 산악처럼 우뚝 솟은 유종儒宗으로서 냇물이 흐르듯 재상의 가업을 이어받고 계시는데야 더 말해 무엇 하겠습니까."라고 하여서 정종당을 유종으로 칭하고 있다. 학문적 과업을 계승하였기 때문에 유종이라고 칭하고 있다. 최치원이 학문을 계승하는 부분에 대해서 유종이라고 인식하였다면, 도통이 계승되듯이 유종도 계승될 수 있다고 판단하였을 것이다. 그래서 「헌시계獻詩啓」의 시 '수성비收城碑'에서는 고변高騈을 유종으로 칭하고 있다.[139] 최치원 자신이 고변의 종사관으로 복무하였기 때문인지 고변을 칭송하고 있는 모습이다.

　한유와 최치원 모두 유종으로 존숭받고 있다. 생전에 한유는 이미 자신이 도통을 계승한 학자로 인식하고 있으며, 최치원도 유종인 고변을 계승한다는 의미를 스스로 내포하고 있었다. 결국 유종儒宗이란 유학의 종장이란 뜻과 함께 새로운 유학을 열었다는 것으로 이해할 수 있고, 유학儒學의 종통宗統을 계승했다는 도통론의 의미로 이해할 수도 있다.

---

139) 『계원필경집』 권17, 獻詩啓. "終知不朽齊銅柱 況是儒宗綴色絲"

5. 결론

한유가 중국에서 신유학을 열었다면 최치원은 동방에서 신유학을 열었다고 할 수 있다. 고운孤雲의 저작에서 발견할 수 있는『사서四書』와「홍범」의 내용에서 수기修己・치인治人과 관련된 용어는『대학』의 수신修身・제가齊家・치국治國・평천하平天下, 덕윤신德潤身, 일국흥양一國興讓,『맹자』의 양용養勇,『중용』의 기천己千, 도불원인道不遠人, 치중화致中和,「홍범」의 팔정八政, 오복五福 등이다. 이들 용어는 신유학이 등장한 이후에 보편적으로 사용되는 용어라는 점에서 최치원 사유의 폭을 짐작할 수 있고, 그를 신유학의 기점이라고 인식할 수 있는 밑거름이 된다고 할 수 있다.

당 중기 한유는『대학』의 수기・치인을 제시하고 도통론으로 신유학의 단초를 열고 있었는데, 최치원은 당에 유학한 이래로 이런 사조를 발전적으로 계승하고 있었다. 이의 매개는 피일휴皮日休와 두순학杜荀鶴이었다. 한유는 아직 성의誠意와 정심正心을 제시하는 단계였다는 점이 자신의 한계이자 신유학의 한계였다. 이때 공자와 안연에 대한 존숭이 동시에 등장한다. 이것은 공자를 석전의 중심으로 삼고 안회를 배향하고, 그 다음에 십철과 제현諸賢을 종사하여 도통을 정립해 나가는 것을 의미한다. 결국 송대 완성되는 문묘향사제가 한유 출생 직전에 그 기본적인 모습을 보이고 있는 것이다.

최치원의 신유학 사상은 수기・치인・도통론, 유종으로 나누어 볼 수 있다. 신유학은 황제에서 사대부 및 서인까지 수기修己를 기본으로 하고 있다. 그의 수기修己는 안연의 안빈낙도安貧樂道, 맹자의 양용養勇을 통한 호연지기浩然之氣 함양을 기본으로 하고 있다는 것이 특징이다. 이는 신유학이 맹자 유학이라는 점과 관련이 있다. 수기의 최종 목표는 성인聖人을 기필하는 것이며, 신독愼獨을 통해서 중화中和의 경지를 이루는 것이었다.

그의 치인治人은 제가·치국·평천하로 구분하여 설명하였다. 신유학이 제왕부터 서인까지 수기를 기본으로 하였기 때문에 당시 황제도 수기를 바탕으로 제가와 치국이 동시에 이루어졌다고 표현하고 있다. 치국에서는 「홍범」 구주九疇의 원리를 바탕으로 하고 있었다. 그중에서 가장 중요하게 생각하는 것이 팔정八政과 오복五福이었다. 팔정의 처음은 식량이었기 때문에 백성에게는 가장 필요한 것이었고, 오복이 이루어진다는 것은 백성들에게는 최고의 혜택이라고 할 수 있었다. 이렇게 나라를 통치하면 '온 나라가 인仁한 마음을 일으키게 된다'고 하였다.

중국의 입장에서 천하를 다스리는 문제에서 가장 큰 걸림돌은 이민족에 대한 대처일 것이다. 이에 대해 최치원은 『중용』의 유원인柔遠人을 제시하여 귀인歸仁시켜야 한다고 하였다. 그래야만 『맹자』의 민지귀인民之歸仁이 이루어진다고 하였다. 이와 동시에 왕혁사노王赫斯怒하여 이민족을 제압하면서 백성을 안정시키기도 하였다.

한유의 유학이 훈고학과 차이나는 결정적 이유 중 하나가 도통론이었다. 그래서 정자程子에게도 인정받게 된 것이다. 그는 요-순-우-탕-문왕-무왕-주공-공자-맹자로 이어지는 도통을 심지어 자신이 잇는다고 자부할 정도였다. 이를 계승하여 최치원은 우리나라 선종禪宗 선사禪師들의 도통을 설명하고 있었다. 중국 선종을 우리가 계승한다는 자부심이자 동인의식東人意識이라고 할 수 있다.

한유와 최치원 모두 유종儒宗으로 칭송받게 된다. 결국 유종儒宗

이란 유학의 종장이란 뜻과 함께 새로운 유학을 열었다는 것으로
이해할 수 있고, 유학儒學의 종통宗統을 계승했다는 도통론의 의미
로 이해할 수도 있는 것이다.

〈참고문헌〉

『高麗史』,『古文眞寶 後集』,『孤雲集』,『桂苑筆耕集』,『舊唐書』,『동국이상국집』,『孟子』,『法言』,『四庫全書總目』,『史記』,『삼국사기』,『서경』,『宋史』,『新唐書』,『臨川文集』,『漢書』,『後漢書』

谷曙光,『韓愈詩歌宋元接受硏究』, 安徽大學出版社, 2009.
구스모토 마사쓰구 지음, 김병화 · 이혜경 공역,『송명유학사상사』, 예문
　　　서원, 2009.
羅聯添,『韓愈硏究』, 天津敎育出版社, 2012.
査金萍,『宋代韓愈文學接受硏究』, 安徽大學出版社, 2010.
이성호,『최충과 신유학』, 역사문화, 2014.
이성호,『崔冲의 政治 · 敎育活動과 儒敎思想』, 부산대학교 박사학위논
　　　문, 2013.
이지관,『교감역주 역대고승비문고려편 1』, 가산불교문화연구원, 1994.
장일규.『최치원의 사회사상 연구』, 국민대학교 박사논문, 2001.
池斗煥,『한국사상사』, 역사문화, 1999.
최영성.『최치원의 철학사상 연구 –삼교관과 인간주체를 중심으로-』,
성균관대학교 박사논문, 1999.
최영성,『한국유학통사 상』, 심산, 2006.
侯外廬 외, 박완식 역,『송명이학사』1, 이론과 실천, 1993.
김복순,「고운 최치원의 사상연구」『史叢』24, 1980.
노평규,「최치원 유학사상의 특성에 관한 연구」『범한철학』20, 1999.
劉沛霖,「關於孤雲崔致遠的儒佛道思想 – 朝鮮思想史散論三」『解放軍外
　　　語學院學報』72, 1995-1.
李傳印,「孟子在唐宋時期社會和文化地位的變化」『中國文化硏究』33, 2001.

문철영, 「이규보의 교유관계망을 통해 본 북송北宋 신유학 수용 양상」
     『역사와 담론』 69, 2014.

全基雄, 「新羅末期 政治社會의 動搖와 六頭品知識人」 『한국고대사연구』
     7, 1994.

池斗煥, 「한국 문묘 제도의 변천」 『國樂院論文集』 17, 2008.

陳寅恪 著, 金智英 譯, 「韓愈에 대하여 논함」 『中國語文論譯叢刊』 28, 2011.

車相轍, 「송대 고문운동의 이론과 비평」 『서울대학교 논문집』 13, 1967.

천인석, 「고운 최치원의 유학사적 위치」 『유교사상문화연구』 8, 1996.

〈Abstract〉

The Neo-Confucianism thought of Choi Chi-Won / Lee Seong-ho

Choi Chi-Won adopted the new Confucianism in the acient Korea, because he used words as 「Daehak(大學)」, 『Maengja(孟子)』, 「Jungyong(中庸)」, 「Hongbeom(洪範)」. His thought could be devided in Sugi(修己), Chiin(治人), Dotongron(道統論), Yujong(儒宗). His Sugi(修己) was based on Ahnhoe(顔回)와 Maengja(孟子), Chiin(治人) was classified as Jega(齊家), Chiguk(治國), Pyeongcheonha(平天下). He insisted that emperor should govern a family and country based on Sugi(修己). He emphasized Paljeong (八政) and Obok(五福) of 「Hongbeom(洪範)」 in Chiguk(治國). 「Jungyong (中庸)」 was stressed for emigrant to Gwiin(歸仁).

Choi Chi-Won mentioned Dotongron(道統論) of Buddhism and Confucianism with Seonjong(禪宗), Seonsa(禪師) and the theory of 500 years cycle of Maengja(孟子), respectively. He desired that the ideal figure, who occurred every 500 years, makes reformation the country.

Choi Chi-Won was praised as Yujong(儒宗). It means that he adopted the new confucianism and inherited the Jongtong(宗統).

Key words: Choi Chi-Won(崔致遠), Neo-Confucianism(新儒學), Saseo(四書), Dotongron(道統論), Yujong(儒宗)

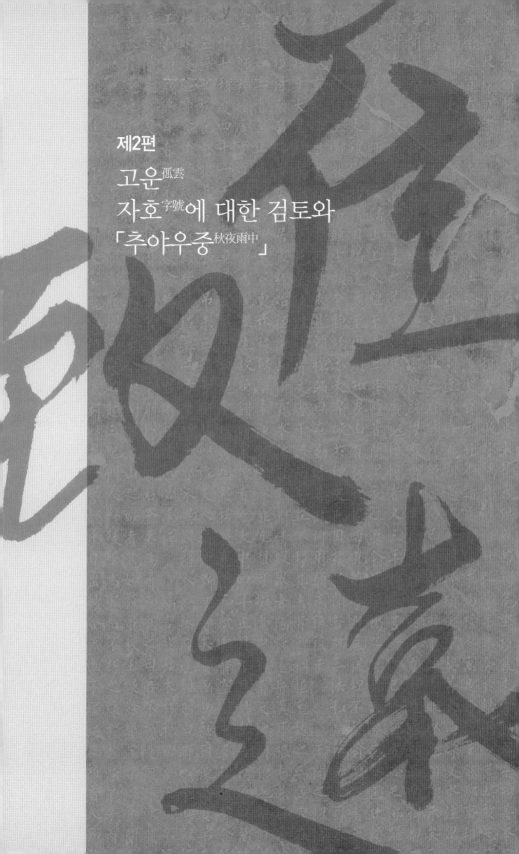

제2편

고운^{孤雲}
자호^{字號}에 대한 검토와
「추야우중^{秋夜雨中}」

제2편 '고운孤雲' 자호字號에 대한 검토와
「추야우중秋夜雨中」

1. 머리말

신라의 학자 최치원崔致遠(857~?)은 자신의 '자호字號'에 대해 스스로 밝힌 기록이 없고, 동시대의 타자에 의해서 지칭된 기록도 없는 상황이다. 따라서 아직까지 '고운孤雲'이 그의 자字인지 호號인지에 대한 명확한 정의 없이 일반적으로 통용되고 있는 실정이다. 자호는 전통시대 지식인들이 '명名'과 함께 가장 소중하게 생각하던 것이었다.1) 게다가 '명'과 '자'는 부모 세대의 인식과 관련이 있는 것이고, '호'는 자신의 의지 및 생각과 일정 정도 관계가 되는 것이다. 이들에 대한 탐구를 통해 당대 지식인들의 인식과 이해 방식을 알 수 있지 않을까 하는 생각을 해보았다. 즉, 자와 호는 그 시대 정신과 함께 개인의 생각을 읽을 수 있는 중요한 단서이자 통로라고 할 것이다.

최치원의 고운에 대한 '자호' 연구는 많은 논의가 있어왔고,2) 기존의 사전에서도 고운을 자가 아닌 호로 인정하고 있지만,3) 그 근

---

1) 한정주, 『호, 조선 선비의 자존심』서울: 다산초당, 2015.
2) 이구의, 『崔孤雲文學硏究』서울: 아세아문화사, 2005, 26~31쪽에서 여러 학설을 검토한 이후에 고운·해운은 자이고, 호는 없다고 결론을 내렸다. 근거는 唐代까지는 일반적으로 호를 사용하지 않았기 때문이라고 하였다. ; 金重烈, 『崔致遠 文學硏究』서울: 고려대학교, 1983. 이 연구의 20~21쪽에서 이규보 이래 孤雲이란 호가 자연스럽게 불리게 되었는데 이는 字를 號로 전용하여 부르는 것이라고 하였다.
3) 李斗熙 등, 『韓國人名字號辭典』서울: 啓明文化社, 1988. 이 책에서는 孤雲을 字가 아닌 號로 인정하고 있다.

거는 '고운孤雲'과 고운顧雲의 관계를 통해서 그렇게 지었을 것으로 짐작하고 있다.4) 따라서 그 근거를 명확히 밝히기 위해서는 자료로서 가장 중요한 『삼국사기』 본기·열전부터 시작해서 중국 자료까지 기초적인 검토가 필요하다고 판단되었다.

연구 방향은 다음과 같이 진행하고자 한다.

첫째, 전통시대 지식인들은 명자名字를 어떻게 짓는가 하는 점을 먼저 파악하고,5) 최치원의 명자를 검토하기 위해서 경전을 통해서 최치원의 부친이 그의 이름을 지은 유래를 확인하고자 한다. 자의 존재는 관례冠禮의 유무와도 연관된다는 점을 확인할 필요가 있어서 최치원이 12살에 입당하는 문제도 함께 다루고자 한다. 또 전통시대 명자名字 제작 원리를 검토하여 『삼국사기』 소재 인물들의 명자名字의 제작 방법과 비교하여 어떤 원리가 적용되었는지 확인하고자 한다. 대상은 신문왕, 김서현, 김인문, 김양, 설총 등이다. 이들을 검토하는 이유는 최치원의 고운이 자에 해당하는 것인지에 대한 확인을 위한 것이다. 이때 이용하는 자료는 『설문해자說文解字』, 『광운廣韻』, 『강희자전康熙字典』이다.

둘째, 작호作號 원리를6) 먼저 검토한 후에 고운이란 시구에 대한

---

4) 강헌규, 신용호 공저, 『한국인의 字와 號』서울: 啓明文化社, 1993, 146 ~149쪽에서는 孤雲과 顧雲의 관계를 통해서 그렇게 지었을 것으로 짐작하고 있다.

5) 박만규, 「先秦西漢中國人名字號考」『중국학연구』 12, 1997 ; 박만규, 「魏晉早期中國人名字號考」『中國言語研究』 81, 999 ; 任建義, 「古人名字問題初探」『山東教育學院學報』 2002-6 ; 暴希明, 「古人名字瑣談」『文史知識』 2009-7.

6) 王少華, 「中國古代姓名字号譚概」『尋根』 2003-1.
李菊林, 「淺談中國古人的姓名字号」『內蒙古電大學刊』 2006-4.
暴希明, 「論古人名字的關系及其文化信息価值」『中州學刊』 2008-5.
張雯岳, 何海云, 張玲子, 蔡芳, 王本高, 「古人姓名字号的意義研究」『青

당의 시인들의 활용 사례를 『전당시全唐詩』를 통해서 추출하고, 이 시구를 사용한 시인들과 최치원의 관계를 검토하고자 한다. 이것의 목적은 최치원이 여기서 호를 차용하였는지의 여부를 확인하기 위한 것이다.7) 이때 검토의 대상이 되는 시인은 나은羅隱, 고운顧雲, 유장경劉長卿, 두순학杜荀鶴 등이다. 이를 통해서 최치원 시 중에서 절창이라고 하는 「추야우중秋夜雨中」의 제작 의미도 함께 살펴보고자 한다.

2. 작명作名과 작자作字의 원리

지금까지 최치원의 자에 대해 알려주는 가장 오래된 자료는 김부식(1075~1151)의 『삼국사기』이다. 그는 『삼국사기』 권46 열전6 최치원전의 첫 문장을 '崔致遠 字孤雲 或云海雲'으로 시작하고 있다. 김부식은 분명 자를 고운 또는 해운이라고 하였다. 고려시대 학자인 이인로(1152~1220)가 지은 『파한집』 상권에는 '문창공文昌公 최치원崔致遠의 자字는 고운孤雲'이라고 하였다. 이규보(1168~1241)는 '崔致遠孤雲'이라고8) 하였다. 조선시대 기록 중에서도 최치원 관련 기록이 전하는데 역시 그의 자가 해운이라고 한다.9) 조선후기 학자인 서유구는 『계원필경집』 중간重刊 서序에서 "자字는 해부海夫요,

---

7) 일반적으로 학자들은 孤雲에 대해서는 의견을 피력하고 있지만 海雲에 대해서는 관심을 보이지 않고 있다. 그래서 이번 논문에서도 '고운'을 우선으로 다루고자 한다.

8) 『東國李相國集』 부록, 백운소설.

9) 『新增東國輿地勝覽』 권23, 경상도 동래현. "新羅崔致遠 嘗築臺遊賞 遺跡尙存 致遠一字 海雲"

고운은 그의 호號이다."라고 하였다.

최치원의 자호에 대해서 시대별로 각기 다른 해석을 보이고 있다. 이인로는 김부식의 기록을 취신하여 고운을 자로 인식하였던 것으로 보인다. 이규보 이래로 고운이 자인지 호인지에 대한 이유를 밝히지 않았지만 일반적으로 호로 사용하여 왔다고 한다.10) 서유구도 고운을 자로 이해하기에는 무엇인가 석연치 않은 점이 있었던 것이 아닌가 한다. 그래서 별다른 근거를 제시하지 않고 자를 해부海夫라 하고, 호를 고운이라고 하였다. 이런 상이한 이해가 나오는 문제의 출발은 최치원 자신이나 주변인이 직접적으로 남긴 1차 자료가 없다는 점 때문일 것이다.

우선 최치원의 이름에 대한 고찰부터 시작하도록 하자. 왜냐하면 이름은 자와 밀접한 연관을 가지기 때문이고, 그의 이름인 치원致遠은 부친인 최견일崔堅逸의 학문적 의도가 담겨있다고 보기 때문이다. 우선 당시까지 성명 제작에 참고하였을 가능성이 있는 책을 살펴보면, 우선 『예기』「곡례상」이 있다.

자식의 이름을 지을 때는 나라 이름을 따서 짓지 않고, 날의 干支와 달의 이름을 따서 짓지 않으며, 은질隱疾을 따서 짓지 않고, 산천의 이름을 따서 짓지 않는다.11)

『예기』에서 기휘하는 것은 '나라, 간지, 은질, 산천'임을 알 수 있

---

10) 金重烈, 『崔致遠 文學硏究』, 21쪽에서 이는 이규보가 고운을 호로 인정하는 태도라고 하였다.

11) 권오순 역해, 『禮記』홍신문화사, 1996, 21쪽. "名子者不以國 不以日月 不以隱疾 不以山川"

다. 이때 은질은 '몸에 감추어진 흠'이라고 한다. 이를 피해서 이름을 짓는 것이다. 『예기』「곡례」는 당시 신라 지식인들이 충분히 숙지하고 있었을 책이다. 예를 들면, '독서삼품과'에서 읽었던 기본 서적이기 때문이다.

　　4년788 봄에 처음으로 독서삼품讀書三品을 정하여 벼슬길에 나가게 했는데, 『춘추좌씨전』과 『예기』나 『문선文選』을 읽어서 능히 그 뜻을 통하고 겸하여 『논어』와 『효경』에 밝은 사람을 상품으로 하고, 『곡례』・『논어』・『효경』을 읽은 사람을 중품으로 하며, 『곡례』・『효경』을 읽은 사람은 하품으로 하고, 오경五經・삼사三史・제자백가諸子百家의 글에 널리 통하는 사람이면 관등을 뛰어 올려 뽑아 쓰기로 했다.12)

　　인용문에서 원성왕 이후에는 『곡례』가13) 기본적인 서적이 되고 있음을 알 수 있다. 다음으로 참고하였을 가능성이 있는 책으로는 『백호통의』가 있다. 이 책은 후한 대까지 '사회적 역할과 명칭' 등을 규정하고 있는 백과사전의 성격이고, 주제 중에서 '성姓, 씨氏, 명名, 자字'를 다루고 있다.14) 최치원도 이 책을 보고 있다는 점에서15) 부친인 최견일도 보았을 가능성은 충분하다. 이 책 내용 중

---

12) 『三國史記』 권10, 신라본기. "四年 春 始定讀書三品以出身 讀春秋左氏傳若禮記若文選 而能通其義 兼明論語孝經者爲上 讀曲禮論語孝經者爲中 讀曲禮孝經者爲下 若博通五經三史諸子百家書者 超擢用之"해석은 koreaA2Z DB의 이재호 역을 따랐다.
13) 「곡례」는 『예기』 편명일 때의 표기이고, 『곡례』는 단독 서적일 때의 표기로 정함.
14) 반고 저, 신정근 역주, 『백호통의』, 소명출판, 2004, 해제 참조. 이하, 『백호통의』에서 인용하는 내용은 이 책을 따랐다.
15) 『桂苑筆耕集』 권15, 應天節齋詞 又. "伏以父天母地 帝道所以爲尊"라고 하였다. 이때 '父天母地'는 『백호통의』 권상 爵의 "天子者爵稱也 爵所

에서 '명名'을 살펴보자.

왜 사람에게 반드시 '명名'이 있어야 하는가? 진정을 드러내고 자기를 규율하기 위해서이다. 이것은 사람 섬기기를 귀중히 여기는 것이다. 『논어』에 보면 "명이 올바르지 않으면 언어가 사실과 일치되지 않는다." 라고 한다.16)

사람을 섬기기를 귀중하게 여기기 때문에 이름을 지어서 진정을 드러내고, 자기를 규율하기 위한 것으로 이는 공자가 말한 '이름과 언어를 일치하기 위한' 것이었다. 최견일이 참고하였을 법한 책은 『설문해자』도 있다. 이 책은 중국 후한대의 허신許愼이 저술한 것으로 중국 최초의 자전字典이라고 할 수 있다. 이 책에서 치원致遠을 찾아보자.

致 : 送詣也 從攵從至17)
遠 : 遼也 從辵袁聲18)

이때의 의미는 '멀리 이르다'는 뜻으로 이해할 수 있다. 단순히 『설문해자』의 사전적 글자 뜻으로만 설명할 수 없는 부분이 있다. 왜냐하면 지식인들은 일반적으로 경전經典이나 사전史傳에서 의미를 찾으려고 하기 때문이다. 그래서 다음으로 유가 경전에 포함된 치원致遠

以稱天子者何 王者父天母地 爲天之子也"를 인용한 것이다.
16) 『백호통의』 姓名. "人必有名何 所以吐情自紀 尊事人者也 論語曰 名不正 則言不順"
17) 『說文解字』 권6 攵部.
18) 『說文解字』 권2 辵部.

의 사례를 찾아보면 아래와 같다.

『論語』「子張」
子夏曰 雖小道 必有可觀者焉 致遠恐泥 是以君子不爲也
『周易』「繫辭上」
探賾索隱 鉤深致遠 以定天下之吉凶 成天下之亹亹者 莫大乎蓍龜
『周易』「繫辭下」
刳木爲舟 剡木爲楫 舟楫之利 以濟不通 致遠以利天下 蓋取諸渙
服牛乘馬 引重致遠 以利天下 蓋取諸隨
『中論』「務本」(徐幹著)
故春秋外傳曰 國君者服寵以爲美 安民以爲樂 聽德以爲聰 致遠以爲明

　　유가의 경전에 다양하게 치원致遠의 의미가 나타나고 있다. 『논어』에 나타난 뜻은 "작은 재주에 구애받으면 군자로서 원대한 뜻을 이룰 수 없다."는 뜻이다. 『주역』「계사상」에 나타난 이름의 의미는 "어지러운 것을 상고하고 숨은 것을 찾아내며 깊은 것을 탐색하고 먼 것을 오게 한다."는 것이다. 「계사하」에서는 "통하지 못하던 곳을 건너, 먼 곳을 오게하여 천하를 이롭게 하였다."는 의미와 "무거운 것을 끌어 먼 곳에 운반케 하여 천하를 이롭게 하였다."는 의미로 쓰였다. 『중론』에서는 "멀리서 사람이 오도록 하는 것이 눈 밝음이다."라는 의미로 사용되었다. 이어서 도가 경전의 용례를 살펴보자.

『荀子』「王霸」
故人主欲得善射 射遠中微 則莫若羿蜂門矣 欲得善馭 及速致遠 則莫若

王良造父矣

『墨子』「親士」

良弓難張 然可以及高入深 良馬難乘 然可以任重致遠

『列子』「湯問」

內得於中心 而外合於馬志 是故能進退履繩 而旋曲中規矩 取道致遠
而氣力有餘 誠得其術也

　도가의 경전인 『순자』에서는 "멀리 도달하다."는 뜻이고, 『묵자』
에서도 역시 "멀리 도달하다."는 뜻이며, 『열자』에서도 같은 의미로
사용되었다.

　따라서 유가와 도가의 경전에서 종합하여 보면 최치원으로 이름
을 지은 뜻은 "군자로서 원대한 뜻을 품고, 멀리 있는 사람들이 복
속해서 오게하여, 천하를 이롭게 하라."는 것이었다. 부친인 최견일
이 이런 의미로 이름을 지었기 때문인지 실제 최치원의 삶과 부합
했다고 할 수 있다. 다음으로 파악해야 할 부문은 이런 이름의 의
미와 자를 연결하여 보는 것이다.

　자에 대한 정의를 『예기』에서 살펴보면 「곡례상」에 "남자가 20세
가 되면 관례冠禮를 하고 자字를 짓는다. 아버지 앞에서와 임금 앞
에서는 이름으로 말한다."라고[19] 하였고, 「단궁상」에는 "어려서는
이름을 부르고 관례를 하고 나면 자를 부른다."라고[20] 하였다. 또
「교특생」에는 "관례를 하고 자를 지어주는 것은 그 이름을 공경히
하기 위한 것이다."라고[21] 하였고, 「관의」에는 "이미 관례를 하고

---

19) 『禮記注疏』 권2, 曲禮上. "男子二十 冠而字 父前 子名 君前 臣名 女子
　　許嫁笄而字"
20) 『禮記注疏』 권7, 檀弓上. "幼名冠字"

자를 지어주면 성인이 되었다."라고[22] 하였다.

공영달은 『예기』에 대한 소疏에서 "사람이 20세가 되면 남의 아
버지가 될 수 있기 때문에 붕우 등이 그 이름을 다시 부르는 것은
옳지 않다. 그래서 관례를 하면 자를 더하는 것이다."라고[23] 하였
다. 한편 『안씨가훈』에는 다음과 같이 언급하고 있다.

　　옛날에는 이름으로 몸을 바로 세웠고, 자로써 덕을 표명했는데, 이름은
　　죽으면 피휘했고, 자는 손자의 성씨로 삼을 수 있었다. 공자의 제자는
　　공자의 언행을 기록할 때 모두 '중니'라고 칭했다. 여후는 미천할 때
　　일찍이 한고조를 그의 자인 '계'라고 불렀다. 한나라의 원종은 숙부의
　　자인 '사'를 칭했다. 왕단은 후패의 아들과 이야기하면 후패의 자인
　　'군방'이라고 불렀다. 강남은 지금까지도 자를 피휘하지 않는다. 하북의
　　사대부는 전부 구별을 하지 않아서 이름 또한 자로 불리며, 자는 본디
　　자로 불린다. 상서 왕원경의 형제는 모두 명망이 있는 사람으로 불렸는
　　데 부친의 이름이 '운', 자가 '나한'이어서 일제히 그것을 피휘했으니,
　　그 나머지 사람들도 기이할 것이 없다.[24]

　　인용문은 이름과 자의 중요성을 다시 설명하고 있는 내용이다.

---

21) 『禮記注疏』 권26, 郊特牲. "冠而字之 敬其名也"
22) 『禮記注疏』 권61, 冠儀. "已冠而字之 成人之道也"
23) 『禮記注疏』 권7, 檀弓上. "冠字者 人年二十 有爲人父之道 朋友等類 不
　　可復呼其名 故冠而加字"
24) 『顔氏家訓』 風操. "古者 名以正體 字以表德 名終則諱之 字乃可以爲孫
　　氏 孔子弟子記事者 皆稱仲尼 呂后微時 嘗字高祖爲季 至漢爰種 字其叔
　　父曰絲 王丹與侯霸子語 字霸爲君房 江南至今不諱字也 河北士人全不辨
　　之 名亦呼爲字 字固呼爲字 尙書王元景兄弟 皆號名人 其父名雲 字羅漢
　　一皆諱之 其餘不足怪也". 번역은 박정숙, 『안씨가훈』지식을 만드는지
　　식, 2011, 256쪽 참조.

이상에서 살펴본 바와 같이 경전에서 언급하는 자의 개념은 관례 이후에 짓는 것으로 이름을 아끼고 공경하기 위한 것이었다. 자는 성인成人의 이름이라고 할 수 있다. 또한 이름과 자의 관계를 『설문해자』를 통해 확인해 보자.

『설문해자』 字 : 乳也 從子在宀下 子亦聲25)

『설문해자』 段玉裁注 人及鳥生子曰乳

『설문해자』 序 倉頡之初作書 蓋依類象形 故謂之文 其後形聲相益 卽謂之字 文者 物象之本 字者 言孶乳而寖多也26)

자字의 뜻은 '유乳'이고, 단옥재段玉裁가 주에서 "사람이 자식을 낳으면 젖을 먹인다."라고 하였으며 『설문해자』의 서문에서 "창힐이 처음 문자를 만들 때 종류별로 상형을 따른 까닭에 문文이라고 하였다. 그 이후에 형성形聲이 점차 더해졌으니 이를 자字라고 한다. 문文이란 물상의 근본이고, 자字는 어릴 때 젖을 먹이면 점차 자란다는 말이다."라고 하였다. 『설문해자』의 뜻은 '문'에서 '자'가 나왔다는 것이다. 이는 '명'에서 '자'가 나온다는 의미와 일맥상통한다는 뜻이다.27) 그래서 『백호통의』「성명」에서 '或傍其名而爲之字者 聞名卽知其字 聞字卽知其名'라고 하였다. 이름을 들으면 자를 알 수 있고, 자를 들으면 이름을 알 수 있다는 것이다. 왜냐하면 이름에서 자가 나왔기 때문이다.

한편, 위의 『태평어람』 인용문에서 또 확인할 수 있는 부분은 관

---

25) 『說文解字』 권15, 子部.

26) 『說文解字』 序.

27) 暴希明, 「古人名字瑣談」 『文史知識』2009-7, 60쪽.

례와 자를 짓는 것이 동일 선상에서 이루어진다는 것이다. 이런 내용을 최치원의 부친인 최견일은 주지하고 있었을 것이다. 그런데 현재까지 최치원이 관례를 행했다는 기록은 보이지 않는다. 그가 고국인 신라를 떠날 때가 12살이었는데, 그의 나이와 관례와의 관계를 살펴보자.

  주나라 제도에 문왕은 12살에 관례를 하였다.
  〔주〕문왕은 13살에 백읍고를 출생하였다. 『좌전』에는 "관례를 하고 자식을 출생하는 것이 예에 있다."라고 하였다. 허신許愼은 『오경이의五經異義』에서 "그래서 인군의 자식은 12살에 관례를 할 수 있다. 하나라에서 은나라까지 천자는 모두 12살에 관례를 했다."라고 하였다.28)

문왕은 12살에 관례를 하고 13살에 장자인 백읍고를 출생한다. 이에 대해 『좌전』에서도 관례를 한 이후에 자식을 출생하는 것이 당연하다고 말한다. 또 『통전』에서는 「대대례」를 인용하여 "옛날 무왕이 흥하고 성왕이 13살에 사위하고, 주공이 총재의 지위로서 섭정하였다. 이듬해 6월에 장례하고 주공이 성왕에게 관례를 시키고 조상에게 조회하고 제후에게 보이고는 축옹에게 명하여 송을 짓게 하였다."라고29) 하였다. 물론 제왕의 경우이지만 12살에 관례를 하고 있다.30) 이는 아마 특별한 비상시국에서 제위에 오르기 위한

---

28) 『通典』 예16, 天子加元服. "周制 文王年十二而冠 文王十三生伯邑考 左傳曰 冠而生子 禮也 許愼五經異義曰 春秋左氏傳說 歲星爲年紀十二而一周於天 天道備 故人君子十二可以冠 自夏殷天子 皆十二而冠"
29) 『通典』 예9, 祫禘上. "大戴篇曰 昔武王崩 成王十三而嗣立 周公居冢宰攝政 明年六月旣葬 周公冠成王而朝於祖 以見諸侯 命祝雍作頌"
30) 『高麗史節要』 권2, 광종 16년 2월조에 따르면 고려 경종은 11세에 관례를 행하고 있다.

것일 가능성이 크다.

그렇다면 『삼국사기』에서 최치원의 자를 고운이라 한 것에 대해 새롭게 생각할 여지가 있게 된다. 최치원이 당으로 유학을 떠나는 12살에 관례를 할 수도 있는 것이다. 만일 이때 관례를 하였다면 자를 지었을 가능성이 있다. 부친의 입장에서는 충분히 취할 수 있는 조치일 것이다. 다음 내용도 참고할 필요가 있다.

> 신은 나이 12세에 집을 나와 중국으로 건너갔는데, 배를 타고 떠날 즈음에 망부亡父가 훈계하기를 "앞으로 10년 안에 진사進士에 급제하지 못하면 나의 아들이라고 말하지 마라. 나도 아들을 두었다고 말하지 않을 것이다. 가서 부지런히 공부에 힘을 기울여라."라고 하였습니다.[31)]

이 내용은 최치원이 『계원필경집』 서문에 직접 작성한 내용이다. 따라서 상당히 정확한 서술이라고 할 수 있는데, 그의 부친이 12살에 떠나는 아들에게 10년 안에 과거에 급제하지 못하면 내 아들이 아니라고 엄명하고 있다. 이는 10년 안에 고국으로 귀향해서 관례를 치르지 못할 것이라는 미래 사항을 내포하고 있다. 그렇다면 부친의 입장에서 미리 관례를 치르고 당으로 떠나게 하지 않았을까? 관례는 어른이 된다는 의미라는 점은 앞에서 살펴본 바가 있다. 이미 언급한 『예기』 「곡례상」에서 일반인들은 20세에 관례를 한다는 내용을 숙지하고 있더라도, 특별한 경우에는 제왕가처럼 12살에 관례를 행할 수 있다는 것을 적용하지 않았을까 생각해 볼 수 있다.

---

31) 『桂苑筆耕集』 序.

　최치원이 12살 때 당으로 출발하면서 관례를 행했다는 가정하에 김부식이 『삼국사기』에서 언급한 고운·해운이 그때 지은 자라고 확신할 수 있을까 하는 점을 검토해야 한다고 본다. 그래서 다음으로 자를 제작하는 원리를 살펴보도록 하자. 만일 고운·해운이 자라고 한다면 자를 제작하는 원리와 일치해야 한다. 우선 자를 짓는 원칙에 대한 연구 성과를 확인하여 보면, 방전旁轉·차방전次旁轉·성훈聲訓·의훈義訓·성의훈聲義訓·성어成語와 같은 방법이 있다고32) 한다. 이는 음운音韻과 의훈義訓 등을 함께 살펴보는 방법이다. 한편 중국에서는 다음과 같은 연구성과가 있어서 참조된다.33)

　한국 논문과 중국 논문을 참조하여 『삼국사기』 본기 및 열전에 보이는 자의 용례를 확인하면 최치원의 자가 고운·해운이라는 김부식의 서술이 사실인지 확인 가능할 것이다. 현재까지 보이는 『삼국사기』 용례를 아래의 표에서 확인하여 보자.

---

32) 박만규, 「魏晉早期中國人名字號考」, 162쪽. 다섯가지 제작 원리 방법에 대한 설명은 다음과 같다. ① 旁轉: 古音十七部가운데서, 바로 이웃 韻部끼리의 轉. 보기: 十三部와 十四部가 그러하다. ② 次旁轉: 한 部 비껴난 이웃끼리의 轉.보기: 十五部와 十七部 ③ 聲訓: 본래는 訓學의 용어이나, 여기서는 두 글자 사이를 소리[聲]로서 풀 수 있다고 여길 때 빌려 씀. ④ 義訓: 마찬가지로, 두 글자 사이를 뜻[義]으로서 서로 가늠할 수 있다고 여길 때 빌려씀. ⑤ 成語: 위의 各項에 골고루 해당될 수 있는 것으로서, 소리로든 뜻으로든 둘의 사이가 너무 가깝기에 그냥 한 말로 굳어져 써 내린 것을 말한다.

33) 任建義, 「古人名字問題初探」, 94쪽. 이 논문에서 크게 두 부분으로 나누고 다시 각 부분에서 세부 조건에 따라 나누었다. 첫째, 名字之間 意義聯系相同 或 相近, 類屬 關系, 相反, 相關, 둘째, 名字 非意義 關系名字 出名言警句, 字 前人 名字 或號 離析, 名字 語法上 搭配, 字는 人物의 排行을 表示. ; 暴希明, 「論古人名字的關系及其文化信息价値」. 이 논문에서는 다음과 같이 여섯부분으로 나누었다. 同義互訓, 相關聯想, 反義相對, 同類相及, 古語活用, 追慕古人.

표 1.『삼국사기』소재 명자名字와 제작 방법

출전	명	자	제작 방법	신분 및 가계
본기	政明	日怊日昭	同義 경전, 『주역』	神文王
〃	金舒玄	逍衍	同義 경전, 『노자』, 『장자』	김유신의 父
열전	金仁問	仁壽	경전, 『논어』	태종무열왕의 아들
〃	金陽	魏昕	同義	태종무열왕의 9대손
〃	崔致遠	孤雲, 海雲		6두품
〃	薛聰	聰智	同義	원효의 아들
〃	善	潘吉	同義	尙德의 부친
〃	男生	元德	경전, 『서경』	연개소문의 아들

　위의 표에서 자를 소지하고 있는 인물은 상당한 신분의 소유자라는 것을 알 수 있다. 당시 신분층에서 적어도 자를 지닐 수 있는 인물은 평민을 뛰어넘는 수준이라는 것을 나타내는 것이다.[34] 해당 인물들의 자 제작방법에 대해서 구체적으로 검토해 보자.

　신문왕(?~692)의 이름은 정명政明이고 자는 日怊(日昭)이다.[35] 정政은 『설문해자』와 『석명釋名』에서 모두 '정야正也'라고 하였는데, 『주역』 분괘賁卦에서 '山下有火 賁 君子以明庶政 无敢折獄'이라고 하였다. 그 뜻은 "산山 아래에 불이 있는 것이 분賁이다. 군자君子가 보고서 여러 가지 정사政事를 밝게 처리하되, 옥사獄事를 결단決斷하는 데 있어서는 과감하게 하지 않는다."라는 것이다. 이는 이 내

---

34) 暴希明, 「古人名字瑣談」, 60쪽.
35) 이재호 교감본 『三國史記』에는 日昭로 교감되어 있고, 정신문화연구원 교감본에는 日怊로 되어 있다. koreaA2Z DB참조 뜻으로 보면 日怊보다는 日昭가 되는게 타당하다고 생각한다.

용을 빌려 이름 지은 것으로 판단된다.

자는 『삼국사기』의 교감본에 따라 일소日怊 또는 일소日昭로 다르게 되어 있는데 일소日怊보다는 일소日昭가 타당한 듯하다. 왜냐하면 『설문해자』 권11 심부心部에 '怊:悲也'로 되어 있다. 신문왕은 문무왕의 맏아들로 태어났는데 부왕이 왕위를 계승할 가능성이 있는 왕자에게 '슬프다'는 의미의 '소怊'를 붙여서 자를 지어줄 가능성은 낮다고 생각한다. 그리고 이름의 '명明'은 자의 '소昭'와 통하기 때문이다. 『설문해자』 권8에는 '日:實也 太陽之精不虧'와 '昭:日明也'로 풀이되어 있다. '일日'과 '소昭'가 모두 '명明'과 서로 통하는 뜻으로 연결되어 있음을 알 수 있다. 따라서 신문왕의 자는 일소日昭가 되어야 이름과 서로 뜻이 합치된다고 할 수 있다.

김유신의 아버지의 이름이 김서현金舒玄이고 자가 소연逍衍이란 것에 대해 김부식도 의문을 표기했는데 『설문해자』에 의하면 '舒:伸也 또는 緩也, 一曰舒:緩也', '玄:幽遠也 黑而有赤色者爲玄 象幽而入覆之也 凡玄之屬皆從玄'이라고 한다. 이때 '현玄'은 주목할 필요가 있다. 노자老子를 현조玄祖라 하기 때문에 서현舒玄은 '노자와 같은 길을 펼쳐라'는 뜻으로 해석할 수 있고 이것은 소연逍衍과 연결되고 있다.

『설문해자』에 '逍:逍遙 猶翱翔也', '衍:水朝宗于海也'라고 한다. 소逍는 소요逍遙의 뜻으로 이는 『장자』의 「소요유逍遙遊」를 말하는 것이고, 연衍는 역시 『장자』의 「우언寓言」에 나오는 만연曼衍을 말하는 것이다. 만연은 '卮言日出 和以天倪 因以曼衍 所以窮年'을 말한다. 그 내용은 『장자』를 바탕으로 한 것인데 "남은 여생을 마음 가는데 따라 유유자적하며 거닐 듯, 자연을 따라 이어가면서 무궁하기를 기원한다."라는 뜻으로 이해 할 수 있다. 이를 통해 보면 김서현의 '소연逍衍'에 담긴 뜻은 이름과 일치하여서 이름과 자의 뜻을 합치시키는 경우라고 할 수 있다.

김부식은 "그런데 유신의 비문을 살펴보면 '아버지는 소판 김소연이다.'라고 하였으니, '서현舒玄'이 고친 이름인지 아니면 '소연逍衍'이 그의 자字인지 알 수 없다. 확실치 않아서 두 가지를 모두 기록해둔다."라고36) 하였다. 위에서 살펴보았듯이 결국 이름인 서현舒玄과 자인 소연逍衍의 연관성을 발견할 수 있다. 『노자』와 『장자』를 통해 이름과 자를 지은 경우라고 할 수 있다. 그래서 김부식은 '자인지 알 수 없다'고 하였으니 그의 의심은 합리적인 것으로 이해할 수 있다.

김인문金仁問(629~694)의 자가 인수仁壽라는 것은 이름과 자가 내용상 일치하는 경우이다. 먼저 이름에 나타나는 '문問'은 『설문해자』에서 '신야訊也'라고 하였다. 『서경』 중훼지고仲虺之誥에서는 '호문즉유好問則裕'라고 하였으며, 『시경』 패풍邶風에서는 '문아제고問我諸姑 수급백자遂及伯姊'라고 하였으며, 『이아爾雅』 석언釋言에서는 '빙문야聘問也'라고 하였다. 『의례』 빙례聘禮에서는 '소빙왈문小聘日問'이라고 하였고, 『주례』 「춘관春官」 대종백大宗伯에서는 '시빙왈문時聘日問'이라고 하였다. 종합하면 '인문仁問'은 인자仁者의 초빙과 관계있는 것으로 보인다.

김인문의 자인 '인수仁壽'는 다음 경전을 참고할 필요가 있다. 『논어』 「옹야雍也」에서 '子曰 知者樂水 仁者樂山 知者動 仁者靜 知者樂 仁者壽'라고 하였다. '인수仁壽'에 대해서는 "안으로 본성을 잃지 않

---

36) 『三國史記』 권41 열전1, 김유신상.

고 밖으로 사물에 손상을 받지 않고, 위로 하늘을 어기지 않고 아래도 사람을 어기지 않고, 처신이 정중正中하고 형신이 화기롭기 때문에 구징咎徵이 이르지 않고 상서로움이 모여서 장수하게 된다."라고[37] 하였다. 태종무열왕이 아들에게 지어줄 수 있는 타당한 자라고 생각된다.

김양金陽(808~857)의 자는 위흔魏昕인데 '위魏'는 『강희자전』에 의하면 본래 '외巍'이고 그 뜻은 '고高'라고 하였고, 또한 순임금과 우임금이 도읍지로 삼은 땅을 위국魏國이라고 하였다.[38] '양陽'은 『설문해자』에 의하면 '陽：高 明也'이고, '흔昕'은 '昕：旦明 日將出也'이다. 결국 양陽과 흔昕은 같은 뜻이라고 할 수 있다. 따라서 위흔魏昕은 '높고 높은 태양처럼 밝은'이란 뜻이 된다. 부모가 자식에게 지어줄 수 있는 자로서 합당하다고 할 수 있다.

설총薛聰(655~?)의 자인 총지聰智를 살펴보자. 총聰은 『설문해자』에 '찰야察也'로 되어 있고, '식사야識詞也'라고 하였다. 『석명』에는 '智 知也 無所不知也'라고 하였다. 『맹자』에는 '是非之心 智之端也'라고 하였다. 『순자』 「정명正名」에는 '知而有所合謂之智'라고 하였다. 결국 총지聰智는 이름인 총聰과 같다고 할 수 있다. 그의 이름과 자에서 드러내고자 하는 총명함은 『삼국사기』 설총전의 기록인 '聰性明銳 生知道術 以方言讀九經 訓導後生 至今學者宗之'와 부합하는 면이 있다.

---

37) 『申鑒』「俗嫌」. "或問 仁者壽 何謂也 曰 仁者內不傷性 外不傷物 上不違天 下不違人 處正居中 形神以和 故咎徵不至 而休嘉集之 壽之術也 曰 顔冉何 曰 命也 麥不終夏 花不濟春 如和氣何 雖云其短 長亦在其中矣"

38) 『康熙字典』鬼部. "說文 本作巍 高也 從嵬委聲 註 徐鉉曰 今人省山 以爲魏國之魏 詩魏風譜 魏者 虞舜夏禹所都之地也 在禹貢 冀州雷首之 北析城之西 周以封同姓焉"

상덕尙德의 부친인 선善은 자가 반길潘吉이다. 반潘은 『설문해자』
에 의하면 '淅米汁也'라고 한다. 그런데 『예기』 「내칙內則」에 '三日具
沐 其間面垢 燂潘請靧'라고 하였는데 이때의 반潘은 '수명水名'이다. 『예
기』 「단궁」에는 '與之邑裘氏與縣潘氏 書而納諸棺'라고 하였는데 이때
의 반潘은 '천명泉名'이다.[39] 이상을 종합하면 '쌀뜨물'이자 '수명水
名', '천명泉名'에 해당하는 것이다. 고대인들에게 쌀은 가장 귀하고
소중한 곡물이기 때문에 '반潘'도 '좋은'이란 뜻으로 해석할 수 있다.
『설문해자』에 의하면 '吉: 善也'이다. 따라서 두 글자는 같은 뜻이라
고 할 수 있다. 결국 '반길潘吉'은 '선善'과 같은 뜻이 된다.

연개소문의 아들인 남생男生의 이름은 형제들과 비교하면 이해
가능하다. 남생의 동생들 이름은 남건男建과 남산男産이다. '아들'과
관계된 이름임을 알 수 있다. 이름이 '아들'과 관계되기 때문에 아
들에게 바라는 바가 자가 될 수 있다. 따라서 남생의 자인 원덕元
德은 다음 경전을 참고할 필요가 있다. 『서경』 「주서」 주고酒誥에
'茲亦惟天若元德 永不忘在王家'라고 하였다. 그 뜻은 "이렇게 하면
또한 하늘이 원덕元德을 순하게 하여 영원히 잊지 않는 명命이 왕
가王家에 있을 것이다."라는 것이다. 연개소문은 아들인 남생이 왕
실의 뜻을 잘 이어 보필하도록 권면하는 자를 지은 것이다.

이상 『삼국사기』에 보이는 이름과 자를 분석한 결과를 최치원의
이름과 자에 적용하여 보자. 『설문해자』에 '致: 送詣也'라고 하였고,
원遠은 상성上聲일 때 '요원야遙遠也'이고 거성去聲일 때 '이야離也'이
다. 이름에 대한 분석은 앞에서 했기 때문에 따로 서술하지 않고자
한다. '고孤'는 『설문해자』에 '고자孤子'라고 하였다. 『석명』에는 '無

---

39) 『康熙字典』 水部.

父曰孤 孤顧也 顧望無所瞻見也'라고 하였다. 『석명』에 대한 논의는 아래에서 다시 하도록 하겠다. 『맹자』「양혜왕하」에서는 '幼而無父曰孤'라고 하였다. 『서경』「주서」주관周官에는 '立少師 少傅 少保曰三孤'라고 하였다. '고孤'의 뜻은 '아버지 없는 자식'으로 '외롭다'는 의미도 지니고 있다.

『설문해자』에 '운雲'은 '山川氣也'라고 하였고, 『광운廣韻』에서는 '河圖曰 雲者 天地之本'이라고 하였다. 『주역』건괘乾卦에서는 '雲行雨施'라고 하였다.

서유구가 주장한 해부海夫의 '해海'는 『설문해자』에 '天池也 以納百川者'라고 하였고, 『석명』에는 '海 晦也 主承穢濁水 黑如晦也'라고 하여 바다의 색깔이 어둡기 때문에 '회晦'로 표현하고 있다. 『시경』「소아小雅」에는 '沔彼流水 朝宗于海 鴥彼飛隼 載飛載止'라고 하여 『설문해자』와 비슷한 뜻으로 사용하고 있다. 부夫는 『운회韻會』에서는 '男子通稱'이라고 하였으며, 『예기』교특생郊特牲에서는 '夫也者 以知帥人者也'라고 하였다. 치원致遠이란 이름과 해부海夫에서도 연관성을 찾기는 힘들다.

이상 '고', '해', '운'을 살펴보았지만 이를 종합해서 고운, 해운, 해부를 부모가 자식의 자로 지어주기에는 '치원'이란 이름과 어울리지 못하는 면이 있다.40) 즉, 이는 최치원의 자를 고운·해운으로 서술한 김부식의 착오일 가능성이 있다.

---

40) 박만규, 「魏晉早期中國人名字號考」, 164쪽에 '遠 遼也 雲阮切 十四部'라고 하였다. 박만규, 앞의 논문, 1997, 83쪽에 '雲 古韻第十三部'라고 하였다. 그러면서 '원'과 '운'은 旁轉으로 연관성이 있다고 언급하고 있다. 하지만 韻字만으로는 최치원이란 이름과 고운이란 호를 연결할 수는 없을 것 같다.

3. 작호作號와 「추야우중秋夜雨中」

중국에서 호의 의미를 설명한 글을 찾아보면 『주례』 「춘관春官」 대축大祝에서 '號爲尊其名更美稱焉'이라 하였고, 『설문해자』에서는 '號 呼也'라고 하였으며, 『광운』에서는 '號 號令 又召也 呼也 諡也 亦作號'라고 하여 '남이나 자기 스스로가 이름 이외의 별명別名'으로 불러왔다고 한다.41) 이와 함께 우리나라에서 호의 의미를 설명한 글을 살펴보도록 하자.

왕적王績의 동고자東皇子, 두자미杜子美의 초당선생草堂先生, 하지장 賀知章의 사명광객四明狂客, 백낙천白樂天의 향산거사香山居士는 거소 로 호를 한 것이며, 도잠陶潛의 오류선생五柳先生, 정훈鄭熏의 칠송처사 七松處士, 구양자歐陽子의 육일거사六一居士는 소유물로, 장지화張志和 의 현진자玄眞子, 원결元結의 만랑수漫浪叟는 소득의 실상으로 호를 한 것이다.42)

인용문은 이규보李奎報(1168~1241)의 「백운거사어록」이다. 위 글에서 이규보가 언급한 작호作號 방법은 '거소, 소유물, 소득의 실상'에 따른 것이라고 할 수 있다. 그런데 그는 이 방법 이외의 것을 제시하는데 "백운은 내가 사모하는 것일세. 사모하여 이것을 배우면 비록 그 실상을 얻지는 못한다 하더라도 역시 거기에 가깝게는

---

41) 박만규, 「先秦西漢中國人名字號考」, 78쪽.
42) 『東國李相國前集』 권20, 白雲居士語錄. "若王績之東皇子 杜子美之草堂 先生 賀知章之四明狂客 白樂天之香山居士 是則就其所居而號之也 其或 陶潛之五柳先生 鄭熏之七松處士 歐陽子之六一居士 皆因其所蓄也 張志 和之玄眞子 元結之漫浪叟 則所得之實也"

될 것이네."라고[43] 하였다. 이는 사모 하는 바 곧 지향志向하는 바를 추구해서 작호作號하는 것이다.[44] 거론 인물 중에서 왕적王績, 두자미杜子美, 하지장賀知章, 백낙천白樂天, 도잠陶潛, 정훈鄭熏, 장지화張志和, 원결元結은 모두 최치원 이전의 인물이다. 이들 이외에도 최치원 시대 이전의 인물로는 노조린盧照隣의 유우자幽憂子, 이백李白의 청련거사靑蓮居士 또는 적선인謫仙人, 이상은李商隱의 옥계생玉溪生 등을 들 수 있다. 여기서 거론하는 인물들은 기본적으로 문인文人이란 점을 알 수 있다. 최치원은 이들의 작품과 함께 이들의 작호作號 및 사용을 인지하게 되었을 것이다.

최치원의 호도 '지향하는 바'를 통해서 얻게 되었을 가능성을 검토하도록 하자. 그가 시를 공부하면서 당대의 시인들과 연결되고 있기 때문이다. 중국 역사에서 시대별로 유행하는 문학의 유형이 달랐는데, 특히 당은 시의 전성기라고 할 수 있다. 이는 최치원이 시를 공부하는 계기가 되었으며, 과거 응시와도 연계가 되는 문제였다.

당시에 정성情性을 노래하여 읊고〔諷詠情性〕 사물에 뜻을 부쳐〔寓物名篇〕 한 편씩 지으면서 부賦라고 하기도 하고 시詩라고 하기도 한 것들이 상자를 가득 채우고 남을 정도가 되었습니다만〔幾溢箱篋〕, 이것들은 동자童子가 전각篆刻하는 것과 같아 장부壯夫에게는 부끄러운 일이라서 급기야 외람되게 득어得魚하고 나서는 모두 기물棄物로 여겼습니다.

---

43) 『東國李相國前集』 권20, 白雲居士語錄. "曰非也 白雲 吾所慕也 慕而學之 則雖不得其實 亦庶幾矣"
44) 張雯岳 등, 「古人姓名字号的意義研究」. 이 글에서 호의 의의를 '表明處境, 記述心情, 顯示興趣, 標榜志向'으로 네가지로 나누는 점에서 이규보와 유사하다.

그러다가 뒤이어 동도東都에 유랑하며 붓으로 먹고살게 되어서는 마침
내 부 5수, 시 100수, 잡시부雜詩賦 30수 등을 지어 모두 편篇을 이루게
되었습니다.45)

인용문은 최치원이 당에 도착한 12살에서 과거에 합격하는 18살
까지의 공부 과정에 대해서 스스로가 한 말이다. 그때 자신이 노력
한 문장 공부가 바로 '諷詠情性 寓物名篇 曰賦曰詩'라고 하여 '부賦'
와 '시詩'가 되었다고 하였다. 당의 과거 시험은 시부詩賦를 중심으
로 하고 있었기 때문이다.46)

'풍영정성諷詠情性'은 한대 「모시서毛詩序」의 음영정성吟詠情性을 말
한다. 『문심조룡』에서도 '蓋風雅之興 志思蓄憤 而吟詠情性 以諷其上
此爲情而造文也'라고47) 하였다. 한편 풍영정성에 대해서 당시의 음
영정성吟詠情性을 말한다고도 하였다.48) 그가 당시를 열심히 공부
했음을 증명하는 것은 '상자를 가득 채우고 남을 정도가 되었습니
다만〔幾溢箱篋〕'에서 알 수 있다. 다음으로 '우물명편寓物名篇'에서 송
의 구양수歐陽修는 『금침설琴枕說』에서 '老莊之徒 多寓物以盡人情'이라
고 하여 노장사상의 영향이 있다고 하였다. 그의 시 공부와 창작은
고변高騈의 막하에서 근무하던 회남淮南에서도 지속되고 있다.

급기야 미관微官을 그만두고 회남의 군직을 맡으면서부터 고시중高侍
中의 필연筆硯의 일을 전담하게 되었습니다. 그리하여 군서軍書가 폭주

---

45) 『桂苑筆耕集』 序.
46) 남동신, 「『桂苑筆耕集』의 문화사적 이해」 『진단학보』 112, 2011, 193쪽.
47) 『文心雕龍』 권7, 情采.
48) 김주한, 「최고운의 문학관」 『영남어문학』 13, 1986, 125쪽.

하는 속에서 있는 힘껏 담당하며 4년 동안 마음을 써서 이룬 작품이
1만 首도 넘었습니다만, 이를 도태淘汰하며 정리하고 보니 열에 한둘도
남지 않았습니다.49)

인용문은 최치원이 고시중高侍中의 막하에서 근무하던 당시의 상
황을 서술한 것이다. 이때 4년 동안 시를 1만수 까지 지었다고 언
급하고 있다. 『전당시』에 실린 시가 4만여 수인데 최치원 혼자서
지은 시가 1만여 수라고 한다. 이 정도의 창작 능력이면 당나라 시
인과 시에 대해서도 충분히 인지하고 있었을 것이다. 시를 창작한
다는 것은 운자韻字와 용어를 모방하는 경우가 많다. 그것은 앞선
시인들에 대해 충분한 이해와 공부를 바탕으로 하고 있을 때 가능
하다.

최치원은 시인들과 시에 대한 공부를 통해서 고운을 접했을 가능
성이 있다. 이를 통해서 자신이 존중하는 바를 본떠서 호를 짓는
방법을 한번 적용해보자는 생각이 들었을 것이다. 호는 부친이 아
닌 다른 인물이 짓거나 자신이 지을 수 있기 때문이다. 결과적으로
고운의 시구들을 통해서 자신의 호를 정했을 가능성이 크다.

특히 고운은 당나라 시인들이 자주 인용하는 문구이다. 이를 차
용하였을 가능성이 있다는 뜻이다. 『전당시』에 의하면 고운이란 제
목 및 시구를 사용하는 시인들을 알 수 있다. 우선 고운을 사용하
는 시인들을 찾아보면 아래와 같다.

이융기李隆基 당 현종 1편, 장구령張九齡 1편, 교지지喬知之 1편,
장열張說 1편, 노선盧僎 1편, 이기李頎 3편, 상건常建 1편, 유장경劉

---

49) 『桂苑筆耕集』序.

長卿 13편, 안진경顔眞卿 1편, 최서崔曙 1편, 이백李白 2편, 위응물韋應物 2편, 잠삼岑參 1편, 이가우李嘉佑 1편, 황보증皇甫曾 1편, 두보杜甫 8편, 전기錢起 4편, 낭사원郎士元 1편, 황보염皇甫冉 7편, 유방평劉方平 1편, 최하崔何 1편, 엄유嚴維 1편, 경위耿湋 1편, 두군보竇群 1편, 이익李益 2편, 최동崔峒 1편, 장남사張南史 1편, 유상劉商 1편, 무원형武元衡 4편, 권덕여權德興 5편, 양거원楊巨源 1편, 한유韓愈 1편, 구양첨歐陽詹 1편, 유우석劉禹錫 2편, 맹교孟郊 1편, 백거이白居易 2편, 모융牟融 1편, 어적於頔 1편, 시견오施肩吾 2편, 주하周賀 1편, 최애崔涯 1편, 장호張祜 2편, 두목杜牧 4편, 이상은李商隱 1편, 유부喩鳧 1편, 유득인劉得仁 2편, 조하趙嘏 1편, 마대馬戴 5편, 가도賈島 2편, 이빈李頻 3편, 우무릉于武陵 1편, 조홍趙鴻 1편, 피일휴皮日休 1편, 육구몽陸龜蒙 2편, 장분張賁 1편, 사공도司空圖 1편, 장교張喬 1편, 이산보李山甫 1편, 이함용李鹹用 3편, 방간方幹 5편, 나업羅鄴 1편, 정곡鄭穀 1편, 최도崔塗 1편, 위장韋莊 2편, 조송曹松 2편, 우업于鄴 1편, 왕인유王仁裕 1편, 진도陳陶 1편, 유소우劉昭禹 2편, 담용지譚用之 1편, 왕주王周 1편, 유겸劉兼 2편, 한산寒山 1편, 무가無可 1편, 교연皎然 3편, 관휴貫休 9편, 제기齊己 2편, 서섬棲蟾 1편, 수목修睦 2편, 여암呂岩 1편, 이빈李頻 1편이 있다. 이외에도 이름을 알 수 없는 무명씨無名氏의 작품도 1편이 있다. 이름을 알 수 있는 시인이 81명, 무명씨가 1명으로 합계 82명이고, 시는 160편이었다. 부수적으로 해운海雲에 관한 시구를 『전당시』에서 찾아보면 아래와 같다.

　잠삼岑參 5편, 이익李益 2편, 온정균溫庭筠 2편, 송지문宋之問 1편, 최식崔湜 1편, 유윤제劉允濟 1편, 서언백徐彦伯 1편, 장열張說 1

편, 양준楊浚 1편, 왕유王維 1편, 조영祖詠 1편, 이화李華 1편, 이백李白 8편, 위응물韋應物 1편, 장량박張良璞 1편, 이가우李嘉佑 1편, 두보杜甫 1편, 임화任華 1편, 정석鄭錫 1편, 무원형武元衡 1편, 양거원楊巨源 1편, 유우석劉禹錫 2편, 맹교孟郊 1편, 이신李紳 2편, 허혼許渾 4편, 조하趙嘏 2편, 마대馬戴 1편, 가도賈島 1편, 유가劉駕 1편, 피일휴皮日休 1편, 나은羅隱 1편, 조송曹松 2편, 좌언左偃 1편, 맹관孟貫 1편, 임씨林氏 1편, 법진法振 1편, 오검吳黔 1편 등이 있다. 총 37명이 해운이란 용어를 사용하였고, 시는 57편이었다.

이상에서 해운보다 고운이란 시구를 사용한 시인이 훨씬 많은 것을 알 수 있다. 고운이란 용어가 시인들에게는 더욱 친숙하거나 작시作詩의 내용 및 경향과 관련이 있을 것이다. 『전당시』는 청나라 강희 44년(1705)에 편찬을 시작하는 책으로 총 4만8천9백여 수의 시와 2천2백여 명의 시인들을 모아 완성한 것이다.50) 물론 최치원이 이 책을 보았을 리는 없지만 그가 당에 유학하여 당시 유행하던 시를 충분히 습득하고 있었기 때문에 이들 중에서 상당 부분은 보았을 것이다. 또 이를 지은 시인들 중에서는 최치원과의 연계도 확인되고 있다.

표 2. 고운孤雲을 사용한 시인 중 최치원이 인용한 시인

시인	『계원필경집』	『고운집』
李白	行路難 草創大還贈柳官迪 登錦城散花樓	行路難
杜甫	同諸公登慈恩寺塔	題忠州龍興寺所居院壁

---

50) 『全唐詩』序. "康熙四十四年三月十九日奉命刊刻校對 康熙四十五年十月初一日書成 裝潢成帙 康熙四十六年四月十六日康熙御制序"

	題忠州龍興寺所居院壁 春日憶李白	
韓愈	縣齋有懷	
白居易	三年爲刺史 思歸	長恨歌 道場獨坐
張祜		秋夜登潤州慈和寺上方
李商隱	爲柳珪謝京兆公啓2	
賈島		張喬와 시풍 비교
陸龜蒙	酒城	

위의 표는 현전하는 『계원필경집』과 『고운집』에서 최치원이 인용한 시인과 작품이다. 우선 시인만 살펴보면 이백李白 · 두보杜甫 · 한유韓愈 · 백거이白居易 · 장호張祜 · 이상은李商隱 · 가도賈島 · 육구몽陸龜蒙이다. 물론 최치원이 이들의 시만 보았을 리는 없을 것이지만 현전하는 기록에서만 살폈기 때문에 한계가 있음은 분명하다. 다만 이들과 최치원의 연계를 설명하는 데는 무리가 없을 것이다. 이백李白과 두보杜甫는 성당盛唐(705~770), 한유韓愈 · 백거이白居易 · 장호張祜 · 가도賈島는 중당中唐(771~835), 이상은李商隱 · 육구몽陸龜蒙은 만당晚唐(836~907)[51] 때 활약하던 시인이었고 당의 각 시대별 대표 시인이라고 할 수 있다.

다음으로 고운이란 시구를 사용하는 82명의 당의 시인 중에서 최치원과 직접 연관을 가지는 인물들을 검토하도록 하겠다.

표 3. 고운孤雲을 사용한 시인 중 최치원과 연계되는 시인

시인	연계 내용	비고
顔眞卿	『진감선사비명』의 글씨체	

---

51) 四唐의 시기 구분은 『百度百科』의 기준을 따랐다.

張喬	『고운집』권1, 和張進士喬村居病中見寄 최치원이「秋夜雨中」에 장교의 詩句 빌려옴	友人 池州 출신
羅隱	『삼국사기』최치원 열전.	
顧雲	『계원필경집』권6, 請轉官從事狀. 권11, 答江西王尙書書. 권17, 獻詩啓. 권18, 謝示延和閣記碑狀	友人 동방급제 池州 출신
武元衡	「秋夜雨中」과 동일한 시 지음	
劉長卿	「秋夜雨中 諸公過靈光寺所居」 최치원이「秋夜雨中」에 유장경의 韻字와 詩句 빌려옴	
杜荀鶴	『전당시』권692, 贈溧水崔少府 최치원이「秋夜雨中」에 두순학의 詩句 빌려옴	池州 출신
駱賓王	최치원이「秋夜雨中」에 낙빈왕의 詩句 빌려옴	
孟郊	최치원이「秋夜雨中」에 맹교의 詩句 빌려옴	
皮日休	顧雲과 친밀	

* 羅隱, 顧雲, 杜荀鶴, 駱賓王은 孤雲을 사용하지는 않았지만 최치원과 직접 연계가 되는
  시인이라서 표에 포함하였음

안진경顏眞卿은 최치원이 직접 저술하고 글씨도 쓴「진감선사비
명」과 관련된다. 안진경은 성당시대에 크게 활약하고 이름을 날린
시인이자 충신이고 서예가로서 최치원이 당에 갔을 때 크게 영향을
받는다. 그래서「진감선사비명」의 글씨에는 안진경이 쓴「안근례비
顏勤禮碑」의 필획과 결구, 또 우세남虞世南의 결구가 보인다고[52] 한
다. 한편 이 글씨에 대해서 구양순체歐陽詢體를 쓰고 있으나 단순히
구양순을 모방한 것이 아니라 구양순의 체격體格에 우세남의 필의
筆意와 안진경의 필의를 모두 혼합시킨 엄정嚴正 전아典雅한 필체筆
體라고 말하고[53] 있어서 안진경의 글씨체를 기본적으로 익히고 있
었던 것으로 보인다.

52) 조수현, 「최치원의 서체특징과 동인의식」『한국사상과 문화』50,
    2009, 552쪽.
53) 崔完秀,「韓國書藝史綱」『澗松文華』33, 1987, 53쪽.

장교張喬는 최치원의 우인友人으로 '심도원尋桃源'의 시를 지었는데,54) 그는 이 시에서 도원桃源으로 귀향하고자 하는 정서를 표출하였는데 이는 바로 도잠陶潛[도연명. 365~427]의 「도화원기桃花源記」에 대한 깊은 이해를 보여준다고55) 할 것이다. 장교가 도연명에 대하여 취한 이런 태도는 최치원에게 전파되었을 가능성도 크다고 한다. 그래서 최치원이 장교를 위하여 쓴 시의 구절에 '藜杖夜携孤嶼月 葦簾朝捲遠村煙'과 같은 표현이 가능하였다고56) 한다. 두순학杜荀鶴이 최치원과 친밀하다는 것은 그의 시인 '증율수최소부贈溧水崔少府'를 통해서도 짐작할 수 있다. 그는 도연명을 추숭하는 시편인 '송우인재심양送友人宰潯陽'에서 도연명의 안빈낙도하는 정신을 찬양하고 있다.57) 이는 당시 이전에 유일하게 고운이란 시구를 사용한 시인이 도연명이란 것과도 관계가 될 것인데, 그는 「빈사시貧士詩」를 짓고 있다.

온갖 물건 제각기 의탁하지만   萬族各有託

孤雲 홀로 붙을 데 없네   孤雲獨無依

아침노을에 묵은 안개 걷히니   朝霞開宿霧

뭇 새는 서로 더불어 날아가네   衆鳥相與飛58)

---

54) 『全唐詩』 권639, 尋桃源. "武陵春草齊 花影隔澄溪 路遠无人去 山空有鳥啼 水重靑靄斷 松偃綠蘿低 世上迷途客 經茲盡不迷"
55) 崔雄權, 「接受的先聲: 陶淵明形象在韓國的登陸」 『東疆學刊』 崔致遠對陶淵明形象的文化解讀2007-24.
56) 崔雄權, 「接受的先聲: 陶淵明形象在韓國的登陸」, 24쪽.
57) 崔雄權, 「崔致遠對陶淵明形象的文化解讀」 『解放軍外國語學院學報』 2008-31, 120쪽.
58) 『藝文類聚』 권35, 貧士詩.

이 시에서의 고운은 외로운 심경을 표현하는 의미로 쓰이고 있다. 최치원의 시구에도 도연명의 「귀거래사」에 등장하는 '삼경三逕'을 인용하고 있거나,59) 직접 도연명에 대한 존숭을 보이는 시를 쓰고 있다.60) 주희朱熹도 도연명이나 위응물 등의 고원한 지사형의 시인에 대해서는 대체로 높이 평가하였다.61)

나은羅隱(833~909)은 만당의 시인으로 본명은 횡橫인데 여러차례 진사시에 낙방하자 이름을 은隱으로 고쳤다. 그는 '恃才忽睨 衆頗憎忌'라고62) 기록된 것으로 보면 재주가 뛰어나서 사람들을 홀시하자 사람들이 꺼렸던 것으로 보인다. 그런데 최치원과의 관계에서는 다른 관점을 보여주고 있다.

치원이 처음 당나라에 유학했을 때에 강동江東의 시인 나은羅隱과 서로 잘 알고 지냈는데, 나은이 자기 재주를 믿고 스스로 뽐내어 다른 사람과 가벼이 허교하지 않았으나, 치원에게는 자기가 지은 시가詩歌 5축軸을 보여주었으며, 또 나이 동갑인 당나라 사람 고운顧雲과 잘 지냈는데, 치원이 돌아올 때에 고운이 시를 지어 전송했다.63)

나은이 최치원에게는 자신의 시를 보여주면서 관계를 허여하고 있는 모습을 보이고 있다. 이는 서로 상대방의 재주를 알아보고 인

---

59) 『桂苑筆耕集』 권10, 考功蔣泳郎中.
60) 崔英成 譯註, 『崔致遠全集』서울: 아세아문화사, 1998, 73쪽. 和李展長官冬日遊山寺.
61) 박석, 『송대 신유학자들은 문학을 어떻게 보았는가』, 역락, 2005, 88~89쪽.
62) 『唐才子傳』羅隱.
63) 『三國史記』 권46 열전6, 최치원.

정하였기 때문일 것이다. 위의 인용문에서 고운顧雲과의 관계도 주목된다. 그는 최치원과 동방同榜 급제及第한 인연이 있고, 또 회남의 고시중의 막부에서 함께 근무한 동료이다.[64] 그는 최치원에게 전별시를 지어 전송할 정도로 친밀한 관계임을 보여주고 있다.

> 내 들으니 동해 바다에 세 마리 금자라가 있고
> 금자라 머리에는 높은 산을 이고 있다네
> 산 위에는 구슬궁궐에 황금의 궁전이 있고
> 산 밑에는 천만리의 큰 물결이 있다네
> 그 곁의 한 점 계림鷄林이 푸르른데
> 금오산 정기가 기특한 사람을 낳았구나
> 열두 살에 배를 타고 바다를 건너
> 그 문장이 중화中華에 떨쳤었고
> 열여덟 살에 사원詞苑에서 재주를 겨루어
> 단번에 금문金門 과거에 뽑혔었구려[65]

인용문에서 고운顧雲은 최치원에 대해서 12살에 배를 타고 중국에 들어와서 중화를 감동시켰다고 인정하고 있다. 이런 지기인 고운顧雲과 최치원의 호인 고운의 관계를 살펴볼 필요가 있을 것이다. 앞서 언급하였지만 『석명』에는 '無父曰孤 孤顧也 顧望無所瞻見也'라고 하였다. 결국 고孤와 고顧는 같은 뜻이다. 따라서 최치원이 고운顧雲을 존숭해서 고운이라 호를 칭했을 가능성이 있다. 왜냐하

---

64) 이황진, 「고운이 최치원에게 준 송별시 고운편에 대한 진위 고증」, 서울대 『인문논총』 65, 2011, 334쪽..
65) 『三國史記』 권46 열전6, 최치원.

면 고孤와 고顧는 자전字典에서 같은 뜻이라고 하였기 때문에 결국
'고운孤雲＝고운顧雲'이다. 또 하나 확인할 대목은 앞서 언급한 유장
경劉長卿과 최치원의 관계이다.

유장경은 중당 시기에 활동했던 시인이다. 자는 문방文房으로 오
언율시에 장점이 있어 스스로 오언장성五言長城이라고 칭하였다.66)
그는 고운이란 시구를 사용하는 시를 특히 많이 짓고 있다. 『전당
시』에서 제목만 뽑으면 다음과 같다. 「龍門八詠 下山」, 「題王少府堯
山隱處 簡陸鄱陽」, 「送薛據宰涉縣」, 「重送道標上人」, 「送侯中丞流康
州」, 「避地江東 留別淮南使院諸公」, 「小鳥篇 上裴尹」, 「題曲阿三昧王
佛殿前孤石」 등 13편이다. 게다가 유장경은 「추야우중秋夜雨中 제공
과영광사소거諸公過靈光寺所居」란 시를 지었는데 여기서도 고운을 언
급하고 있다.

청련사에서 객담 나누노라니	晤語靑蓮舍
석양에 덧문 닫히는 소리	重門閉夕陰
차가운 촛불이 고요히 객을 비추고	向人寒燭靜
비를 따라 야밤 종소리 그윽한데	帶雨夜鐘沈
세상 일은 물따라 흘려 보내고	流水從他事
이 맘은 고운孤雲에 맡겨보런만	孤雲任此心
좁쌀 한말 녹봉을 떨치지 못하니	不能捐斗粟
종일토록 요금瑤琴에 부끄러워라	終日愧瑤琴67)

---

66) 『新唐書』 권196, 열전121, 秦系. "權德輿曰 長卿自以爲五言長城 系用
偏師攻之 雖老益壯"
67) 『全唐詩』 권148.

유장경의 이 시는 최치원의 시에서 가장 절창이라고 하는[68] 「추
야우중」과 제목이 동일하다.

가을바람에 처량하게 읊조리나니	秋風惟苦吟
세상에 나를 알아주는 이 없네	擧世少知音
밖에는 삼경의 비가 오는데	囱外三更雨
등불 앞에 만 리의 마음이여	燈前萬里心[69]

위의 두 시는 운자가 일치하고 있으니 유장경의 시에서는 '음陰,
심沈, 심心, 금琴'이고 최치원의 시에서는 '음吟, 음音, 심心'이다. 두
시의 소소簫簫한 정취도 유사하다. 최치원과 유장경은 같은 제목의
시를 쓰고 있고, 최치원은 그의 운자를 빌려서 쓰고 있다는 점은
무엇을 말하고 있는가? 무원형武元衡이 지은 「추야우중회우秋夜雨中
懷友」도[70] 있지만 다른 내용은 최치원의 시와는 상이하기 때문에
여기서 다루지 않기로 한다.

한편 유장경의 시 중에는 최치원의 「추야우중」에 있는 '만리심萬
里心'의 구절이 보이고 있다. 『전당시』의 「만차호구유회晚次湖口有懷」
에는 '帝鄕勞想望　萬里心來去'와 「송후중승류강주送侯中丞流康州」에는
'轅門畫角三軍思　驛路青山萬里心'의 구절이 보이고 있다. '만리심萬里
心'이란 이 시구를 최치원이 그의 「추야우중」에 차용하고 있다.

---

68) 『惺所覆瓿稿』권25, 惺叟詩話, 崔致遠詩率侻淺不厚而秋夜雨中一絶最好.

69) '고전종합DB'에 따르면 다른 板本에는 '惟'가 '唯'로, '擧世'가 '世路'로,
'萬古心'이 '萬里心'으로 되어 있다고 한다. 일단 이번 논문에서는 『고
운집』을 따랐다.

70) 『全唐詩』권316, 秋夜雨中懷友. "庭空雨鳴驕　天寒雁啼苦　靑燈淡吐光
白髮悄無語"

두순학杜荀鶴이 지은 「상중추일정소지湘中秋日呈所知」의 시에는 '四海無寸土 一生惟苦吟 虛垂異鄕淚 不滴別人心'이라고 하여 '유고음惟苦吟'이 보이고 있다. 만당 시인 중에서 가장 중요한 인물은 두목杜牧, 이상은李商隱, 피일휴皮日休, 섭이중聶夷中, 두순학杜荀鶴 5인이 꼽히고,71) 그중에서 두순학의 성취가 가장 높은 것으로 인정되어 왔다.72) 게다가 한유의 고문운동은 피일휴와 두순학에게 계승되고 있는데73) 마침 두 인물은 최치원과의 교유관계가 확인되고 있다.74) 두순학은 두우杜佑의 증손이고, 두목杜牧의 아들이다.75) 두순학이 최치원에게 건넨 시인 '증율수최소부贈溧水崔少府'를 확인해 보자.

집안 뜰은 조용한 채 제비·참새 지저귀고	庭戶蕭條燕雀喧
해 높이 뜬 창 아래서 책을 베고 누웠는데	日高窗下枕書眠
객 잡고자 술 사오라 시키는 말만 들려	只聞留客敎沽酒
사람 만나 돈을 혜며 따지지는 아니하네	未省逢人說料錢
동구에서 별을 보며 학창의를 펼쳐 입고	洞口禮星披鶴氅
시냇가서 달 읊으며 고깃배에 오른다네	溪頭吟月上漁船
구화산인 이 사람이 마음으로 인정하여	九華山叟心相許
낮은 벼슬 안 따지고 시 한 편 주노라네	不計官卑贈一篇76)

---

71) 陸侃如·馮沅君, 『中國詩史』山東大學出版社, 1996, 429~439쪽 남재철, 「최치원의 만당시단에서의 위상」 『진단학보』 1122011, 302쪽에서 재인용
72) 華正書局編集部 編, 『校訂本中國文學發展史』華正書局, 1988, 527~583쪽. 남재철, 「최치원의 만당시단에서의 위상」, 302쪽에서 재인용
73) 崔藝花, 「晚唐詩在崔致遠的影響与接受」 『人力資源管理』2010-5, 274쪽.
74) 장일규, 「계원필경집과 최치원의 교유관계」 『민족문화』 34, 2009.
75) 高國藩, 「崔致遠과 韓中文化交流」 『아시아문화』 14, 1999, 400쪽.

구화산수九華山叟라 불리는 두순학은 약846년 출생으로 857년 출생인 최치원보다 10여 세 연장의 대시인이 관직의 고위 여하를 따지지 않고〔不計官卑〕 서로간에 '심상허心相許'하고 있다. 또한 두순학의 부친인 두목杜牧은 두예杜預의 16세손으로 평생 한유韓愈를 찬탄하였으며 고문古文과 장편長篇에 영향을 받았다. 이 때문인지 최치원은 『계원필경집』을 편찬하면서 백거이와 두목의 편찬 체제를 모방하고 있다.77)

다시 「추야우중」으로 돌아가서 살펴보자. 낙빈왕駱賓王이 지은 「재강남증송오지문在江南贈宋五之問」의 시에는 '秦聲懷舊裏 楚奏悲無已 鄒路少知音 叢台富奇士'라고 하여 '소지음少知音'이 보이고 있다. 낙빈왕은 초당사걸初唐四傑로 불리던 시인이었다.78) 낙빈왕은 당의 측천무후가 중종을 폐위하자 유주사마柳州司馬 서경업徐敬業과 함께 양주에서 봉기를 일으킨 인물로 이후 생사가 알려져 있지 않다. 또 맹교孟郊(751~814)의 「상현원湘弦怨」에서는 '此志諒難保 此情竟何如 湘弦少知音 孤響空踟躕'라고 하여 역시 '소지음少知音'이 보이고 있다. 맹교는 중당中唐을 풍미한 시인으로 자가 동야東野이고, 한유와 교분을 맺어 20세 정도 연장자이면서도 오히려 한유의 가르침을 받았다. 한유가 그를 위해 지은 「송맹동야서送孟東野序」는 명문名文으로 알려져 있다.

장교張喬의 시 「강행야우江行夜雨」에는 '江風木落天 遊子感流年 萬

---

76) 시 원문은 『全唐詩』 권692. 시 해석은 남재철, 「최치원의 만당시단에서의 위상」, 303쪽.
77) 장일규, 「『계원필경집』의 편찬과 사료적 가치」『진단학보』 112, 2011.
78) 『舊唐書』 권190上, 열전140上, 楊炯. "炯與王勃盧照鄰駱賓王以文詞齊名 海內稱爲王楊盧駱 亦號爲四傑"

里波連蜀 三更雨到船'이라고 하여 '삼경우三更雨'가 보인다. 장교와 관련된 설명은 앞에서 하고 나왔기 때문에 생략하기로 한다.

이상 「추야우중」에서 최치원은 유장경, 두순학, 낙빈왕, 맹교, 장교의 시들에 사용된 구절을 인용하고 있다. 다시 살펴보면 유고음惟苦吟 두순학, 소지음少知音 낙빈왕·맹교, 삼경우三更雨 장교, 만리심萬里心 유장경이다. 자신만의 용어는 추풍秋風, 세로世路, 창외窓外, 등전燈前을 사용하고 있고 나머지는 차용한 것이다. 이들을 연결하여 최치원이 가슴 속에 생각하고 있는 인물들을 연결해 보면 아래와 같다.

　　秋風惟苦吟 … 두순학
　　世路少知音 … 맹교, 낙빈왕
　　窓外三更雨 … 장교
　　燈前萬里心 … 유장경

초구는 만당 때 활약하던 두순학을 생각하면서 썼고, 2구는 중당 때 활약하던 맹교와 초당의 시인 낙빈왕을 생각하면서 썼고, 3구는 역시 만당 때 활약하던 장교를 생각하면서 썼고, 마지막 구가 바로 중당의 유장경을 생각하면서 썼다. 마지막 구를 헌정하면서 '만 리 밖의 유장경'을 생각하고 있는 것이다.

최치원의 시 「추야우중」을 언제 지었는지에 대한 논란이 있지만[79] 이 부분은 다음 논고에서 검토하기를 기약한다. 여하튼 「추야우중」은 최치원이 당의 시인과 시에 대한 총정리로서의 의미가

---

79) 이황진, 「<秋夜雨中>의 창작시기 再考」『인문학연구』43, 2012.

있고, 자신의 호인 고운에 대한 의미를 확인한 것으로서 가치가 있다. 고운을 호로 확정할 수 있다면 해운은 자연스럽게 호로 상정할 수 있다고 생각한다. 최치원의 입장에서도 고운이란 호가 자신을 더욱 상징하는 것이기도 하다.

이상에서 최치원은 당대 시인 및 그들의 작품을 공부하면서 고운의 의미에 감정이입을 하게 되었다. 특히 고운顧雲과 유장경을 '지향하는 바'가 대표적인 호인 고운에 영향을 미치게 되었다. 「추야우중」은 이들에게 전달하는 마음을 담은 것으로 당대 시들을 집약한 최고의 절창이라고 할 수 있다.

4. 맺음말

이번 논고는 최치원의 명자호名字號 검토를 통해서 최치원의 '고운孤雲'이 자字인지 호號인지를 확정하고, 이를 통해서 「추야우중秋夜雨中」의 제작 경위와 의미를 파악하고자 하였다. 그 결과 다음 몇 가지를 확인할 수 있었다.

첫째, 치원致遠이란 이름의 유래를 알 수 있었다. 치원이란 이름은 『논어』, 『주역』, 『중론』, 『순자』, 『묵자』, 『열자』의 유가와 도가의 경전에서 가져왔는데, 이를 통해 종합하여 보면 최치원의 이름을 지은 뜻은 "군자로서 원대한 뜻을 품고, 멀리 있는 사람들이 복속해서 오게 하여, 천하를 이롭게 하라."는 것이었다. 부친인 최견일이 이런 의미로 이름을 지었기 때문인지 실제 최치원의 삶과 부합했다고 할 수 있다.

둘째, 자의 제작 원리를 살펴본 결과 『삼국사기』 소재 인물들의 자도 역시 이 제작 원리와 일치하고 있었다. 즉, 명名과 자字의 뜻을 서로 일치시키는 방법을 사용하거나 혹은 경전에서 가져오는 방법을 취하고 있었다. 『삼국사기』 소재 인물들의 경우는 부친들이 자의 제작 원리를 충분히 이해하면서 지었다는 것을 확인할 수 있었다. 다만 김부식이 최치원의 자라고 서술한 고운은 자의 제작 원리와는 상이한 결과를 가져왔다. 물론 해운海雲도 동일한 결론을 가져왔다. 결국 『삼국사기』 소재 인물 중에서 이름과 자가 일치하지 않은 경우는 최치원이 유일하였다.

셋째, 최치원의 호는 작호作號의 원리 중에서 '지향하는 바'를 취해서 얻은 결과임을 알게 되었다. 그는 과거 시험을 위해서 '풍영정성諷詠情性'을 통해 당시를 공부한 결과 단번에 급제하였고, 이후 회남에서 막부에 근무하던 시기에는 시詩 1만여 수를 짓기도 하였다. 이런 당시 공부를 통해서 고운이란 시구를 접했을 것이다. 당대 시를 모은 『전당시』에서 고운의 사례를 검토한 결과 고운이란 시구를 쓴 시인은 총 82명이고 시편은 160편이었다. 물론 고운이란 시구를 가장 먼저 사용한 인물은 도잠陶潛이고 그의 이상적인 삶도 최치원에게 영향을 주고 있었다.

또 고운이란 시구를 사용한 시인들 중에서는 최치원과 관계되는 인물들을 확인할 수 있었다. 이백李白, 두보杜甫, 한유韓愈, 백거이白居易, 장호張祜, 이상은李商隱, 가도賈島, 육구몽陸龜蒙의 시는 최치원이 자신의 저서에서 직접 인용하고 있었다. 또 이 시구를 남긴 시인인 안진경顏眞卿, 장교張喬, 무원형武元衡, 유장경劉長卿, 맹교孟郊, 피일휴皮日休 등은 최치원과 직접 연계되고 있었다. 이런 연결을 통해 최치원은 고운에 대해 심정적 동질감을 느끼고 호를 고운이라 하였던 것이다. 또 나은羅隱과 친밀하고 최치원과도 친구인 고운顧雲의 영향이 최치원의 호를 고운으로 설정하는데 영향을 주었다. 자전字典에 의하면 '고운孤雲＝고운顧雲'이라고 하였기 때문이다.

넷째, 최치원의 고운이란 호에 영향을 준 또 한명의 시인은 유장경劉長卿이다. 『전당시』에 의하면 그는 시인들 중에서 고운이란 시구를 가장 많이 사용하였으며, 최치원의 절창인 「추야우중」과 같은 제목의 시를 쓰고 있다. 이 시에도 역시 고운이란 시구가 사용되고 있었다. 게다가 최치원의 「추야우중」은 유장경의 「추야우중」에서 운자韻字를 빌려온다. 또 전체 시의 내용에서도 당의 시인들의 시구와 연관된다. 두순학의 시에서는 유고음惟苦吟, 맹교와 낙빈왕의 시에서는 소지음少知音, 장교의 시에서는 삼경우三更雨, 유장경의 시에서는 만리심萬里心을 빌려오고 있다. 다시 말하면 「추야우중」은 당시의 정수를 한편의 시에 모은 것이라고 할 수 있는 것이다. 따라서 최치원은 고운顧雲 이외에도 유장경의 영향으로 호를 고운이라 하였을 것이다.

이상, 고운은 최치원의 자가 아니고 호임을 확인하였다. 그것은 최치원이 당의 시인과 시를 연구한 결과이며 직접적으로는 고운顧雲과 유장경의 영향이었음을 알 수 있었다. 그 결과로 유장경, 두순학, 낙빈왕, 맹교, 장교와 같은 시인들의 시를 모아 「추야우중」이란 절창을 제작하게 된 것이다.

〈참고문헌〉

『康熙字典』, 『桂苑筆耕集』, 『高麗史節要』, 『孤雲集』, 『廣韻』, 『舊唐書』, 『琴枕說』, 『論語』, 『唐才子傳』, 『東國李相國前集』, 『孟子』, 『墨子』, 『文心雕龍』, 『백호통의』, 『三國史記』, 『釋名』, 『宣和奉使高麗圖經』, 『說文解字』, 『惺所覆瓿稿』, 『荀子』, 『詩經』, 『新唐書』, 『新增東國輿地勝覽』, 『顔氏家訓』, 『列子』, 『禮記注疏』, 『藝文類聚』, 『儀禮』, 『爾雅』, 『周禮』, 『周易』, 『中論』, 『全唐詩』, 『太平御覽』, 『通典』

강헌규, 신용호 공저, 『한국인의 字와 號』, 啓明文化社, 1993.
권오순 역해, 『禮記』홍신문화사, 1996.
金重烈, 『崔致遠 文學硏究』, 고려대학교, 1983.
박석, 『송대 신유학자들은 문학을 어떻게 보았는가』, 역락, 2005.
박정숙, 『안씨가훈』지식을만드는지식, 2011.
반고 저, 신정근 역주, 『백호통의』, 소명출판, 2004.
이구의, 『崔孤雲文學硏究』, 아세아문화사, 2005.
李斗熙 등, 『韓國人名字號辭典』, 啓明文化社, 1988.
崔英成 譯註, 『崔致遠全集』, 아세아문화사, 1998.
한정주, 『호, 조선 선비의 자존심』, 다산초당, 2015.

高國藩, 「崔致遠과 韓中文化交流」『아시아문화』 14, 1999.
김주한, 「최고운의 문학관」『영남어문학』 13, 1986.
남동신, 「『桂苑筆耕集』의 문화사적 이해」『진단학보』 112, 2011.
남재철, 「최치원의 만당시단에서의 위상」『진단학보』 112, 2011.
박만규, 「先秦西漢中國人名字號考」『중국학연구』 12, 1997.
박만규, 「魏晉早期中國人名字號考」『中國言語硏究』 8, 1999.

이황진, 「<秋夜雨中>의 창작시기 再考」『인문학연구』43, 2012.

이황진, 「고운이 최치원에게 준 송별시 고운편에 대한 진위 고증」『인문논총』65, 2011.

장일규, 「『계원필경집』의 편찬과 사료적 가치」『진단학보』112, 2011.

장일규, 「계원필경집과 최치원의 교유관계」『민족문화』34, 2009.

조수현, 「최치원의 서체특징과 동인의식」『한국사상과 문화』50, 2009.

崔完秀, 「韓國書藝史綱」『澗松文華』33, 1987

王少華, 「中國古代姓名字号譚概」『尋根』2003-1.

李菊林, 「淺談中國古人的姓名字号」『內蒙古電大學刊』2006-4.

任建義, 「古人名字問題初探」『山東敎育學院學報』2002-6.

張雯岳, 何海云, 張玲子, 蔡芳, 王本高, 「古人姓名字号的意義硏究」『靑春歲月』2013-3.

崔藝花, 「晚唐詩在崔致遠的影響与接受」『人力資源管理』2010-5.

崔雄權, 「接受的先聲: 陶淵明形象在韓國的登陸」『東疆學刊』2007-24.

崔雄權, 「崔致遠對陶淵明形象的文化解讀」『解放軍外國語學院學報』2008-31.

暴希明, 「古人名字瑣談」『文史知識』2009-7.

暴希明, 「論古人名字的關系及其文化信息价值」『中州學刊』2008-5.

〈Abstract〉

A Study on 'Goun'(孤雲) the Courtesy or Art Name of Choi, Chiwon and "Chuyaujung"(「秋夜雨中」) / *Lee Seong-ho*

This study aims to determine whether the 'Goun' is the courtesy name or the art one of Choi, Chiwon(崔致遠) through examining his name, courtesy name and art name(名字號), thereby exploring the writing process and meaning of his "Chuyaujung"(「秋夜雨中」). It can be summarized as follows.

First, the origin of name 'Chiwon'(致遠) meant "Have a grand vision as a virtuous man(君子), make the people far away come and obey, and benefit the world."

Second, the principles making a courtesy name in the Eastern philosophy matched up with courtesy names of figures in *Samguksagi*(『三國史記』). This means that 'Goun' is not the courtesy name of Choi, Chiwon.

Third, Choi, Chiwon decided his art name by choosing 'his direction' among the principles making it. In *Quántángsh*ī(全唐詩), there were 82 poets who wrote Goun in their verses and 160 poems in which include it. Therefore, it can be said that he called his art name as Goun because he felt a sense of kinship with them. Especially, Gù, Yún(顧雲) was one of the representative poet who effected the art name, Goun. In fact, his name itself was 'Goun'('孤雲').

Finally, Liú, Chàngqīng(劉長卿) was the another important poet related to Goun the art name. According to *Quántángshī*, he used Goun in his verses most frequently and composed a poem titled "Chuyaujung", which was the same title with Choi, Chiwon's excellent reading of poetry. This poem also has the verse Goun. In addition, Choi, Chiwon's "Chuyaujung" cited rhyming word from Liú, Chàngqīng's. The forth verse in his poem quoted "惟苦吟" from the poem of Du, Xunhe(杜荀鶴), "少知音" from that of Meng, Jiao(孟郊) and Luo, Binwang(駱賓王), and "萬里心" from that of Liú, Chàngqīng. He finished his poem by expressing "萬里心" from Liú, Chàngqīng's. In conclusion, he borrowed Goun, his major art name, from this sense of kinship.

key word: the courtesy and art name(字號), Goun(孤雲), Gù yún(顧雲), Liú Chàngqīng(劉長卿), Chuyaujung(「秋夜雨中」)

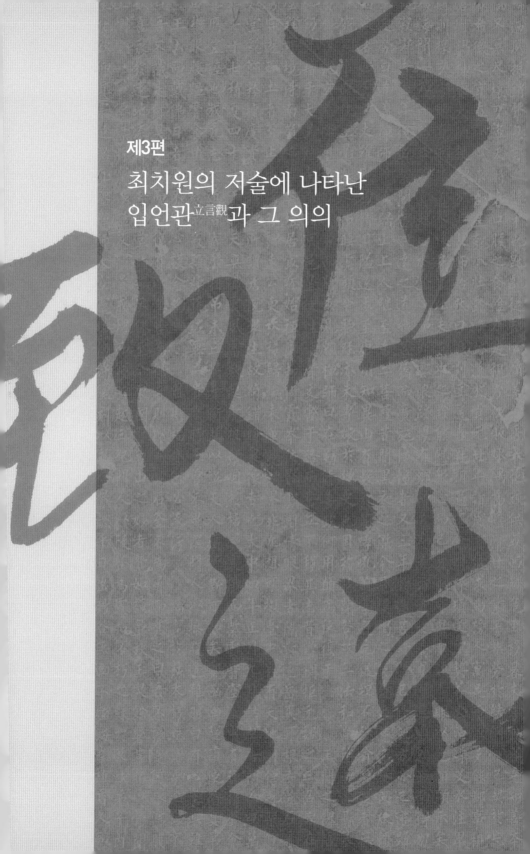

제3편

최치원의 저술에 나타난
입언관立言觀과 그 의의

제3편 최치원의 저술에 나타난 입언관立言觀과 그 의의

1. 서론

입언立言이란 유교儒教 문화의 전통 속에서 유자儒者가 행할 수 있는 매우 의미 있는 일로 인식되어 왔다. 입언에 입덕, 입공을 포함한 세 가지를 삼립三立 또는 삼불후三不朽라고 한다. 『춘추좌전』 양공 24년조에 처음 언급된 이 삼불후는 유학자들이 삶에서 추구할 만한 가치 있는 일을 가리키는 말인데, 삼불후 중 입언은 입덕과 입공에 비해서 상대적으로 낮은 단계의 성취를 의미하는 것으로 이해되어 왔으며, 실제로 무엇을 가리키는가 하는 점은 시대마다 차이가 있다고[1] 한다. 이는 입언이 출현한 이후 계속해서 그 의미가 변화되어 왔음을 말하는 것이다.

최치원(857~?) 자신도 평생 유자로서 자부하고 있었는데[2] 만당晚唐 시대 인물인 그 자신은 입언을 어떻게 인식하였을까 하는 것이 탐구의 대상이다. 왜냐하면 그는 당대 동방 학자 중에서 입언에 관해서 가장 풍부한 기록을 남긴 저자이기 때문이다. 그가 남긴 입언의 용례와 의미는 당시 우리 사상계에도 새로운 시사점을 주게 되는데, 이는 그가 차지하는 상징성과 위상 때문이다. 따라서 그의

---

1) 趙志衡, 「16~17세기 '立言'·'立言垂後'에 대한 意識과 受容맥락」 『語文研究』 38-3, 2010.
2) 최치원은 자신을 칭할 때 小儒, 凡儒, 末儒, 腐儒, 尼父生徒, 玄菟微儒, 儒門末學 등을 사용하고 있다.

저술에 나타난 입언관을 살펴보고 그 의의를 밝혀보고자 하는 것이
본 논문의 목적이다. 이는 최치원 전체 사상의 일단을 파악하기 위
한 의도이기도 하다.

사실 최치원의 입언立言에 관해서는 단편적으로 언급한 연구3)4)
이외에는 그동안 학계의 특별한 관심을 끌지 못하고 있었다. 다만
입언수후立言垂後를 송대宋代의 재도론載道論이나 수훈설垂訓說과 맥
이 통한다고 언급한 연구가 있지만5) 아쉽게도 그 이유를 제시하지
는 못하였다. 한편 중국에서는 입언立言 자체에 대한 연구가 지속
되어 오고 있어6) 좋은 참고가 된다.

연구 방향은 다음과 같다.

첫째, 최치원의 입언관 성립에 영향을 준 요소를 중국의 입언관
과 연계해서 찾아보고자 한다. 특히 당의 공영달孔穎達(574~648)과
한유韓愈(768~824)를 중점으로 살펴보게 될 것이다. 그 이유는 입
언立言의 정의가 변화되는 과정과 그 속에 사상성을 부여하는 과정
을 찾는 것이 목적이기 때문이다.

둘째, 최치원의 입언관이 정립되는 과정을 그의 저술을 통해서
살펴보고자 한다. 『계원필경집』, 「사산비명」, 「법장화상전」의 순서
가 될 것이다. 이들 저작에서 입언에 관한 용례를 뽑아서 그 의미

---

3) 노평규, 「최치원 유학사상의 특성 연구」 『범한철학』 20, 1999, 57~59쪽.
4) 김주한, 「崔孤雲文學觀의 淵源」 『新羅文化祭學術發表會論文集』 7, 1986, 282~283쪽.
5) 이구의, 「최고운의 문학관」 『韓民族語文學』 23, 1993, 93~100쪽.
6) 張智虎, 「論"立言不朽"作爲文學話語的歷史生成」 『寶雞文理學院學報』 25-2, 2005.
   方科平, 「立言不朽 論劉勰文學價値追求-讀《原道》、《征聖》、《宗經》」 『前沿』, 2008-10.
   羅家湘, 「論"立言不朽"」 『河南師範大學學報』 37-2, 2010.

를 살펴보고자 한다. 서술의 중점 대상은 「사산비명」과 「법장화상전」이다. 이중에서 특히 「법장화상전」은 우리나라 화엄과 관련한 연구에 중요한 자료를 제공하고 있다.[7] 하지만 아직 「법장화상전」과 입언관을 연계한 연구가 없다는 점 때문에 필자는 그에 대한 승전 서술방식의 특징에서 최치원의 입언관을 추출하고자 하는 것이다. 부차적으로 입언뿐만 아니라 입덕, 입공에 대한 인식도 함께 변화하고 있다는 점도 살펴보고자 한다.

셋째, 최치원 입언관의 의의를 고문론과 송대 인물인 소송蘇頌 (1020~1101)과 대조하여 살펴보고자 한다. 이는 소송도 최치원과 비슷한 입언관을 제시하고 있기 때문이다.

2. 입언의 연원

입언立言이란 문장文章의 불후不朽적 가치를 추구하는 것이다. 동아시아 한자 문화권의 지식인들은 이 입언불후立言不朽를 숙명처럼 추구하게 된다. 왜냐하면 죽어서도 사라지지 않는 문장을 위한 유학자들의 태도 및 생각과 관련 있기 때문이다. 하지만 처음부터 입언이 문장불후의 가치를 가진 것은 아니었다. 그 변화 과정을 먼저 검토하고자 한다.

입언이란 『춘추좌전』 양공 24년조에서 숙손표叔孫豹가 처음 언급한 내용이다. 불후적 가치는 입언뿐만 아니라 입덕立德, 입공立功도 포함하고 있다. 이를 삼불후三不朽 또는 삼립三立이라고 한다.[8] 그

---

7) 蔡尙植, 「崔致遠의 佛敎認識」 『孤雲의 思想과 文學』, 新知書院, 1997.
8) 『左傳』 襄公 二十四年春. "穆叔如晉 范宣子逆之問焉 曰古人有言曰 死

런데 숙손표 이후 입언에 대한 정의는 시대에 따라 변하고 있다. 그 과정은 당대唐代에 입언관을 정리하는 공영달과 새로운 입언관을 제시하는 한유를 통해서 살펴보도록 하겠다. 공영달은 훈고학을 정리한 인물이고 한유는 신유학을 제기한 인물이었다. 구시대를 마감하고 새 시대를 열어 주는 최치원의 사상적 입장에서는9)10) 두 학자와의 연계를 살펴볼 필요가 있을 것이다.

먼저 공영달의 입언관을 살펴보자. 그는 『춘추좌전정의』 양공 24년조에서 숙손표의 삼립三立에 대해 의미를 덧붙여 정의하고 있다. 그가 삼립을 정의한 가장 큰 특징은 3단계로 설정하고 있다는 것이다. 즉, 입덕, 입공, 입언 순으로 차등을 두는 것이다. 처음 입언을 제시한 숙손표의 등급을 계승하고 있다. 분류는 사람의 '재지才知의 얕고 깊음'에 따라서 상성지인上聖之人, 대현지인大賢之人, 차대현자次大賢者 등 세 등급으로 나누고 있다. 다시 말하면 '입덕=상성지인上聖之人, 입공=대현지인大賢之人, 입언=차대현자次大賢者'로 입언이 가장 등급이 낮다고 할 수 있다.11)

공영달은 입덕의 의미에 대해서 '創制垂法 博施濟衆'이라고 하였

而不朽 何謂也 穆叔未對 宣子曰 昔丐之祖 自虞以上爲陶唐氏 在夏爲御龍氏 在商爲豕韋氏 在周爲唐杜氏 晉主夏盟爲范氏 其是之謂乎 穆叔曰 以豹所聞 此之謂世祿 非不朽也 魯有先大夫曰臧文仲 旣沒 其言立 其是之謂乎 豹聞之 大上有立德 其次有立功 其次有立言 雖久不廢 此之謂不朽 若夫保姓受氏 以守宗祊 世不絶祀 無國無之 祿之大者 不可謂不朽"

9) 池斗煥, 『한국사상사』, 역사문화, 1999.

10) 李聲昊, 「崔致遠의 新儒學 思想」 『한국 사상과 문화』 75, 2014.
   李聲昊, 「홍석주의 고문론과 계원필경집 중간의 의미」 『한국 사상과 문화』 78, 2015.

11) 『春秋左傳正義』 襄公二十四年. "正義曰 大上 其次 以人之才知淺深爲上次也 大上謂人之最上者 上聖之人也 其次 次聖者 謂大賢之人也 其次 又次大賢者也"

다. 이는 제도를 만들어 본보기를 드리우고, 널리 베풀어 대중을 구제한다는 뜻이다. 입덕에 해당하는 인물은 이미 공영달 이전에 복건과 두예가 선정하고 있는데, 복건은 입덕에 해당하는 인물로 복희伏羲·신농神農을 거론하였고, 두예는 황제黃帝·요堯·순舜을 거론하였다. 이를 바탕으로 공영달은 우禹·탕湯·문무文武·주공周公·공자孔子를 추가하고 있다.12)

공영달은 입공의 의미에 대해서 '拯厄除難 功濟於時'라고 하였다. 이는 재앙을 건져 어려움을 제거하고, 공덕이 시대를 구제한다는 뜻이다. 그에 해당하는 인물은 거론하지 않았지만 근민勤民·정국定國·어재禦災·한환捍患하는 경우는 입공한 것이라는13) 사례를 들고 있다. 공영달은 입언의 의미에 대해서 『춘추좌전정의』에서 다음과 같이 밝히고 있다.

立言謂 言得其要 理足可傳 ㉠記傳稱史逸有言 論語稱周任有言 及此臧文仲旣沒 其言存立於世 皆其身旣沒其言尙存 ㉡故服杜皆以史佚周任臧文仲當之 言如此之類 乃是立言也 ㉢老莊荀孟管晏楊墨孫吳之徒 制作子書 屈原宋玉賈逵楊雄馬遷班固以後 撰集史傳及制作文章 使後世學習 皆是立言者也 此三者 雖經世代 當不朽腐 故穆子歷言之 雖久不廢 此之

12) 『春秋左傳正義』 襄公二十四年. "立德謂 創制垂法 博施濟衆 聖德立於上代 惠澤被於無窮 故服以伏羲神農 杜以黃帝堯舜當之 言如此之類 乃是立德也 禮運稱禹湯文武成王周公 後代人主之選 計成王非聖 但欲言周公 不得不言成王耳 禹湯文武周公與孔子 皆可謂立德者也"
13) 『春秋左傳正義』 襄公二十四年. "立功謂 拯厄除難 功濟於時 故服杜皆以禹稷當之 言如此之類 乃是立功也 祭法云 聖王之制祭祀也 法施於民則祀之 以死勤事則祀之 以勞定國則祀之 能禦大菑則祀之 能捍大患則祀之 法施於民 乃謂上聖 當是立德之人 其餘勤民定國禦災捍患 皆是立功者也"

謂不朽14)

위의 인용문에서 입언의 의미는 '言得其要 理足可傳'이라고 하였
다. 이는 말이 요체를 얻고 그 이치가 구비되어 전할 수 있다는 뜻
이다. ㉠의 사일史逸은 사일史佚로도 쓴다. 사일은 서주西周 초기의
사람으로 성왕成王 때 사관史官을 지냈다. 또 ㉠에서 주임周任에 대
한 것은 『논어論語』의 내용을 언급하고 있다. 즉, 『논어』 권16 「계
씨季氏」에 있는 것으로 "구야, 주임周任이 말하기를 '힘을 다하여 반
열에 나아가서 불능하거든 그만두어야 한다.'고 했으니, 위태로운데
도 부지하지 않고, 넘어지는데도 붙들지 않는다면 장차 저런 상신
을 어디에 쓰겠는가."라고15) 하였다. 이는 공자가 주임의 말에 대
해 칭찬한 것이다. 사일과 주임의 공통점은 둘 다 사관이면서 '언
言'과 관련한 인물로 이해하고 있는 것이다.

㉠에서 장문중의 입언은 '言'에 해당된다고 할 수 있다. 그러나
공자에게는 지혜롭지 못하다는 비평을 듣기도 하고,16) 유하혜를
등용하지 않았다고 비난을 받기도 하였다.17) 왜냐하면 공자의 경
우는 『논어』 「헌문」에서 '有德者 必有言 有言者 不必有德'이라고 해
서 '유언有言'을 '말=언言'으로 설정하고 있기 때문이다.18) 지혜롭

---

14) 『春秋左傳正義』 襄公二十四年.
15) 『논어』 권16, 「季氏」. "求 周任有言曰 陳力就列 不能者止 危而不持 顛
    而不扶 則將焉用彼相哉"
16) 『논어』 권5, 「公冶長」. "臧文仲居蔡 山節藻梲 何如其知也"
17) 『논어』 권15, 「衛靈公」. "子曰 臧文仲 其竊位者與 知柳下惠之賢而不與
    立也"
18) 공영달의 『論語注疏』에서는 "正義曰 此章言有德有仁者之行也 子曰 有
    德者必有言者 德不可以無言億中 故必有言也 有言者不必有德者 辯佞口
    給 不必有德也"라고 하였다. 朱子의 『論語集注』에서 인 글귀를 해설하

지 못하기 때문에 그의 말도 비판을 받고 있는 것으로 생각된다. 공자가 추구한 것은 '덕을 바탕으로 하는 말'이라고 할 수 있다. 공자는 시기상으로 숙손표보다 약간 후세대이기 때문에 숙손표의 입언관을 계승하여 이런 견해를 표방하였을 가능성이 크다. 입덕을 우위에 두는 입언관이라고 할 수 있다.

ⓛ에서 복건과 두예는 숙손표의 서술을 계승하여 사일, 주임, 장문중을 입언의 사례로 채택하였다고 공영달은 이해하고 있다. ⓒ에서 공영달은 여기에다가 노자老子·장자莊子·순자荀子·맹자孟子·관중管仲·안영晏嬰·양주楊朱·묵자墨子·손무孫武·오기吳起·굴원屈原·송옥宋玉·가규賈逵·양웅楊雄·사마천司馬遷·반고班固를 추가하고 있다. 공영달은 입언과 관련하여 사일·주임·장문중은 '언言'에 해당하고, 노자老子·장자莊子·순자荀子·맹자孟子·관중管仲·안영晏嬰·양주楊朱·묵자墨子·손무孫武·오기吳起는 '자서子書'에 해당하고, 굴원·송옥·가규·양웅·사마천·반고는 '사전史傳'과 '문장文章'에 해당한다고 하였다. 이는 목자穆子〔숙손표〕 이래로 입언에 대한 견해를 자신이 종합하게 되었다는 것을 표방한 것이라고 할 수 있다. 즉 입언은 '언言·자서子書·사전史傳·문장文章'이다.[19]

위의 인용문에서 언급한 『춘추좌전』의 경전 주해자들의 삼립三立에 대한 견해를 모아 보면 다음 표와 같다.

면서 "有德者 和順積中 英華發外 能言者 或便佞口給而已"라고 하였다.
19) 김학주, 『중국문학사』 한국학술정보, 2001, 123쪽에서는 東周의 문학을 '紀事의 글'은 『서경』, 『좌전』, 『國語』, 『戰國策』으로, '立言의 글'은 『논어』, 『맹자』, 『묵자』, 『장자』, 『순자』, 『한비자』, 『여씨춘추』로 나누고 있다. 이는 문학에서 바라보는 관점이지만 그 근거가 미약하다.

표 1. 삼립三立과 경전 주해자의 견해

三立	주해자	인물, 사례
입덕	복건	伏羲, 神農
	두예	黃帝, 堯, 舜
	공영달	禹, 湯, 文武, 周公, 孔子
입공	복건	禹, 稷
	두예	禹, 稷
	공영달	勤民, 定國, 禦災, 捍患한 인물
입언	복건	史佚, 周任, 臧文仲
	두예	史佚, 周任, 臧文仲
	공영달	老子, 莊子, 荀子, 孟子, 管仲, 晏嬰, 楊朱, 墨子, 孫武, 吳起, 屈原, 宋玉, 賈逵, 楊雄, 司馬遷, 班固

이들 중 입언에 해당하는 인물만을 표로 정리하면 아래와 같다.

표 2. 공영달이 분류한 입언

연번	이름	시대	저술	분류
1	史佚	西周	없음	言
2	周任	춘추	없음	
3	臧文仲	춘추	없음	
4	老子	춘추	『도덕경』	子書
5	莊子	전국	『장자』	
6	荀子	전국	『순자』	
7	孟子	전국	『맹자』	
8	管仲	춘추	『관자』	
9	晏嬰	춘추	『안자춘추』	
10	楊朱	전국	여러 저서에 散見	
11	墨子	춘추말	『묵자』	

		전국초		
12	孫武	춘추	『손자병법』	
13	吳起	전국 초기	『오자병법』	
14	屈原	전국 말기	『離騷』, 『漁父辭』	文章 史傳
15	宋玉	전국 말기	『九辨』	
16	楊雄	전한	『太玄經』, 『法言』	
17	賈逵	후한	『左氏傳解詁』, 『國語解詁』	
18	司馬遷	전한	『사기』	
19	班固	후한	『한서』	

위의 표에서 사일, 주임, 장문중은 입언을 '언言'으로 정의하였기 때문인지 저술은 보이지 않고 있다. '언言' 아래 항목으로는 자서子書, 문장文章, 사전史傳이 있다. 여기서 공영달이 분류한 자서子書는 위의 표에서 알 수 있듯이 제자백가諸子百家인데, 일반적으로 제자諸子라고도 한다. 그런데 공영달의 분류에서 자서子書가 포함된 것은 남조의 양나라 유협劉勰과 일맥상통한다. 그가 지은 『문심조룡文心雕龍』은 문학 이론서로서 중요한 의미를 지니면서, 변려문의 모범으로 일컬어진다. 책의 제1장은 「원도原道」, 제2장은 「징성徵聖」, 제3장은 「종경宗經」을 이루고 있다. 책의 「제자諸子」에서는 제자백가를 삼불후에 포함하면서[20] 입덕 다음에 입언을 두었다는게 특징이다. 그만큼 입언의 중요성을 말한 것이라고 생각할 수 있다. 유

20) 『文心雕龍』 「諸子」. "諸子者 入道見志之書 太上立德 其次立言 百姓之群居 苦紛雜而莫顯 君子之處世 疾名德之不章 唯英才特達 則炳曜垂文 騰其姓氏 懸諸日月焉 昔風后力牧伊尹 咸其流也 篇述者 蓋上古遺語 而戰代所記者也 至鬻熊知道 而文王諮詢 餘文遺事 錄爲鬻子 子目肇始 莫先於茲 及伯陽識禮 而仲尼訪問 爰序道德 以冠百氏 然則鬻惟文友 李實孔師 聖賢並世 而經子異流矣"

협의 「장구章句」에서는 입언에 대해 좀 더 구체적으로 언급하고 있다. 사람의 입언은 글자를 통해서 문구를 만들고, 문구가 쌓여서 문장이 되고, 문장이 쌓여서 편명을 이룬다고[21] 하였다. 유협은 입언을 한 단계 상승시켜 '오경五經'으로 확대하고[22] 있었다. 그래서 한유가 지향한 고문운동의 출발은 유협이 저술한 「종경宗經」을 존숭한 것부터 시작한다고[23] 하였다.

공영달의 입언에 문장이 포함된 것은 위문제魏文帝인 조비曹丕 (187~226)와 유사하다. 그는 「전론典論」에서 "문장文章은 경국經國의 대업이고 불후不朽의 성사이다. 연수年壽는 때가 되면 다하고 영락榮樂은 그 한 몸에 그친다. 이 두 가지는 반드시 정해진 시기에 이르게 되니 마치 문장이 무궁한 것과는 같지 않다. 그런 까닭에 옛날의 저자들이 몸을 한묵에 맡기고 뜻을 편적에 두었다. 양사良史의 말을 빌리지 않고 비치飛馳의 형세를 가탁하지 않고도 성명이 스스로 후세에 전해진다."라고[24] 하였다. 이는 문학적 가치를 증대시킨 일이고, 문장의 불후적 가치가 '경전經典'과 동등한 가치를 지니도록 한 것이라고[25] 한다.

또 위의 표에서 제자백가를 언급하면서 『논어』가 누락된 것이 특징이다. 이는 아마 공자가 입덕한 인물에 포함되었고, 입덕한 인물

---

21) 『文心雕龍』「章句」. "夫人之立言 因字而生句 積句而爲章 積章而成篇 篇之彪炳 章無疵也 章之明靡 句無玷也 句之淸英 字不妄也 振本而末 從 知一而萬畢矣"
22) 張智虎, 앞의 논문, 69쪽.
23) 羅聯添, 『韓愈硏究』, 天津敎育出版社, 2012, 200쪽.
24) 『太平御覽』 文部 15, 品量文章. "蓋文章經國之大業 不朽之盛事 年壽有 時而盡 榮樂止乎其身 二者必至之常期 未若文章之無窮 是以古之作者 寄身於翰墨 見意於篇籍 不假良史之辭 不托飛馳之勢 而聲自傳於後"
25) 張智虎, 앞의 논문, 68~69쪽.

은 성인의 반열로 이해할 수 있기 때문에 누락되었을 것이다.

그런데 공영달보다 1세기 뒤의 인물인 한유에 의해서 입언에 대한 의미가 변화를 보이게 된다. 한유의 「원도原道」는 유협의 『문심조룡』에 실려있는 「원도原道」를 의식했을 것이다. 유협이 도道를 중시한 것이 한유에게도 그대로 영향을 주었기 때문이다. 한유는 앞에서 보았듯이 『문심조룡』의 종경宗經을 참고하면서도 한편으로는 유협의 「원도原道」를 넘어서기 위해 자신도 「원도原道」를 지었을 것이다. 그 의도는 경전을 바탕으로 하면서도 변려문을 극복하여 고문古文으로 복귀하겠다는 뜻이다. 그래서 한유는 「답이익서答李翊書」에서 고문이론을 전개하고 있다.26) 구체적으로 살펴보자.

　　그대가 이른바 입언立言이라고 한 것은 옳다. 그대가 행하는 바와 기약하는 바는 아주 그럴듯하고 이치에 가깝다. 그러나 그대의 뜻이 다른 사람보다 뛰어나서 다른 사람에게 취하여지기를 기대하는가? 장차 옛 입언立言한 자의 경지에 이르려고 하는가? 다른 사람보다 뛰어나서 다른 사람에게 취하여지기를 기대한다면 참으로 다른 사람보다 뛰어나서 다른 사람에게 취하여질 것이다. 그대가 장차 옛 입언立言한 자의 경지에 이르려고 한다면, 빨리 이루어지기를 기대해서도 안 될 것이요, 권세와 이익의 유혹에 넘어가서도 안 될 것이다. 우선 그 뿌리를 길러서 열매 맺기를 기다리고, 기름을 부어서 광채가 나기를 기대해야 할 것이니, 뿌리가 무성하게 퍼져야 열매가 여물고 기름을 부어 닦아야 광채가 나는 것이다.27)

───────────

26) 이장우, 「한유의 고문 이론」『동양학』 14, 1984, 135~137쪽.
27) 『別本韓文考異』 권16, 答李翊書. "生所謂立言者是也　生所爲者與所期者 甚似而幾矣　抑不知生之志　蘄勝於人而取於人耶　將蘄至於古之立言者耶 蘄勝於人而取於人　則固勝於人而可取於人矣　將蘄至於古之立言者　則無

이글에서 내면의 덕에서 입언立言이 형성된다는 의미를 표방하고 있다. 이것이 한유가 추진한 고문운동의 방법이었다. 계속하여 「답이익서答李翊書」에서 자신이 문장을 공부하기 시작하면서 삼대양한三代兩漢의 책이 아니면 보지를 않았고 성인의 뜻이 아니면 마음에 새겨두지 않았다고28) 하였다. 이는 자신의 고문운동의 내용을 표방한 것이다. 한유의 입언立言은 결국 고문운동으로 귀결된다고 할 수 있다. 이는 내면의 덕성 함양을 통한 글짓기로 변화한다는 의미이기도 하다. 그래서 『구당서』 권160의 한유전韓愈傳에서는 한유의 글쓰기가 입언을 통해서 새로운 문학을 창조했다고29) 하였다. 그 내용은 '抒意立言 自成一家新語'이다. '근체近體'에 반대하였다는 것은 고문에 경도했다는 평가임이 분명하다.

위의 『구당서』 '한유전韓愈傳'에서 알 수 있듯이, 한유가 입언한 인물로 지칭하는 경우는 '천웅遷雄'이었다. 곧 사마천과 양웅의 기격氣格있는 문장을 지향한다는 의미이다. 이미 한유는 대력(766~779)과 정원(785~805) 연간부터 고학을 추구하고 있었는데 그 기준은 양웅과 동중서董仲舒의 저술도 포함하고 있다.30) 또 한유는 '漢朝人莫不能爲文 獨司馬相如太史公劉向揚雄爲之最'라고 하여 한나라 문인 중에서 사마상여, 태사공, 유향, 양웅이 최고라고 하였다. 그렇다면

望其速成 無誘於勢利 養其根竢其實 加其膏而希其光 根之茂者其實遂 膏之沃者其光曄 仁義之人 其言藹如也"

28) 『別本韓文考異』 권16, 答李翊書.

29) 『舊唐書』 권160, 열전110, 韓愈. "常以爲自魏晉已還 爲文者多拘偶對 而經誥之指歸 遷雄之氣格 不復振起矣 故愈所爲文 務反近體 抒意立言 自成一家新語 後學之士 取爲師法 當時作者甚衆 無以過之 世稱韓文焉"

30) 『舊唐書』 권160, 열전110, 韓愈. "大曆貞元之間 文字多尙古學 效揚雄董仲舒之述作 而獨孤及梁肅最稱淵奧 儒林推重 愈從其徒遊 銳意鑽仰 欲自振於一代"

한유가 입언했다고 지칭한 인물로는 양웅, 동중서, 사마천, 유향, 사마상여를 꼽을 수 있을 것이다.

이상에서 입언을 처음 언급한 숙손표는 입언을 '언言=말'로 정의 하였다. 이를 계승한 공자도 역시 입언을 '덕을 바탕으로 하는 말' 로 설정하고 있다. 공영달은 입언을 '언言, 제자백가諸子百家, 문장 文章, 사전史傳'으로 정의하고 있다. 공영달까지 문장은 고문과 변려 문을 모두 포함하고 있었다. 그런데 한유韓愈는 문이재도론文以載道 論을 펼쳐 문장에 사상성을 부여하면서 변려문을 배격하고 고문운 동을 전개하였다. 결국 한유에 의해서 송대의 입언수후立言垂後의 관념이 싹텄다고 할 수 있다.

3. 최치원의 저술에 나타난 입언관

1) 『계원필경집』

최치원은 헌강왕 11년885에 귀국한 이후에 『계원필경집』을 올린 다. 그 「서문」에는 그가 지은 책의 이름이 나와 있는데 『사시금체 부』 5수 1권, 『오언칠언 금체시』 100수 1권, 『잡시부』 30수 1권, 『중산복궤집』 1부 5권, 「잡편장雜篇章」 5축, 「진정칠언장구시陳情七 言長句詩」 100편, 『계원필경집』 1부 20권이다. 대개 당에 있을 때 저술한 것이다. 이 중에서 『계원필경집』만 남아있고 나머지는 현전 하지 않는다. 『계원필경집』의 1~15권은 고변을 위한 대작이고, 1 6~20권은 대체로 최치원 자신의 글이라고31) 한다. 『계원필경집』

---

31) 장일규, 「『계원필경집』의 편찬과 사료적 가치」『진단학보』 112, 2011, 233쪽.

에서 그가 사용한 불후와 관련된 용례를 살펴보면 다음 표와 같다.

표 3. 『계원필경집』의 입언 용례

용례	권	제목	내용	문체	비고
1	권 2	謝立西川築城碑表	遂蒙陛下辱褒稱之重 許刊勒之榮 以爲事實可觀 足得詞華不朽	表	불후
2	권 8	西川柳常侍	以永傳不朽之譚 先見未來之事 可使美掩蜀都之賦 高齊劍閣之銘	別紙	불후
3	권 9	浙西周寶司空	許標不朽之規 遠降非常之寵	別紙	불후
4	권 11	答浙西周司空書	且此三世功 無非報國	書	立功
5	권 11	答襄陽郞將軍書	但保淮南之封疆 協和浙右之師旅 爲朕全吳越之地 遣朕無東南之憂 言其垂功 固亦不朽	書	불후
6	권 12	淮口鎭李質	況石磋傳芳於魯史 日碑載美於漢書 故事斯存 令名不朽	委曲	불후
7	권 16	祭楚州陣亡將士文	然而功其可稱 死且不朽	祭文	불후
8	권 16	寒食祭陣亡將士文	生也有涯 古今所歎 名之不朽 忠義爲先	祭文	불후
9	권 16	西州羅城圖記	公以寢處戎園 夢想扁舟 將申遠慮於無窮 豈立空言爲不朽	記	불후
10	권 17	獻詩啓 중 崒口徑	濟物能廻造化心 駈山偃海立功深 安南眞得安南界 從此蠻兵不敢侵	啓	立功
11	권 17	獻詩啓 중 收城碑	功業已標征北賦 威名初建鎭南碑 終知不朽齊銅柱 況是儒宗綴色絲	啓	불후

위의 표에서 용례4와 10은 입공立功에 관한 것이다. 나머지는 표表, 별지別紙, 서書, 위곡委曲, 제문祭文, 기記, 계啓와 같은 문체에서 다양하게 불후不朽를 사용하고 있다. 각각 문체의 특성에 맞게 문장불후文章不朽를 추구한 것이라고 할 수 있다. 다만 직접 입언과

연계된 내용을 발견할 수는 없기에 각 용례별로 분석은 하지 않도록 하겠다.

한편 문장불후文章不朽를 추구하면서도 최치원 자신은 『계원필경집』의 「서문」에서 '但以童子篆刻 壯夫所懥'이라고 언급하면서 자기의 글쓰기가 전각篆刻과 같아서 장부로서는 부끄럽다고 한다. 전각은 조충전각雕蟲篆刻의 준말로 글자를 파고 새기는 것처럼 미사여구로 문장을 꾸미기나 하는 자잘한 재주라는 뜻의 겸사이다. 이는 한의 양웅이 지은 말에서 빌려온 것이다.[32] 자신의 글이 문장만을 위한 문장이 아니라는 것을 표현한 것이다.

유학자로서 문장불후文章不朽에 전념하는 것을 조충전각雕蟲篆刻으로 여기고 부끄럽다고 하는 것은 그의 의도와 생각이 지향하는 바가 달리 있다는 뜻이다. 사상이 바탕이 된 문장을 지향하는 것이라고 볼 수 있다. 그래서 그는 『계원필경집』「여객장서」에서 '以詩篇 爲養性之資 以書卷爲立身之本'이라고[33] 하여 시편詩篇과 서권書卷을 통해서 양성養性과 입신立身의 바탕을 삼도록 하였다. 이는 달리 말하면 시편·서권 같은 입언을 통해서 양성과 입신하겠다는 뜻이다. 반대로 생각하면 양성과 입신에 시편·서권이 필요하다는 의미이다. 이때의 시편과 서권은 그 의미를 생각할 필요가 있다. 성현의 말씀일 때 양성과 입신에 도움이 된다고 가정할 수 있다면 최치원은 성현의 경전을 통해서 수양을 한다는 뜻이다. 사상이 바탕이 된 성현의 경전을 입언으로 이해하고, 이 입언을 통해서 수양해야 한다는 것이다. 입언에 대한 이런 개념은 저술이 진행되면서 점차 정

---

32) 『法言』 권2 「吾子」. "或問 吾子少而好賦 曰 然童子雕蟲篆刻 俄而曰 壯夫不爲也"
33) 『계원필경집』 권19, 與客將書.

립되어 가는데, 다음 장의 「사산비명」과 「법장화상전」에서 구체적
으로 살펴보고자 한다.

이상에서 『계원필경집』을 통해서는 최치원의 입언불후의 문장관
이 형성되고 있음을 확인하였다. 그는 문장을 위한 문장은 배격하
고 양성養性과 입신立身을 위한 경전을 중시하고 있었다. 이때의 경
전은 사상성을 바탕으로 하는 성현의 글이란 점에서 그의 입언관의
시초는 존경尊經을 중심으로 형성되고 있었다. 그래서 최치원이 『
계원필경집』에서 추구한 것은 '경국문장經國文章'의 이념을 중심에
두었다고 이해하는 경우도 있다.34)

2) 「사산비명」

최치원의 「사산비명」의 찬술과 건립을 살펴보면 다음 표와 같
다.35)

표 4. 「사산비명」 찬술 및 완성

명칭	찬술명을 받은 시기	완성하는 시기
쌍계사 진감선사 대공탑비	헌강왕12886 정월 이후 최치원 30세	정강왕2887 7월 이전 최치원 31세
성주사 낭혜화상 백월보광탑비	진성여왕4890 11월 최치원 34세	진성여왕6892:추정 최치원 36세
봉암사	헌강왕11885 12월	진성여왕7893 겨울

34) 심경호, 「최치원과 동아시아 문학」 『고운학보』 창간호, 2003, 122쪽.
35) 모든 연대는 다음 책을 따랐다. 곽승훈, 『중국사 탐구와 사산비명 찬
술』 한국사학, 2005, 58쪽.

지증대사 적조탑비	최치원 29세	최치원 37세
대숭복사비	헌강왕12886 봄 최치원 30세	진성여왕2888 : 추정 가을전후 최치원 40세

제일 처음 찬술명을 받은 것은 지증의 비명이지만 오히려 진감의 비명을 먼저 완성하고, 지증의 비명은 8년 만에 완성하고 있다. 그 사이에 낭혜의 비명을 완성하기도 하였다. 검토의 순서는 완성을 기준으로 하고자 한다. 지증의 비명처럼 8년을 고민해서 완성하는 경우도 결국 생각이 문장으로 정리되었을 때 의미가 있기 때문이다. 최치원이 「사산비명」을 저술하면서 사용한 입언불후의 용례를 살펴보면 다음 표와 같다.

표 5.「사산비명」과 입언 용례

용례	출전	제목	내용	문체	비고
1	『고운집』2	眞監和尙碑銘	越三紀　門人以陵谷爲慮　扣不朽之緣於慕法弟子	銘	불후
2	『고운집』2	無染和尙碑銘	抑心學者立德　口學者立言　則任安書太上立德 其次立功 其次立言	銘	三立立言
3	『고운집』3	智證和尙碑銘	錫手敎曰　縷褐東師始悲西化　繡衣西使深喜東還　不朽之爲有緣而至　無悋外孫	銘	불후

4	『고운집』3	大嵩福寺碑銘	之作 鯱壑雖渴 龜珉不朽	銘	불후

최치원은 「진감화상비명」에서36) 불후의 비명을 남기게 되는 과정을 자세하게 서술하고 있다. 선사는 입멸하면서 "일심一心이 근본이니, 너희들은 힘쓸지어다. 탑塔을 세워서 육신을 보존하려 하지 말고, 명銘을 지어서 행적을 기록하려 하지 말라."라고37) 하였다. 선종은 심법心法을 전하는 것이기 때문에 구태여 승탑의 건립과 비명의 저술이 필요치 않을 것이란 의미이다. 하지만 입적한지 36년이 지나 문인들이 불후不朽할 방도를 찾게 되자 헌강왕이 진감선사라고 추시하고, 대공령탑大空靈塔으로 탑명을 내려 전각하게 한다.

이에 대해 일부에서 선사의 유명을 어기는 게 아니냐는 의문을 표시하게 된다. 그러자 최치원은 "이름이 드러나지 않게 하였는데도〔不近名〕 이름이 드러나는 것은 대개 선정禪定의 힘에 의한 결과로 받는 보답이다. 재처럼 싸늘하게 사그라지고 번개처럼 순식간에 사라지게 하는 것보다는 해야 할 일을 해야 할 때에 함으로써〔爲可爲於可爲之時〕 그 명성이 대천세계에 울려 퍼지게 하는 것이 낫지 않겠는가."라고38) 하면서 비명을 통해 불후하는 게 타당하다는 의도를 보인다. 이는 다음 문장에서도 확인된다.

옛날 공자孔子는 문제자에게 이르기를, "나는 말을 하지 않으려 한다.

---

36) 필자가 논문에서 「사산비명」을 참고한 서적은 『고운집』이기 때문에 '비명'의 제목과 번역은 다음 책을 따랐다.이상현 옮김, 『고운집』, 한국고전번역원, 2009.
37) 『고운집』 권2, 眞鑑和尙碑銘 竝序.
38) 『고운집』 권2, 眞鑑和尙碑銘 竝序.

하늘이 무슨 말을 하던가."라고 하였다. 이는 저 유마거사가 침묵으로 문수보살을 대하고 석가모니가 가섭존자에게 은밀히 전한 것과 통하는 것이다. 그러고 보면 굳이 언어를 사용하지 않고도 서로 마음을 전할 수 있는 방법이 있다고도 하겠다. 하지만 하늘이야 말을 하지 않는다고 하더라도, 우리 일반인들이야 이 언어를 사용하지 않고 어떻게 의사를 표현할 수가 있겠는가. 멀리 현묘한 도를 전하여 널리 우리나라를 빛낸 분이 계시는데, 이분이 또 어찌 우리와 다른 사람이겠는가. 선사禪師가 바로 그분이시다.[39]

언어를 사용하지 않으면 의사를 전달할 수 없다는 뜻이다. 입언의 중요성을 간접적으로 설명한 것이라고 할 수 있다. 그런데 국왕은 최치원에게 "선사는 행실로 드러났고 그대는 문장으로 진출했다. 그러니 그대가 명銘을 짓도록 하라."라고[40] 명하고 있다. 그러자 최치원은 물러나오면서 다음과 같이 생각한다.

그러고 나서 물러 나와 생각해 보니, ㉠그동안 중국에서 명성을 낚으며 장구章句 사이에서 살지고 기름진 작품들을 저작咀嚼하였을 뿐, 구준衢罇에 대해서는 만끽하며 취해 보지 못한 채, 오직 우물 안의 개구리처럼 진흙탕 속에 깊이 빠져 허우적거린 것이 부끄럽게 여겨졌다. 더구나 ㉡불법佛法은 문자를 떠난 것으로서 언어를 구사해 볼 여지가 전혀 없는 데야 더 말해 무엇 하겠는가. 만약 뭐라고 말하기라도 한다면 그것은 북쪽으로 수레를 몰면서 남쪽에 있는 초楚나라의 영郢으로 가려고 하는 것이나 다름없을 것이다. 하지만 ㉢국왕의 외호外護와 문인의

---

39) 『고운집』 권2, 眞監和尙碑銘 幷序.
40) 『고운집』 권2, 眞監和尙碑銘 幷序.

대원大願을 생각한다면 문자를 사용하지 않고서는 사람들의 눈을 분명
하게 밝혀 줄 수가 없을 것이다.[41]

인용문의 ㉠에서 중국에서 이름을 구하며 장구章句만 저작咀嚼하
였을 뿐, 구준衢罇을 취해 보지 못한 것을 부끄럽게 여긴다는 뜻을
보이고 있다. 여기서 구준衢罇은 구존衢尊과 같은 뜻이다. 『회남자』
권10의 「무칭훈繆稱訓」에 나오는 말로 성인聖人의 도를 말한 것이
다.[42] 즉 최치원은 문장을 위한 문장이 아니라 성인의 도가 바탕
이 된 글을 써야 한다는 취지를 피력한 것이다.

㉡에서 '불법은 문자를 떠난 것'이란 말에서 이때의 불법은 선종
을 지칭하는 것이다. 오히려 선종은 문자가 아니고는 뜻을 표현할
수 없다는 의미이다. ㉢에서도 역시 문자를 통하지 않고는 표현하
여 전달할 수 없다고 생각한다. 불립문자不立文字의 선종禪宗이라도
입언立言에 의하지 않고는 후세에 전해질 수 없다는 뜻이다.

「무염화상비명」에서는 그의 입언관立言觀을 직접 확인할 수 있다.
국왕이 최치원에게 무염화상의 비명을 지으라고 명한 이후에 자신
의 생각을 언급하면서 표현하고 있다.

　復惟之 ㉠西學也 彼此俱爲之 而入中國受學 則彼此同　爲師者何人
爲役者何人 ㉡豈心學者高 口學者勞耶 故古之君子愼所學 抑心學者立
德 口學者立言 ㉢則任安書 太上立德 其次立功 其次立言 ㉣彼德也或憑

---

41) 『고운집』 권2, 眞鑑和尙碑銘 幷序. "退而思之 頃捕名中州 嚼腴咀雋于
　　章句間 未能盡醉衢罇 惟媿深跧泥鱉"
42) 『회남자』 권10, 「繆稱訓」. "聖人之道 猶中衢而置尊邪 過者斟酌 多少不
　　同 各得所宜"

言而可稱 是言也或倚德而不朽 ㉤可稱則心能遠示乎來者 不朽則口亦無
慚乎昔人 爲可爲於可爲之時 復焉敢膠讓乎篆刻[43]

　　위의 인용문 ㉠에서 무염화상과 최치원 자신은 둘 다 중국에서
유학한 공통점을 지니고 있는데 스승이 된 사람은 어떤 사람이고
부림을 받는 사람은 어떤 사람인지에 대해서 불만을 보이고 있다.
이는 최치원 자신이 결코 무염화상에 뒤떨어지는 인물이 아니라는
자긍심의 표현일 수 있다.

　　㉡에서 심학心學한 자는 무염화상을 이르고, 구학口學한 자는 최
치원 자신을 말한다. 피차 중국에서 공부한 것은 동일한데 구학口
學한 자가 심학心學한 자를 위해서 수고로워야 한다는 사실에 불만
을 나타내고 있는 것이다. 그래서 옛날 군자는 배우는 바에 신중하
였다고 말하고 있다. 이어서 심학心學한 자는 입덕立德한 자이고,
구학口學한 자는 입언立言한 자라고 규정하고 있다. 다시 정리하면
무염화상은 심학하여 입덕한 자이며, 자신은 구학하여 입언한 자로
표현한 것이다. 입덕 다음에 입언을 두는 순서로 정리한 이유를 ㉢
에서 설명하고 있다.

　　㉢에서는 『좌전』의 입덕立德, 입공立功, 입언立言의 순서를 다시
한번 거론한다. 그 이유는 위에서 언급하였듯이 입덕심학과 입언구
학의 차등에 대한 불만 때문이다. 이는 숙손표 이래 공영달까지 입
덕 다음에 입언을 두는 순서에 대한 문제 제기라고 할 수 있다. 한
편으로 자기 자신은 적어도 입언立言은 이루었다는 자부심을 표현
한 것이다.

---

43) 『고운집』 권2, 無染和尙碑銘 竝序.

ⓔ에서 '심학=입덕'과 '구학=입언'의 우열에 대한 해결책을 제시하고 있다. 그 방법은 덕德도 언言에 의해서만 일컬어질 수 있고, 언言도 덕德에 기댈 때 불후不朽하게 된다는 것이다. 다시 말하면 선종의 입덕立德도 결국 유학자의 입언에 의해서만 불후하게 된다는 뜻이다. 입언불후의 문장관을 표현한 것이다. 이것은 선종 승려의 비명 저술에 대한 의미 부여로서는 가장 타당한 방법이라고 생각한다. 선종이 불립문자不立文字 교외별전敎外別傳의 전통을 추구하고 있기 때문이다.

ⓜ에서 최치원은 자신의 입언불후의 문장에 의해서만 무염의 심학心學이 멀리 전해질 수 있다고 하였다. 문장을 통해서 사람들의 입에 일컬어 질 수 있어야만 그 마음이 멀리까지 전해질 수 있는 것이고, 불후不朽해야만 입으로 한 공부가 옛 사람들에게 부끄럽지 않다는 것이다. 이것은 입언불후의 문장관이 입언수후立言垂後 또는 입언수훈과 연결되는 장면이다. 마지막 문구에서 그 이유 때문에 자신이 대사의 비명을 전각篆刻하기로 결정했다고 한다.

이를 다시 정리하면 입덕立德한 심학자心學者가 결국 입언立言한 구학자口學者인 자신의 문장에 의해서만 불후不朽하게 된다는 의미라고 할 수 있다. 심학을 다른 말로 하면 도학道學이라 할 수 있고 구학은 문학이라고 할 수 있는데 그는 이 심학과 구학의 관계가 상호 대립적인 것이 아니라 보완적인 것으로 보았다. 문학과 도학이 서로 별개의 것이 아니라는 것이다.44) 결국 자신의 입언은 입덕을 바탕으로 한 것이라는 자긍심을 우회적으로 표현한 것이다. 그의

---

44) 이구의, 「최치원 문학에 나타난 현실인식」 『고운 최치원의 시문학』, 문사철, 2011, 225쪽.

자부심은 지증화상의 비명을 저술할 때도 자신의 문장이 불후하다
는 것을 드러내고 있다.

　이에 상이 충직한 신하이면서 불교 신자인 도죽양陶竹陽에게 명하여
　문인이 작성한 대사의 행장을 전해 주게 하고, 수교를 내려 이르기를,
　"누더기를 걸친 동방의 성사聖師가 서방 정토로 떠나서 슬펐는데, 수의繡
　衣를 걸친 중국의 조사詔使가 동방으로 돌아와서 매우 기쁘다. 불후不朽
　하게 할 일이 이제 인연이 닿아서 이르렀으니, 아낌없이 외손外孫의
　글을 지어 대사의 자비에 보답하도록 하라."라고 하였다.45)

　인용문은 최치원에게 지증화상의 비명을 지어서 불후하게 하라는
국왕의 명이다. 이에 대해 최치원은 자신에 대해 '臣也雖東箭非才'라
고 하여 비록 뛰어난 인재는 아니라고 표현하였지만 그 명을 받들
어 비문을 짓게 된다. 여기서 주목할 점은 대사의 '행장'을 비문으
로 지어서 '입언불후'하라는 명이다. 이때 최치원이 지증의 일생을
정리하는 방법을 살펴보면 나중에 그가 「법장화상전」을 지으면서
사용한 방법과 좋은 비교가 될 것이다. 우선 최치원은 대사의 행적
을 육이六異와 육시六是로 표현하고 있다.

---

45) 『고운집』 권3, 智證和尙碑銘 竝序.

표 6. 지증화상의 생애와 육이六異·육시六是

순서	六異	六是
1	誕生의 기이함	行藏의 올바름
2	宿習의 기이함	知報의 올바름
3	孝感의 기이함	檀捨의 올바름
4	勵心의 기이함	開發의 올바름
5	律身의 기이함	出處의 올바름
6	垂訓의 기이함	用捨의 올바름

위의 표에서 육이六異는 탄생에서 깨달음을 얻는 과정을 거쳐서 수훈垂訓에 이르기 까지를 서술하고 있다. 육시六是는 지증이 국가의 부름을 받은 이후의 행적을 묘사한 것이다. 간략히 말하면 선종을 통한 깨달음과 그것의 실천이라고 할 수 있다. 지증화상의 생애를 이렇게 서술한 것에 대해서 최치원은 스스로 흡족해하고 있다. 그래서 "육이六異와 육시六是로 글을 지은 것만은 부끄러울 것이 없어 남은 용기를 팔 정도로 자신이 있다."라고[46] 하였다. 즉, 지증의 깨달음과 실천을 최치원이 입언불후의 문장으로 잘 표현하였다는 자찬自讚이다.

최치원은 지증의 선풍에 대해 "돈오頓悟의 선풍禪風이 발연히 흥기하였다."라고[47] 언급하고 있다. 그 종취宗趣는 "닦되 닦을 것이 없는 것을 닦고, 증득하되 증득할 것이 없는 것을 증득하였다. 고요히 있을 때에는 산처럼 서 있고 움직일 때에는 골짜기처럼 응하였으며, 무위無爲의 유익함으로 다투지 않고도 승리를 거두었다."라고[48] 하였다. 이는 선종의 심법을 전수하는 것을 말한 것이다. 지

---

46) 『고운집』 권3, 智證和尙碑銘 竝序.
47) 『고운집』 권3, 智證和尙碑銘 竝序.

증화상이 전하는 선종의 심법도 결국 자신의 입언불후 한 문장에
의해서만 표현될 수 있다는 의미이다. 선종과 입언의 관계에 대해
서는 비록 「사산비명」에 포함된 것은 아니지만 최치원의 「선안주원
벽기」에서도 확인할 수 있다.

　마침내 도량을 꾸밀 뜻을 품고서 애오라지 푸른 산 빛에 빛나게 하였으
니, 입실入室하는 자는 법도에 따라 당에서부터 대문까지 가며〔堂基〕,
부장負牆하는 자는 기의機宜에 맞게 벽을 바라볼 수〔壁觀〕 있게 되었으면
한다. 만약 민첩하게 할 수만 있다면 공을 세울 수 있을 것이니, 죽더라도
자연히 썩지 않게 될 것이다〔歿而不朽〕. 그리하여 『춘추좌전』과 『진승』
에 실릴 수도 있으리니, 천리마와 안회顔回의 무리가 되기를 소원하는
사람들이 어찌 힘쓰지 않을 수 있겠는가.49)

　인용문은 「선안주원벽기」의 결론 부분에 해당하는 내용이다. 선
안주원에 입실하는 자가 벽관壁觀 즉, 참선을 통해서 수행하면 그
공이 죽더라도 불후하게 될 것이라는 뜻이다. 그러면 『춘추좌전』과
『진승』과 같은 책에 실릴 수 있고, 공자의 수제자인 안회와 같은
인물이 될 수 있다는 뜻이다. 선종의 수행을 통해서 후대에 입언수
훈立言垂訓할 수 있다는 것이다.
　이상을 정리하면 다음과 같다. 진감화상의 비명에서는 불립문자
不立文字의 선종禪宗이라도 최치원의 立言에 의하지 않고는 후세에
전해질 수 없다고 하였다. 무염화상의 비명에서는 대사의 '심학＝입
덕'과 최치원 자신의 '구학＝입언'이 결합될 때 이상적인 모델이 될

48) 『고운집』 권3, 智證和尙碑銘 並序.
49) 『고운집』 권1, 善安住院壁記.

수 있다는 것을 제시하고 있다. 지증화상의 비명에서는 선종 선사의 비명을 저술하면서 육이六異와 육시六是를 활용하고 있다. 이 육이와 육시를 통해서 대사의 비명을 저술한 것을 입언이라고 할 수 있다. 또 최치원 자신은 입덕을 바탕으로 입언을 이룬 학자로 자부하고 있다. 전체적으로 「사산비명」에서 최치원은 선종 선사의 심학을 자신이 입언불후의 문장으로 표현하여 후세에 전달할 수 있다고 생각한다. 이는 선종이라는 사상성을 바탕으로 하는 입언수후立言垂後 또는 立言垂訓의 입언관이다.

3) 「법장화상전」

현전하는 최치원의 저작 중에서 「신라수창군호국성팔각등루기」를 제외하고는 「법장화상전」이 제일 마지막에 저술되었다. 이 승전 이외에 「부석존자전」, 「석이정전」, 「석순응전」, 「보덕전」이 있지만 현전하지 않아서 아쉽게도 검토의 대상으로 삼을 수 없었다. 그가 지은 법장法藏(643~712)의 승전인 「법장화상전」에서는 승격된 최치원의 입언관을 파악할 수 있다. 최치원은 효공왕 8년(904)에 해인사에서 법장의 생애를 법장의 『화엄삼매관華嚴三昧觀』 가운데 직심直心의 십의十義에 따라 십과十科로 분류하여 서술한다. 전체 구성은 다음과 같다.50)

---

50) 이구의, 앞의 논문, 1991.

표 7. 「법장화상전」의 전체 구성

구분	내용
도입부	『사기』의 열전 서술 방식
행적부	十科법장의 생애
결말부	三立입덕, 입언, 입공, 『문심조룡』 인용, 법장의 승전을 쓰게 된 계기, 자신의 은거

도입부에서는 사마천의 『사기』의 열전 서술 방식을 참조하여 법장의 승전을 서술하게 되었다고 설명하고 있다. 앞에서 확인하였듯이 『사기』는 공영달도 입언의 사례로 들고 있었다. 행적부에서는 법장의 생애를 십과로 나누어 서술하고 있다. 마지막 결말부에서는 법장의 생애를 삼립三立과 연결시키고 나머지 부분은 『문심조룡』 등에 대해서 서술하고 있다. 이 중에서 본론 부분에 해당하는 행적부의 십과만 따로 분류하면 다음과 같다.

표 8. 「법장화상전」과 십과

십과	십심	내용
제1과	族姓 廣大心	법장의 가정환경 및 성과 이름의 기원
제2과	遊學 甚深心	법장의 학문 수행과정
제3과	削染 方便心	법장의 출가
제4과	講演 堅固心	법장의 강의 활동
제5과	傳譯 無間心	법장의 번역가로서의 활동
제6과	著述 折伏心	법장의 저술 활동
제7과	修身 善巧心	법장의 도덕적 행위
제8과	濟俗 不二心	법장의 세속에 대한 구제 활동
제9과	垂訓 無碍心	동시대 및 후대에 미친 법장의 가르침
제10과	示滅 圓明心	법장의 入滅

위의 표에서51) 법장의 일대기를 십과로 서술한 내용을 확인할
수 있다. 제1과부터 제10과까지를 생애의 순서대로 서술하면서 마
치 일반 전기문과 유사한 구조를 이루고 있는 듯한데, 이는 그가 「
법장화상전」의 도입부에서 언급한 사마천의 열전 서술 방식을 채택
하였기 때문일 것이다.52) 법장의 생애를 십과로 서술하는 동시에
이를 결말부에서는 다시 삼립三立으로 규정하고 있다. 이 삼립三立
에서 최치원의 입언관을 확인할 수 있다.

『춘추』에 이르기를, 죽어서도 훌륭한 명성을 드리우는 자는 삼립三立
한 것이 있다고 하니, 법사께서 불학佛學에 나아가고, 삭발하고 치의緇
衣를 입어 출가出家를 하시고, 멸도滅度를 보이신 것은 삼입덕三立德을
수립하신 것이요, 강연을 하시고, 불전을 번역하시며, 저술을 남기신
것은 삼입언三立言을 세우신 것이다. 또한 스스로의 행실을 닦으시고,
세속을 제도하시고, 교훈을 드리운 것은 삼입공三立功을 세우신 것이다.
이에 법사께서 설하신 일승一乘의 완전한 뜻을 추연推演하고, 대사께서
저술로 지으신 십절十節의 오묘한 인연에 근거하여 널리 기록하게 자세
히 말하였다.53)

인용문은 최치원이 법장의 일대기를 십과로 서술한 이후 결말부
에서 삼립과 연결한 것이다. 말하자면 일대기를 십과로 서술하였던
것을 요약한 것이라고 할 수 있다. 요약 했을 때 세 부분으로 나누
어 설명할 수 있다는 것이다. 즉, 삼입덕三立德, 삼입언三立言, 삼입

---

51) 표의 내용은 진화첸의 논문을 참조함.
52) 최영성, 『역주 최치원전집』 2고운문집, 아세아문화사, 1998, 365쪽.
53) 최영성, 위의 책. "麟史稱歿有令名者三立焉 則法師之遊學削染示滅 三
　　立德也 講演傳譯著述 三立言也 修身濟俗垂訓 三立功也"

공三立功으로 법장의 생애를 집약하고 있다. 그런데 십과 중에서 제
1과인 족성광대심族姓廣大心은 제외하고 있다. 아마 이것은 출생과
연관된 것이기 때문에 혈통 관념을 부인하는 현상이라고 보아야 한
다. 최치원 자신이 6두품 출신으로 골품제의 폐쇄성에 따른 피해자
라는 점에서 의미 있는 채택으로 보인다.

  최치원은 삼립을 입덕立德, 입언立言, 입공立功 순으로 배열하고
있는 특징을 보이고 있다. 이 순서의 중요성은 아래에서 다시 다루
고자 한다. 또 특이한 사항은 법장화상의 일대기를 설명하면서 삼
입덕三立德에는 유학遊學·삭염削染·시멸示滅, 삼입언三立言에는 강
연講演·전역傳譯·저술著述, 삼입공三立功에는 수신修身·제속濟俗·
수훈垂訓을 배치하고 있다. 제1과를 제외하고 순서대로 각각 3개과
를 배치한 것이 아니다. 아래 표를 살펴보자.

표 9. 십과十科와 삼립三立

십과	명칭	三立
제2과	遊學	
제3과	削染	三立德
제10과	示滅	
제4과	講演	
제5과	傳譯	三立言
제6과	著述	
제7과	修身	
제8과	濟俗	三立功
제9과	垂訓	

입덕에 제2과·제3과·제10과를 배치하고, 입언에 제4과·제5

과 · 제6과를 배치하고, 입공에 제7과 · 제8과 · 제9과를 배치하고 있다. 입덕의 내용은 유학, 삭염, 시멸이다. 시멸은 제10과의 것인데 서술상 앞으로 끌어오고 있다. 한편 앞 장에서 검토한 지증화상의 생애 서술 방식과 법장의 생애 서술 방식은 차이가 있다. 지증은 육이六異와 육시六是로 서술하였는데 법장은 삼립三立으로 서술하고 있다. 아마 선종 승려와 화엄종 승려의 차이 때문이라고 보인다. 선종 승려는 깨달음과 실천으로 설명할 수 있다면 화엄 승려는 입덕, 입언, 입공의 차례로 생애를 서술해야만 그의 번경飜經, 즉 번역 활동을 두드러지게 표현 할 수 있기 때문일 것이다.

입언의 내용은 강연講演 · 전역傳譯 · 저술著述인데 하나씩 살펴보자. 먼저 강연講演은 『화엄경』 강연을 말한다. 전역傳譯은 그가 실차난타實叉難陀의 『화엄경』과 『대보적경大寶積經』의 번경飜經에 참여하였던 것을 말한다. 저술著述은 『탐현기探玄記』, 『교분기敎分記』, 『지귀指歸』, 『강목綱目』, 『현의장玄義章』, 『책림策林』, 『음의音義』, 『화엄경전기華嚴經傳記』 등을 말한다.54)

최치원은 법장에 대해서 십과로 구분하여 서술하고는 결말부에서 다시 "일승一乘의 원지圓旨를 연술演述한 것은 십절십과十節十科의 기묘奇妙한 인연에 의하였고, 폭넓게 기록하고 갖추어 말한 것도 거의 들어맞음이 있을 것이다."라고55) 하면서 법장의 전기 서술에 대해서 자부하고 있다. 하지만 가상으로 누군가 최치원을 비판하면서 "옆에서 비웃는 자가 『문심조룡文心雕龍』을 인용하여 다음과 같이 말했다. … 말이란 비록 많다 한들 무슨 소용이 있겠습니까? 간결

----

54) 진화첸, 앞의 논문.
55) 최영성, 앞의 책, 412쪽.

한 것이 귀한 법입니다."라고 하자 그는 스스로 다음과 같이 말하고 있다.

　나는 실망한 채 바라보며 다음과 같이 말했다. … 또 '사史'라는 것은 시키는 것이니, 좌우 사람에게 붓을 잡혀 기록하도록 하는 것이요, 전傳이라는 것은 '전轉'으로 경전의 내용을 옮겨 전수傳授하는 것이니, 전은 비문의 간략함을 넓혀 후세 사람들에게 전수傳授되도록 하는 것입니다.〔傳廣碑略 使授於後〕56)

　자신이 「법장화상전」을 쓴 목적은 후세에 전수傳授하는 것이라고 분명히 밝히고 있는 것이다. 이는 자신의 글쓰기가 경전과 같은 가치를 지니면서 후세에 수훈垂訓하는 것이라는 뜻이다. 인용문의 '傳廣碑略 使授於後'가 바로 최치원의 입언관이라고 할 수 있다. '傳廣碑略 使授於後'는 『문심조룡』에서 빌려온 것이다.57)

　이상에서 최치원은 입언의 가치를 입덕·입공과 동일한 반열에 두고 있다. 그는 공영달처럼 삼립三立에 등급을 나누지 않았다. 이는 화엄 승려의 일대기를 삼립三立에 적용하였기 때문에 나타난 현상이다. 말하자면 '입덕＝입언＝입공'으로 이해하면서 삼립三立에 대해 동일한 의미를 부여하는 것으로 일원론적一元論的 입언관이라고 할 수 있다. 이는 덕을 바탕으로 하는 문장을 지향한다는 입언관을 정립한 것이고, 송대 입언수후立言垂後 또는 입언수훈立言垂訓으로 연결될 수 있는 가능성을 부여한 것이다.

---

56) 최영성, 앞의 책, 413쪽.
57) 최영성, 「고운 최치원의 역사의식」 『고운 최치원의 역사관』, 문사철, 2010, 65쪽.

4. 최치원 입언관의 의의

최치원의 입언관은 덕을 바탕으로 하는 입언관이란 점은 앞 장에서 확인하고 나왔다. 최치원의 입언관은 사상성을 바탕으로 하고 있기에 당연히 문체의 변화를 수반하게 되어야 한다. 그래서 「지증화상비명」에서 실제 고문투의 문체를 사용하고 있다. 이는 변려문에서 고문으로 넘어가는 과도기적 문체라고[58] 한다. 그리고 조선 후기에 『계원필경집』 중간 서문에서 홍석주는 최치원의 문체에 대해 아래와 같이 밝히고 있다.

세상에서는 간혹 공의 글이 모두 변려騈儷・사륙四六으로서 고작자古作者의 글과는 완전히 다르다고 비평하기도 한다. 그러나 공이 중국에 들어가서 활동한 것이 당나라 의종과 희종 연간이었는데, 당시에 중국의 글이 변려문을 전문으로 일삼았던 것을 감안할 때 공이 그 풍조에 따랐던 것은 원래 어쩔 수 없는 점이 있었다고 해야 할 것이다.[59]

홍석주는 최치원이 당대의 분위기 때문에 변려문을 사용하였지만 실제 본마음은 고문에 있었다고 생각하고 있다. 특히 조선시대 고문古文의 대가인 홍석주의 평가는 유의미하다고 생각된다. 홍석주와 함께 중간의 서문을 쓰는 서유구의 생각도 유사하다. 최치원이 중국에 간 시점은 만당晚唐 시기였고 한유韓愈와 이고李翶가 활약하던 시점은 중당中唐 시기였다. 만당 때는 한유와 이고가 잠시 묻힌 시기인데 최치원이 이때 중국의 당시 작가들이 추구하던 변려체를

---

58) 이구의, 앞의 논문, 1991.
59) 『계원필경집』 校印桂苑筆耕集序.

쓰게 되었다고60) 한다. 서유구가 최치원에 대해서 이렇게 생각하
고 있는 것은 그가 사륙변려체를 어쩔 수 없이 따르게 되었다는 것
을 강조하는 것이다. 이는 홍석주와 서유구 이전까지 최치원의 문
장에 대한 평가에서 그의 문장이 변려문이었기 때문에 제대로 인정
받지 못한 것을61) 염두에 두었기 때문이다. 그래서 홍석주는 최치
원에게서 한유와 유사한 고문론을 발견하게 된다.62)

홍석주는 그의 시에 대해서도 '평이근아平易近雅'하여63) 만당晚唐
의 시인들이 미칠 수가 없는 높은 수준이라고 하였다. 서유구도 앞
의 각주에서 본 바와 같이 '詩尤平易 絶不類晚唐遺響'이라고 하였다.
만당은 당 문종 이후 약 70년간(836~907)을 이르는 시기이다. 결
국 홍석주와 서유구가 최치원의 시에 대해서 적극 제시한 것은 만
당풍과는 다르다는 것이다. 근래 연구자들이 최치원의 시를 적극적
으로 해석하여 그의 시를 일방적으로 만당풍이라는 견해를 비판하
고 있다.64) 따라서 한유의 고문론을 바탕으로 하는 입언관과 무관
하지 않다고 할 수 있다.

최치원 입언관의 의의를 찾을 수 있는 방법 중 하나는 비교를 통
한 것이다. 이때 좋은 대상이 되는 것이 송나라 초기 인물인 소송

---

60) 『金華知非集』 권3, 與淵泉洪尙書論桂苑筆耕書. "豈山川之所鍾毓 風氣
之所囿圍 終夏夏乎一變至道之難歟 抑韓李之蔽於暫而耀于後 如歐陽子
之云 而孤雲適際 暫蔽之時 則其不能捨世好而追作家之轍 固其勢然歟
詩尤平易 絶不類晚唐遺響 亦可異也"

61) 최영성, 「최치원과 『桂苑筆耕集』」 『선비문화』 2, 2004, 67쪽.

62) 李聲昊, 앞의 논문, 2015.

63) 『계원필경집』 校印桂苑筆耕集序, 홍석주.

64) 윤인현, 「『桂苑筆耕集』 所載 崔致遠의 漢詩 小考」 『한국고전연구』 15,
2007.
김동준, 「歸國期 崔致遠 漢詩의 自負와 壯心에 대하여」 『진단학보』 112,
2011.

蘇頌(1020~1101)이다. 소송은 그의 「소축외집서小畜外集序」에서 다음과 같이 말하였다.

　㉠혹자는 언言이 공功보다 못하고, 공功은 덕德보다 못하다고 하는데 이는 그렇지 않다. 행사行事에 드러나는 것을 일러 덕이라 하고, 미루어서 사물에 미치는 것을 일러 공이라고 하는데, ㉡이 두가지가 서는데 말이 아니면 기술할 수 없고 기술되지 않으면 후세가 볼 수 없으니 군자의 도道가 거의 없어질 것이다. 때문에 기사紀事와 술지述志는 반드시 말에 바탕하고 일에 계교하여야만 일관될 수 있다. 예로부터 능언能言하는 부류에서 대대로 현자賢者들이 나옴에 부족함이 없었는데, 만약 ㉢덕德과 공功을 함께 갖추고 문장에 도를 갖추면, 아름다운 계책과 바른 논의가 시주時主에 믿음을 얻고, 유풍遺風과 여열餘烈이 미래에 사라지지 않게 될 것이다.[65]

인용문은 마치 최치원의 말을 소송蘇頌이 하는 것처럼 들릴 정도이다. 구조상 유사할 뿐만 아니라 의미상에서도 유사함을 보이고 있다. 소송은 부필富弼(1004~1083)로부터 고군자古君子의 칭송을 받은 인물로 북송 구법당과 정치적 입장을 함께 하였다. 위의 인용문을 하나씩 살펴보자.

　㉠에서 언言, 공功, 덕德의 등급을 설정하는 것에 반대하고 있다. 공영달의 입언관을 벗어나는 논점을 전개하고 있는 것인데, 마치 「법

---

65) 『蘇魏公文集』 권66, 小畜外集序. "或謂言不若功 功不若德 是不然也 夫見於行事之謂德 推以及物之謂功 二者立矣 非言無以述之 無述則後世不可見 而君子之道幾乎熄矣 是以紀事述志 必資乎言 較於事 爲其貫一也 自昔能言之類 世不乏賢 若乃德與功偕 文備於道 嘉謨讜論 見信於時主 遺風餘烈 不泯於將來"

장화상전」에서 '입덕=입언=입공'을 동일한 위상으로 설정한 것과 유사하다. 다만 차이점은 최치원은 '덕, 언, 공'의 순서라고 하면 소송은 '언'을 '공과 덕'보다 앞세우는 것이 특징이라고[66] 한다.

ⓛ에서 공功과 덕德은 언급이 아니면 기술될 수 없다고 하였다. 그러면 후세에 전해질 수 없어서 군자의 도가 사라질 것이라고 한다. 이는 마치 「무염화상비명」에서 "덕德도 언급에 의해서만 일컬어질 수 있고, 언급도 덕德에 기댈 때 불후不朽하게 된다."라고 한 것과 일치하고 있다.

ⓒ에서 덕德과 공功에다 언급으로 이루어진 문장文章을 갖추어야만 정책 구현에 활용될 수 있다는 것이고 미래에 수훈垂訓을 내려줄 수 있다는 것이다. 이것도 「무염화상비명」에서 '입덕심학=입언구학'으로 서술한 것과 또 「법장화상전」에서 "입덕과 입언에 의해서 입공하게 된다."라고 서술한 것과 유사하다.

인용문의 소송의 글에 대해서 현대 중국의 연구자인 양정楊挺은 의심할 여지없이 혁명적이라고 표현하고 있다.[67] 양정楊挺은 소송蘇頌이 '입언'의 가치를 '입공 및 입덕'보다 수위에 놓았다고 생각하였지만, 실제로 소송의 인용문을 살펴보면 입언의 가치를 입공 및 입덕과 대등하게 놓았다는 것을 알 수 있다. 한편 양정楊挺이 최치원의 「사산비명」과 「법장화상전」의 입언관을 보았다면 좋은 비교 사례로 활용하였을 것이다.

소송의 이런 입언관은 송대 상문정책과 관계된다. 그것이 당시 사대부들에게 자아실현의 욕망을 자극하였고, 입언불후에 대한 기

---

66) 楊挺, 「語言與文籍的凸顯 − 宋代立言不朽觀念的革新與文集編刻的繁盛」 『中國文學硏究』 2008-1, 68쪽.
67) 楊挺, 위의 논문, 68쪽에서 '蘇頌的言論无疑是极具革命性的'이라고 하였다.

대는 사람들의 마음속에 깊이 들어갔다고 한다. 또 입언불후의 관념은 송대 인쇄술의 발전에 기여하였고 문적을 중시하도록 하였다. 이로 말미암아 입언불후는 작품의 창작과 작품의 전파에 공헌하게 된다고[68] 한다. 최치원은 10세기 초까지 생존한 인물이고 소송은 11세기 송대 인물임에도 불구하고 비슷한 입언관을 볼 수 있다는 점이 특이하다.

입언관의 승격은 나말여초의 문인들에게 많은 영향을 주게 된다. 특히 최치원의 종제인 최언위는 최치원 이후의 문한文翰을 담당하게 된다. 최치원의 사산비명四山碑銘 이후 고려 정종대까지 건립되어 현전하는 비문이 모두 그의 손에서 나왔다.[69] 그의 학문은 최승로(927~989)까지 이어지고, 최언위의 손자인 최항(?~1024)과 그의 계승자인 최충(984~1068)까지 연결되면서 고려의 학문 수준을 송과 대등하게 유지시키는데 공헌하게 된다.[70]

이상에서 최치원 입언관의 의의는 고문론을 바탕으로 하고 있고, 공영달과 한유의 입언관을 뛰어넘어 송대 입언관과 대비할 수 있다는 점이다. 최치원은 실제 고문투의 문장을 사용하고 있었고, 시에서도 만당의 시인들이 미칠 수 없을 정도로 우수하다고 하였다. 또 최치원의 입언관은 송대 소송의 입언관과 유사한 구조와 특징을 보이고 있다. 두 인물 모두 입언관을 승격시켜 입덕·입공과 대등한 위치에 두었다. 그것이 최치원의 입언관이 지니는 의의라고 할 수 있다.

---

68) 楊挺, 위의 논문, 摘要 참조.
69) 김보경, 「비문에 새겨진 최언위의 삶, 사유, 문학」『고전과 해석』5, 2008, 135쪽.
70) 李聲昊, 『崔冲의 政治·敎育活動과 儒敎思想』, 부산대학교 박사학위논문, 2013.
    李聲昊, 『최충과 신유학』, 역사문화, 2014.

5. 결론

입언立言이란 동아시아 한자 문화권의 지식인들이 숙명처럼 추구하던 것이었다. 문인 학자들은 후세의 모범이 될 만한 훌륭한 글을 지어 입언불후立言不朽하고자 하였다. 당시 최고의 학자인 최치원이 추구한 입언관은 무엇이고, 그 의의는 무엇인지를 파악하는 것이 본 논문의 목적이었다. 이런 문제의식에 따라 연구를 전개한 결과 다음 몇 가지를 확인할 수 있었다.

첫째, 입언에 대한 정의는 숙손표叔孫豹가 제기한 이래 역사 속에서 꾸준히 변화하여 왔다. 그가 처음 제기할 당시는 입언을 '언言＝말'로 인식하였다. 이를 계승한 공자도 역시 입언을 '덕을 바탕으로하는 말'로 설정하고 있었다. 공영달孔穎達은 입언을 '언言, 제자백가諸子百家, 문장文章, 사전史傳'으로 정의하고 있다. 이는 문학, 역사, 사상·철학을 포함하는 것이다. 한편 공영달까지의 문장은 고문과 변려문을 모두 포함하고 있었다. 그런데 한유韓愈는 문장에 사상성을 부여하면서 변려문을 배격하고 고문운동을 전개하게 된다. 결국 한유에 의해서 송대의 입언수후立言垂後의 관념이 싹텄다고 할 수 있다.

둘째, 최치원의 입언관은 그가 저술한 글 속에서 시대에 따라 변화·정립하였다. 『계원필경집』을 통해서는 최치원의 입언불후의 문장관이 형성되고 있음을 확인하였다. 그는 문장을 위한 문장은 배격하고 양성養性과 입신立身을 위한 경전을 중시하고 있었다. 이때의 경전은 사상성을 바탕으로 하는 성현의 글이란 점에서 그의 입언관의 시초는 존경尊經을 중심으로 형성되고 있었다. 이때 이미 문장경국文章經國의 의도를 보이고 있었다.

「사산비명」 중 진감화상의 비명에서는 불립문자不立文字의 선종禪宗이라도 자신의 입언立言에 의하지 않고는 후세에 전해질 수 없다고 하였다. 무염화상의 비명에서는 대사의 '심학=입덕'과 최치원 자신의 '구학=입언'이 결합될 때 이상적인 모델이 될 수 있다고 하였다. 선종 선사인 지증화상의 비명에서는 그의 생애 저술에 육이六異와 육시六是를 활용하고 있다. 이 육이와 육시를 통해서 대사의 비명을 저술한 것을 입언이라고 할 수 있다. 또 최치원 자신은 입덕을 바탕으로 입언을 이룬 학자로 자부하고 있다. 전체적으로 「사산비명」에서 최치원은 선종 선사의 심학을 자신이 입언불후의 문장으로 표현하여 후세에 전달할 수 있다고 생각한다. 유교식 입언을 통해서 선종 승려의 생애를 이해하는 입언수후立言垂後 또는 입언수훈立言垂訓의 입언관이다.

「법장화상전」에서는 입언의 가치를 입덕 · 입공과 동일한 반열에 둠으로써 그 지위를 승격시키고 있었다. 이는 화엄 승려의 일대기를 삼립三立에 적용하였기 때문에 나타난 현상이다. 말하자면 '입덕=입언=입공'으로 이해하면서 삼립三立에 대해 동일한 의미를 부여하는 것으로 일원론적一元論的 입언관이라고 할 수 있다. 이는 덕을 바탕으로 하는 문장을 지향한다는 입언관을 정립한 것이고, 유협과 공영달 · 한유의 입언관을 뛰어넘었다는 것이다. 유교식 입언을 통해서 화엄 승려의 생애을 이해하는 입언수후立言垂後 또는 입언수훈立言垂訓의 입언관이다.

셋째, 최치원 입언관의 의의는 한유와 유사하게 고문을 지향하였다는데 있다. 그는 실제로 문장에서 고문투의 문체를 사용하였고,

시에서도 만당의 시인들이 미치지 못할 정도였다고 한다. 그의 입언관의 또 다른 의의는 입언의 지위 승격에 있다. 입언관 승격은 송초 인물과 비교할 때 의의를 지니는데, 송대 소송蘇頌도 입언의 가치를 상승시키고 있었다. 결과적으로 최치원과 소송은 시대를 초월하여, 각자 다른 지역에서, 서로 영향을 주고 받지도 않으면서 비슷한 입언관을 제시하고 있었다.

넷째, 입언관의 승격은 나말여초의 문인들에게 많은 영향을 주게 된다. 특히 최치원의 종제인 최언위는 최치원 은퇴 이후의 문한文翰을 담당하게 된다. 그의 학문은 최승로까지 이어지고, 최언위의 손자인 최항과 그의 계승자인 최충까지 연결되면서 고려의 학문을 송宋과 대등한 수준으로 유지시키는데 공헌하게 된다. 이것이 최치원의 입언관이 지니는 궁극적 의의라고 할 수 있다.

결국, 최치원은 동방 입언의 시초이자 조종으로 그의 입언관은 입언수후立言垂後를 통해 문장불후文章不朽를 지향하면서 이후 역사 속에서 문장경국文章經國, 문장입국文章立國, 문장보국文章輔國으로 계승될 수 있었다.

〈참고문헌〉

『계원필경집』, 『고운집』, 『舊唐書』, 『金華知非集』, 『논어』, 『論語注疏』, 『文心雕龍』, 『法言』, 『別本韓文考異』, 『蘇魏公文集』, 『左傳』, 『春秋左傳正義』, 『太平御覽』, 『회남자』

곽승훈, 『중국사 탐구와 사산비명 찬술』 한국사학, 2005, 58쪽.

김학주, 『중국문학사』 한국학술정보, 2001.

이상현 옮김, 『고운집』, 한국고전번역원, 2009.

李聲昊, 『崔冲의 政治·教育活動과 儒教思想』, 부산대학교 박사학위논문, 2013.

李聲昊, 『최충과 신유학』, 역사문화, 2014.

池斗煥, 『한국사상사』, 역사문화, 1999.

최영성, 『역주 최치원전집』 2고운문집, 아세아문화사, 1998.

羅聯添, 『韓愈研究』, 天津教育出版社, 2012.

김동준, 「歸國期 崔致遠 漢詩의 自負와 壯心에 대하여」 『진단학보』 112, 2011.

김보경, 「비문에 새겨진 최언위의 삶, 사유, 문학」 『고전과 해석』 5, 2008.

김주한, 「崔孤雲文學觀의 淵源」 『新羅文化祭學術發表會論文集』 7, 1986.

노평규, 「최치원 유학사상의 특성 연구」 『범한철학』 20, 1999.

李聲昊, 「崔致遠의 新儒學 思想」 『한국 사상과 문화』 75, 2014.

李聲昊, 「홍석주의 고문론과 계원필경집 중간의 의미」 『한국 사상과 문화』 78, 2015.

심경호, 「최치원과 동아시아 문학」 『고운학보』 창간호, 2003.

윤인현, 「『桂苑筆耕集』 所載 崔致遠의 漢詩 小考」『한국고전연구』 15, 2007.

이구의, 「최고운의 문학관」『韓民族語文學』 23, 1993.

이구의, 「최치원 문학에 나타난 현실인식」『고운 최치원의 시문학』, 문사철, 2011.

이장우, 「한유의 고문 이론」『동양학』 14, 1984.

장일규, 「『계원필경집』의 편찬과 사료적 가치」『진단학보』 112, 2011.

趙志衡, 「16~17세기 '立言'·'立言垂後'에 대한 意識과 受容맥락」『語文研究』 38-3, 2010.

蔡尙植, 「崔致遠의 佛敎認識」『孤雲의 思想과 文學』, 新知書院, 1997.

최영성, 「고운 최치원의 역사의식」『고운 최치원의 역사관』, 문사철, 2010.

최영성, 「최치원과『桂苑筆耕集』」『선비문화』 2, 2004.

羅家湘, 「論"立言不朽"」『河南師範大學學報』 37-2, 2010.

方科平, 「立言不朽 論劉勰文學價値追求-讀《原道》、《征聖》、《宗經》」『前沿』, 2008-10.

楊挺, 「語言與文籍的凸顯 - 宋代立言不朽觀念的革新與文集編刻的繁盛」『中國文學硏究』 2008-1.

張智虎, 「論"立言不朽"作爲文學話語的歷史生成」『寶雞文理學院學報』 25-2, 2005.

〈Abstract〉

The perspective and significance of Choi Chi-Won's Ibeongwan(立言觀) appeared his books / *Lee Seong-ho*

The main aim of this article is investigating Choi Chi-Won's Ibeongwan (立言觀), and finding the meaning of this. Based on the purpose, this study were shown three results as below.

The definition of Ibeon(立言), first of all, had been established by Shusun Bao(叔孫豹), Kong Ying-da(孔穎達), and Han Yu(韓愈) untill Tang Dynasty. Han Yu had suggested Gomunundong(古文運動) with adding Sasangseong(思想性) to article, instead of Byeollyeomun(駢儷文).

Secondly, Choi Chi-Won's Ibeongwan was changed and formed according to the times in his books. Thus, his the biggest goal was improve the worth of Ibeongwan with approaching the same level as Ipdeok(立德), and Ipgong(立功). This is Ibeongwan in monism, which was surpassed the Ibeongwan of Kong Ying-da, and Han Yu.

Lastly, the importance of Choi Chi-Won's Ibeongwan, similar to Han Yu, is exsited to pursue Gomun(古文). Futhermore, improvement of Ibeongwan had the significant meaning while comparing to personage in Song Dynasty. Su Song(蘇頌), for instance, had tried to improve the worth of Ibeon.

Key words: Choi Chi-Won(崔致遠), Ibeongwan(立言觀), Kong Ying-da(孔穎達), Han Yu(韓愈), Su Song(蘇頌)

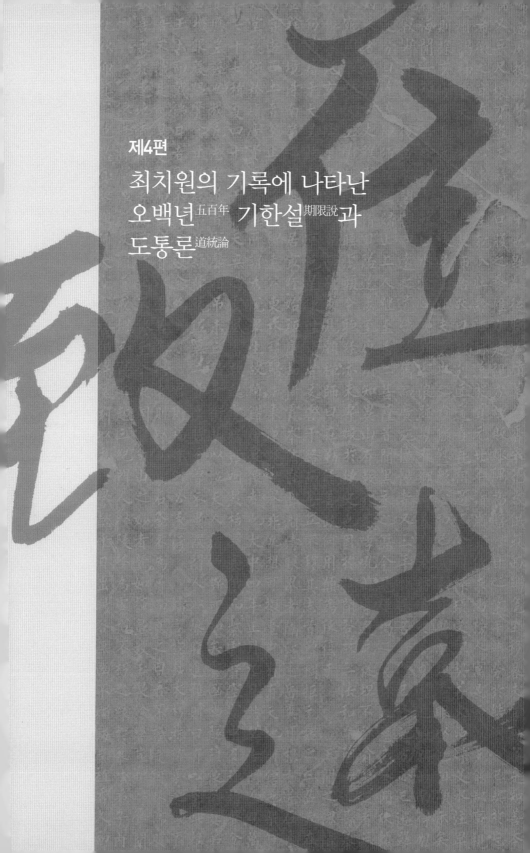

제4편

최치원의 기록에 나타난
오백년五百年 기한설期限說과
도통론道統論

제4편 최치원의 기록에 나타난 오백년五百年 기한설期限說과 도통론

1. 머리말

최치원(857~?)은 12살의 이른 나이에 당으로 유학을 떠났다. 그는 신라에서 익힌 지식을 바탕으로 당에서 습득한 새로운 학문적 지식을 더하여 과거에 급제한다. 당과 신라에서 공부한 경험은 그의 글 속에서 다양한 방향을 보이면서 후대에 전하게 된다. 그중 하나가 '五百年 期限說'이다. 『맹자』에 보이는 이 내용은 최치원이 당에서 공부한 이후 신라로 귀국한 뒤에까지 관심을 보인다. 당에서 습득한 새로운 학문적 경향성으로는 '도통론'도 있다.

이 두 가지 주제에 대한 연구성과로, '오백년 기한설'과 관련된 연구는 김상기의 논문이 유일하다.[1] 김상기의 연구는 『맹자』의 '五百年 王者興'설에[2] 대한 것으로 왕자王者가 탄생한 것과 공자孔子가 출현하여 『춘추』를 저술한 것과 연계시키고 있다. 또 이를 계승한 것은 한의 사마천司馬遷과 당의 원반천員半千이라고 하였다. 그러나 김상기의 연구는 경전에서 나타난 문제만 다루고 있으며, 시대적 변화에 따른 부분은 간과한 점이 없지 않다. 달리 말하면 당대當代 최치원이 오백년 기한설을 이해한 부분을 다루지 않았다는 점이다.

도통론은 당의 한유韓愈(768~824)가 창시한 것으로 그는 신유학

---

[1] 金庠基, 「五百年 王者興說에 대하여」, 『동아논총』 3, 1966.
[2] '오백년 왕자흥'은 『맹자』의 원문을 강조한 것이고 '오백년 기한설'은 『맹자』 원문을 변형한 최치원의 글을 강조한 것이다.

新儒學의 선구자로 이해된다.3) 더욱이 한유는 그를 중심으로 당의 시기 구분이 전과 후로 나뉠 정도로 의미가 있는 인물이다.4) 한국에서는 최치원을 기점으로 삼는다.5)

최치원은 나말여초의 시대적 분위기에서 태어나 지난 시대를 마무리하고 새로운 시대를 열어준 선구적 신유학자였다.6) 재당 생애 시절의 공부와 신라로 귀국 한 이후의 저술 활동이 최치원에게 새로운 어떤 변화를 일으켰는지 살펴보고자 하는 것이 본 연구의 목적이다. 또한 오백년 기한설과 도통론이 맺고 있는 연결 고리가7) 시기에 따라 어떻게 나타나는지 재당시절과 귀국 이후로 시기를 달리하여 구분해 보고자 한다. 연구의 진행 방향은 다음과 같이 설정

---

3) 풍우란 저, 정인재 역, 『중국철학사』, 형설출판사, 1985.
   張淸華, 「繼承舊道統 創立新儒學」, 『中州學刊』, 1992-4.
   葉賦桂, 「韓愈之道: 社會政治與人生的統一」, 『淸華大學學報』 11-1, 1996.
   楊世文, 「論韓愈的儒學文化觀及其歷史意義」, 『孔子硏究 』 2002-6.
   尹博, 「從《讀荀》、《讀墨子》看韓愈新儒學」, 『周口師敎育學院學報』 25-4, 2008.
   查金萍, 『宋代韓愈文學接受硏究』, 安徽大學出版社, 2010.
   羅聯添, 『韓愈硏究』, 天津敎育出版社, 2012. 192쪽의 '五 奠定新儒學基礎' 참조.
4) 陳寅恪 著, 金智英 譯, 「韓愈에 대하여 논함」, 『中國語文論譯叢刊』 28, 2011.
5) 지두환, 『한국사상사』, 역사문화, 1999. 제3편 중세사회 사상 참조.
   이성호, 「崔致遠의 新儒學 思想」 『한국사상과 문화』 75, 2014. 127~130쪽.
6) 지두환, 『한국사상사』, 제5장. "漢唐儒學에서는 天道가 인간 밖의 초월적인 법칙적 존재로 인식되고 그것은 왕만이 알 수 있고 또 人間世에 구현시킬 수 있는 것이라고 주장되었다. 왕도정치란 바로 그러한 천도구현의 정치이다. 한당유학은 이와 같이 왕권의 절대성을 부여하면서, 그것을 견제하는 대책으로는 天災異變을 王政의 책임으로 돌리었다. 반면에 新儒學에서는 天道·天理는 인간에게 내재하는 것으로 규정하여 그것을 깨치는 修己의 노력이 관리 전체의 과제로 삼아진다. 따라서 治人에서의 절대자는 부정된 것이다."고 하여 신유학에 대한 개념 규정을 제시하고 있다.
7) 陳寅恪, 「韓愈에 대하여 논함」. '1. 道統을 세워 傳受의 연원을 증명함' 참조.

하고자 한다.

첫째, 최치원은 재당 생애 중에서 배찬裴瓉과 고병高駢(821~887)에 대해서 다양한 기록을 남기게 된다. 특히 과거 합격시 좌주였던 배찬과 막부에 최치원을 선발한 고변에 대해서 오백년 기한설과 관련된 기록을 남긴다. 그 의미는 우선 『맹자』의 오백년 기한설을 바탕으로 살펴보는 것이 우선 일 것이다. 따라서 오백년 기한설에 등장하는 왕자와 명세자名世者의 역할을 중심으로 하여살펴보도록 하겠다.

둘째, 신라로 귀국한 이후 남긴 기록에서는 우리나라 인물에 대한 오백년 기한설과 도통론에 대한 말을 남긴다. 오백년 기한설과 도통론에 대한 글이 어떻게 변화하는지도 살펴보아야 하겠다. 최치원이 유학 생활을 하면서 새로운 변화를 감지했기 때문이라고 할 수 있다. 다음으로 신라 인물에 적용된 도통론의 의미가 무엇인지 파악하고자 한다. 말하자면 재당시절 인물에 적용한 것과 신라에 귀국한 이후의 인물에 적용한 것이 어떻게 다른지 살펴보고자 한다.

마지막으로 오백년 기한설과 도통론은 서로 어떤 연관을 맺고, 두 주제가 어떻게 작용하여 귀결하고 있는지 알아보고자 하는데 이 것을 왕도정치와 관련지어 보고자 한다.

2. 오백년 기한설과 고변

최치원은 857년 출생으로 부친은 최견일崔肩逸, 신분은 6두품이다. 일명 득난得難이고도 할 정도로 얻기 어려운 신분이었다.[8] 신라에서 공부하다가 12살의 이른 나이에 당으로 유학을 가서 학문을 연마하게 된다. 6두품은 신라 중대 이후로 신라의 학술과 문화를 선도하였고 특히 사상과 문화 면에서 특출났다.9) 유학을 떠나는 최치원에게 부친는 10년 안에 진사에 급제하라는 당부를 한다.10) 그 가르침을 저버리지 않고 열심히 공부한 결과 874년 18세로 배찬裴瓚이 주관하는 과거에서 일거에 급제한다. 급제 전 그는 인백기천人百己千의 노력을 경주한 끝에 중국의 문물文物을 구경한 지 6년 만에 금방金榜의 끝에 이름을 걸었다고 한다.11) 이 급제는 그 자신 개인의 영광일 뿐만 아니라 최씨 집안 전체의 영예였기에 '일대삼최一代三崔 금방제회金榜題廻'라는12) 명성으로 회자되었던 것 같다. 최치원의 좌주는 배찬이었다. 당나라에 지내는 동안 좌주 배찬을 존숭하는 모습이 『계원필경집』에 자주 등장한다.

이후 최치원은 선주宣州의 율수현위로 근무하면서 작시作詩에 열중한다. 그 이유가 봉록은 후하고 관직은 한가하지만 스스로를 '포식종일飽食終日'하게 할 수 없어 '사우칙학仕優則學'하였기 때문이라고 한다. 이런 생각으로 문집 5권을 만들어 『중산복궤집中山覆簣集』이라고 한다.13) 중산은 선주에 있는 지명이고, 복궤는 『논어』 권9

---

8) 『고운집』 권2, 無染和尙碑銘 竝序.
9) 최영성, 「고운 최치원의 삼교관과 그 특질」 『한국사상과 문화』 87, 1998, 75쪽.
10) 『桂苑筆耕集』 桂苑筆耕序. "亡父誡之曰 十年不第進士 則勿謂吾兒 吾亦不謂有兒 往矣勤哉 無墮乃力"
11) 『桂苑筆耕集』 桂苑筆耕序.
12) 「太子寺郎空大師碑」. "其仁滾者 辰韓茂族人也 人所謂一代三崔金勝題廻 曰崔致遠曰崔仁滾曰崔承祐 猶中中人也 學圃海岳 加二車於五車 才風雲 除三步於七步 實君子國之君子 亦大人鄕之大人 是或折桂中花 扇香風於上國 得多羅域 曜景色於東鄕"(원문은 '한국금석문 종합영상정보시스템[gsm.nricp.go.kr])
13) 『桂苑筆耕集』 桂苑筆耕序.

「자한子罕」에 나오는 내용이다. 「자한」편에 실린 이 글의 원문은 "子曰 譬如爲山 未成一簣 止 吾止也 譬如平地 雖覆一簣 進 吾往也"인데, 공자가 학문하는 방법에 대해 설명한 글이다. 공자는 학문에서 중단하거나 진보하거나 모두 개인의 뜻에 달려 있다고 말하고 있다. 최치원이 복궤를 책의 제목으로 포함한 뜻은 미래에 태산과 같은 꿈을 이루겠다는 의지의 표현이자 진일보를 약속하는 의미로 보인다.

당에서 포부를 펼치기 위해서는 박학굉사과博學宏辭科의 합격을 필수로 요한다. 고위 관료로 진출하기 위해 필요로 하는 조건이었다. 최치원은 잠시 율수현위를 사직하고 공부에 전념하게 된다.[14] 고시 내용은 '시문삼편試文三篇'이었는데 시詩, 부賦, 의론議論 각 1편이었다. 그래서 박학굉사과를 '삼편三篇'으로 부르기도 한다. 이 삼편에 합격하기 위한 그의 노력은 날마다 과업을 정해 공부하면서 특히 시와 부에 집중하고 있었다.[15] 그러나 당시 최치원은 "당나라는 홍수와 가뭄이 계속되고, 왕선지王仙芝의 난과 황소黃巢의 난으로 인해 장안으로 갈 수 없었다."고[16] 한다.

최치원으로서는 다른 방법을 찾아야만 하는 상황이었다. 이는 현위를 그만둔 후 공부에 전념하는 시기에 그동안 모아 두었던 급료가 바닥을 보였기 때문이다. 당장 현실적인 문제를 해결해야 하는 상황이었다. 그때 만난 인물이 고변이었다. 그와의 만남은 황소의 난이 전개되던 상황에서 이루어졌다. 그의 막부에서 필연筆硯을 담

---

14) 『桂苑筆耕集』 권18, 長啓.
15) 『桂苑筆耕集』 권17, 獻詩啓. "課日攻詩 虞訥之訛訶無避 積年著賦 陸機之哂笑何慙 俟其敦閱致功 琢磨成器"
16) 金福順, 『최치원의 역사인식과 신라문화』, 경인문화사, 2016, 32쪽.

당했던 내용은 『계원필경집』에 상세하게 실려있는데 「격황소서」는
당시 회자되던 명문이었다.

고변은 자가 천리千里이고 선대는 발해인渤海人으로 유주幽州에
옮겨 살았다. 당대唐代의 저명한 무장으로 높은 평가를 받고 있었
으며, 부친 고승명高承明은 금군의 고급 장령將令이었다.[17] 최치원
이 그의 휘하에 들어갈 당시에는 회남절도사淮南節度使이자 충염철
전운사充鹽鐵轉運使의 직책을 지니고[18] 황소를 방어하고 있었다. 그
는 문文을 좋아하여 유자儒者들과 어울리기를 좋아하고, 즐겨 이도
理道를 말하였다고 한다.[19] 최치원이 고변의 막하로 들어가기 위해
서 올린 글에서도 이런 그의 풍모에 대한 짐작이 가능하다.[20] 여
기서 고변이 장수將帥가 되고자 하는 웅지를 젊어서부터 『춘추』를
통해서 길렀음을 칭송하고 있다.

최치원이 고변의 막부에 들어가는 이유는 앞에서 잠시 언급하였
다. 실제로 최치원이 고변의 막부에 들어가는데 도움을 준 이는 우
인友人 고운顧雲(850~894)이었다. 고운에 대해서 최치원은 그가 고
변에게 올린 글이 길이 전해질 명문이라고 칭찬하고 있다.[21] 따라
서 최치원 자신이 기덕시紀德詩 30편을 지어 올린 문장력이 효력을
보았을 것이다.[22] 기덕시에서 최치원은 고변을 과대평가하여 중국

---

17) 方曉偉, 『崔致遠思想和作品研究』, 廣陵書社, 2007, 106~107쪽.
18) 金福順, 『최치원의 역사인식과 신라문화』, 32쪽.
19) 『舊唐書』 권182, 열전 132, 高駢. "家世仕禁軍 幼而朗拔 好爲文 多與
   儒者遊 喜言理道"
20) 『桂苑筆耕集』 권17, 獻詩啓. "惟將志業練春秋 早蓄雄心剗國讎 二十年
   來天下事 漢皇高枕倚留侯"
21) 『桂苑筆耕集』 권17, 獻詩啓. "某竊覽同年顧雲校書獻相公長啓一首短歌
   十篇 學派則鯨噴海濤 詞鋒則劍倚雲漢 備爲贊頌 永可流傳"
22) 『桂苑筆耕集』 권17, 獻詩啓. "附 七言紀德詩 三十首 謹獻司徒相公"

의 역대영웅들과 대비시키면서 칭송하여 지나친 감이 없지 않다고[23] 하였다. 고운에 대해서는 최치원이 『계원필경집』 권6에 「청전관종사장請轉官從事狀」이란 글을 남기고 있다. 그 글에서 "상기 관원은 동방의 대나무처럼 아름다운 재질을 자랑하고 남방의 계수나무처럼 향기를 내뿜으면서…혹은 말 위에서 금방 글을 작성하는 문재를 필요로 합니다"라고[24] 하고 있다. 비록 대찬의 글이지만 최치원은 고운顧雲을 높이 평가하고 있다.

고운顧雲의 자字는 수상垂象 또는 사룡士龍이며, 지주池州 사람이다. 당 대종大中 5년(851)에 염상鹽商의 아들로 태어났으며, 당 건녕乾寧 원년(894)에 세상을 떠났다. 만당晩唐의 저명한 문인이다. 그의 저술은 대부분 일실되어, 『전당시全唐詩』 권637에 시 1권(8수), 『전당문全唐文』 권815에 23편의 문장이 수록되어 전하고 있을 뿐이다. 김부식의 『삼국사기』와 서송徐松의 『등과기고登科記考』 권238 등에 의하면 최치원과 고운은 함통 15년(건부 원년, 874)에 함께 과거에 급제한 동년同年이다. 동방급제한 절친이었던 것이다. 또한 이 둘은 회남淮南의 고병막부高騈幕府에서 함께 종사한 동료이자 막우幕友이기도 하다.[25] 또 그의 이름인 고운顧雲에서 최치원은 자신의 호인 고운孤雲을 빌려올 정도로 친밀감이 돈독하였다.[26]

고운顧雲 이외에 최치원에게 가장 영향을 끼친 인물은 배찬裴瓚과 고병高騈이었다. 아래에 보이듯이 최치원은 이 두 인물에게만 『맹

---

23) 『고운집』 해제.
24) 『桂苑筆耕集』 권6, 請轉官從事狀.
25) 이황진, 「顧雲이 최치원에게 준 송별시 「고운편」에 대한 진위 고증」 서울대 『인문논총』 65, 2011, 334쪽.
26) 이성호, 「'孤雲' 字號에 대한 검토와 「秋夜雨中」 『역사와 경계』 97, 2015.

자』의 '오백년지운五百年之運'과 '오백년지기五百年之期'라는 구절을 사용하고 있다. 배찬은 자신을 과거에 선발한 인물이고, 고변은 막부에 자신을 선발해 준 인물이기 때문일 것이다.

〔사료1-1〕삼가 생각건대, 太尉께서는 오백년의 시운時運〔五百年之運〕에 응하면서 8천 세를 하나의 봄으로 삼고 계십니다.[27]

〔사료1-2〕그러고 보면 현인賢人을 제자리에 임명한 것이 이미 오백년의 기한〔五百年之期〕에 맞을 뿐만이 아니요, 배움을 좋아하여 문하에 모여드는 자들이 반드시 七十子의 숫자를 채울 것입니다.[28]

위의 〔사료1-1, 1-2〕는 '오백년지운五百年之運'과 '오백년지기五百年之期'를 고변과 배찬에게 헌정한 것이다. 최치원이 당에서 쓴 글은 원래 대찬代撰이 많았지만, 이 글은 자신과 관련되었기에 직접 쓴 글이다.[29] 이때는 황소의 난이 전개되던 시기였다. 최치원이 고변의 막부로 들어간 시기에 대해 기존의 연구에서는 여러 각도로 분석하고 있다. 879년(겨울), 880년 3~5월, 880년 겨울, 881년 등으로 학자들은 다양하게 추론하고 있는데, 그 중에서 881년 5월 이후가 가장 타당하다고 한다.[30] 최치원은 고변의 막부에 들어가서 주장奏章을 지으면서 자신의 정치적 재능을 펼쳐 보였고, 정치적 포부抱負를 실현하였다고[31] 한다.

〔사료1-1〕은 고변을 위해서 쓴 「단오절송물장端午節送物狀」이다.

---

27) 『桂苑筆耕集』 권18, 端午節送物狀.
28) 『桂苑筆耕集』 권19, 賀除吏部侍郎別紙.
29) 『桂苑筆耕集』 해제. 한국고전번역원, 2009, 42쪽.
30) 이황진, 「최치원의 재당생애 재고찰」 『한국민족문화 』 42, 2012, 20쪽.
31) 賈雲, 「賓貢進士崔致遠和他的『桂苑筆耕集』」 『東南文化』 118, 1997, 85쪽.

이 글은 단오에 최치원이 고변에게 올린 글이다. 오백년의 운세에 맞추어 이 땅에 태어난 것을 칭송한 글이고, 8천 세를 하나의 봄으로 삼는다는 것은 장수를 상징하는 말이다.32) 이는 일반적으로 시기와 사회변화를 연결하는 경우이다. 예를 들어 "夫天運 三十歲一小變 百年中變 五百年大變 三大變一紀 三紀而大備 此其大數也"라고33) 하였다. 30년이면 작은 변화가 일어나고, 백년이면 중간 변화가 일어나고, 오백년이면 큰 변화가 일어난다고 하였다. 거의 같은 문장이 『사기』에도34) 실려 있다. 시기와 사회변화를 연결한 서적은 『맹자』가 가장 앞서고 인물의 출현과도 연결되고 있다. 따라서 최치원이 참고한 내용은 『사기』와 『한서』보다는 『맹자』였을 것이다.

〔사료1-2〕는 배찬을 위해서 쓴 「하제이부시랑별지賀除吏部侍郎別紙」이다. 배찬이 이부시랑에 임명된 것을 하례한 글이다. 이때 배찬에 대해 70명의 문하생을 거느릴 것이라고 칭송하고 있다. 이때 70명의 숫자는 다분히 공자의 72제자를35) 상정한 숫자일 것이다. 오백년 기한을 두고 태어나서 공자와 같은 72명의 제자를 양성할 수 있는 인물에 비유한 것이다. 배찬에게는 고변보다는 훨씬 뛰어난 성인인 공자에 비유하고 있다.

오백년 시운과 기한의 원문을 살펴보도록 하자. 『맹자』 권4 「공손축하公孫丑下」에 "오백년마다 왕자王者가 반드시 나오는데 그 사이에 반드시 세상에 이름난 인물이 있다.〔五百年必有王者興 其間必有名世

---

32) 『장자』 逍遙遊. "上古有大椿者 以八千歲爲春 以八千歲爲秋"
33) 『漢書』 권26, 천문지6.
34) 『史記』 권27, 天官書. "天運 三十歲一小變 百年中變 五百載大變"
35) 『史記』 권47, 孔子世家. "孔子以詩書禮樂敎 弟子蓋三千焉 身通六藝者 七十有二人"

者]"라는 말이 나온다. 이는 왕자의 출현과 명세자의 출현을 기대하는 마음이자 시대를 칭송하는 표현일 수 있다. 앞의 「공손축하公孫丑下」에 뒤이어 "주周나라 문왕과 무왕으로부터 이제 700여 년이 되었으니, 연수年數로 보면 그때가 지났고, 시기時期로 살펴보면 바로 지금이 가능한 때이다."라고36) 하였다. 반드시 오백년은 아니라는 뜻이다. 즉, 주나라 이래로 700여 년이 되었으니, 연수年數로 따지면 지났고, 시기를 상고하면 지금 출현하여도 가능하다는 뜻이다.

이를 국가에 비정하면 하夏, 은殷(상商), 주周가 된다. 하夏는 『고본죽서기년古本竹書紀年』에 따르면 기원전 1989년에서 1559년으로 비정하고, 상商은 『죽서기년竹書紀年』에 따르면 기원전 1618년에서 1110년으로 비정한다. 주周는 기원전 1046년에서 왕조가 시작되는데 공자의 출생은 기원전 551년으로 산정하고 있다는37) 점을 고려해야 한다. 또 문왕에서 맹자 시대까지는 700년이다. 오백년을 지나칠 수도 있는 부분이다. 여기에서 오백년이란 연도가 의미하는 부분은 성인과 현인을 희망하는 바램일 것이다. 성현을 얻기 어렵다는 뜻과도 같다.38)

왕자와 명세자의 출현을 기대하는 것은 『맹자』 권14 「진심하盡心下」에도 이어진다. 그 내용은 "요순堯舜으로부터 탕湯에 이르기까지가 오백여 년이니, 우禹·고요皐陶 같은 이는 요순의 도를 보아서

---

36) 『맹자』 권4 「公孫丑下」. "由周而來 七百有餘歲矣 以其數則過矣 以其時考之則可矣"
37) 중국 왕조 연대와 공자의 출생은 『百度百科』(www.baidu.com)에 의거한다.
38) 『顔氏家訓』 慕賢. "古人云 千載一聖 猶旦暮也 五百年一賢 猶比髆心 言聖賢之難得 疏闊如此"

알았고, 탕 같은 이는 들어서 알았으며, 탕으로부터 문왕文王에 이르기까지가 또 오백여 년이니, 이윤伊尹·내주萊朱 같은 이는 보아서 알았고, 문왕 같은 이는 들어서 알았으며, 문왕으로부터 공자에 이르기까지가 오백여 년이니, 태공망太公望·산의생散宜生 같은 이는 보아서 알았고, 공자 같은 이는 들어서 알았다."라고39) 하였다.

　이는 요堯-순舜-우禹-탕湯-문왕文王-공자孔子로 이어지면서 왕자와 명세자가 오백년 마다 출현하는 것을 표현한 것이다. 왕자로서 요·순에서 탕왕까지 오백년, 탕에서 문왕까지 오백년, 문왕·무왕에서 공자까지 오백년이란 뜻이다. 그 사이에 출현하는 명세자는 고요皐陶·이윤伊尹·내주萊朱·태공망太公望·산의생散宜生 같은 이가 있다고 하였다. 『맹자』의 글은 '왕자'와 '명세자'가 오백년을 기한으로 출현한다는 뜻이다. 위의 〔사료1-1〕, 〔사료1-2〕와 비교해 보면 고변·배찬은 명세자 혹은 왕자에 해당한다. 맹자가 이런 인물을 열거한 이유는 이와 같은 성현聖賢의 전통을 후세에도 나오기를 기대한 것이다.

　다만 대개의 경우 성현이 출현하는 때는 나라가 폭정으로 폭군이 등장하는 상황이 발생하기도 한다. 이런 말세가 오백년 기한과 일치하는 경우가 있어 성인이 등장한다. 어진 성인이 등장하여 폭군을 교체하는 것을 역성혁명이라고 한다. 예를 들면, 하나라의 걸왕桀王을 물리치고 탕왕湯王이 상나라를 창건한다. 또 상나라 주왕紂

---

39) 『맹자』 권20 「盡心下」. "孟子曰 由堯舜至於湯 五百有餘歲 若禹皐陶 則見而知之 若湯 則聞而知之 由湯至於文王 五百有餘歲 若伊尹萊朱則 見而知之 若文王 則聞而知之 由文王至於孔子 五百有餘歲 若太公望散 宜生 則見而知之 若孔子 則聞而知之 由孔子而來至於今 百有餘歲 去 聖人之世 若此其未遠也 近聖人之居 若此其甚也 然而無有乎爾 則亦無 有乎爾"

王 대신에 무왕武王이 주나라를 건국한다. 탕왕과 무왕은 폭군을 물리치고 새 왕조를 창건한 이유로 정당한 이유를 부여받고 있다. 이런 경우는 자연히 오백년 기한과 연결된다. 하지만 성현의 출연과 꼭 일치하는 것은 아니다. 공자는 재생 당시에 비록 혼란기를 겪고 있었지만 그 상황을 『춘추』를 저술하면서 극복하였다고 생각한다. 그래서 혹시 말세를 잘못 상정하면 당대堂代 왕조王朝에 대한 저해 행위로 이해될 수 있는 문제이기 때문에 제시할 때 조심해야 하는 부분이 있다. 그래서 동시에 맹자의 역성혁명의 개념이 등장한 것이 아닌가 한다.

맹자가 왕자王者로 지목한 인물은 요堯-순舜-우禹-탕湯-문왕文王-공자孔子이다. 왕자는 왕 중에서 탁월한 왕을 가르킨다. 공자는 왕은 아니지만 『춘추』를 저술하여 왕으로 대접받는 성인이었다. 명세자로 지목한 인물은 고요皐陶·이윤伊尹·내주萊朱·태공망太公望·산의생散宜生이다. 아래의 〔사료2〕에서 최치원은 명세자를 현인으로 설정하고 있다. 위에서 언급한 명세자에 대해서 구체적으로 살펴보자.

고요는 순舜을 섬긴 5명의 신하 중 한 사람으로 사구司寇 즉 옥관獄官의 장長을 지냈다. 이윤은 탕湯을 도와 하夏나라를 멸하고 은나라를 건국하는데 큰 공을 세워 재상이 되었다. 내주는 탕의 신하로 일설에는 중훼仲虺라고도 한다. 태공망의 본명은 강상姜尙이다. 선조가 여呂에 봉해져서 여상呂尙으로 불렸으며, 사상부師尙父, 강태공姜太公, 태공망太公望 등 다양하게 불렸다. 낚시를 드리우며 때를 기다리다 주 문왕文王에게 발탁되어 스승이 되었으며, 문왕은 그가 조부인 태공이 항시 바라던 사람이라고〔太公望〕 했다. 뒤에 주공周

公, 소공검公과 함께 무왕武王을 도와 은나라 주왕紂王을 몰아내고 주나라를 세우는데 큰 공을 세웠다. 주 성왕 때 제齊나라에 봉해져 영구營丘에 도읍을 정했으며 제나라의 시조가 되었다. 산의생은 주周나라 문왕文王의 어진 신하로 문왕이 주왕紂王의 미움을 받아 유리羑里에 갇히자 굉요閎夭와 함께 미녀와 명마를 주왕에게 바치고 서백〔문왕〕을 석방시켰다.40)

고요·이윤·내주·태공망·산의생은 순·탕·문·무를 보필한 어진 신하였다. 결국 왕자王者가 나타날 때 名世者〔현인〕가 등장한다는 사실을 알 수 있다. 이들 신하들은 왕도정치를 도운 인물로 해석할 수 있다.41) 왕자와 명세자는 왕도정치를 이해하고 실현한 인물이다.

한편 최치원이 고변을 위해서 대찬한 글에서 그를 칭송하면서 비교한 인물이 있다.

〔사료2〕 신은 재주가 반천半千에 미치지 못하여 현인賢人의 길에는 부끄러운 점이 있습니다만, 마음은 정일正一에 집중하여 일찍이 현도玄道의 문을 두드렸습니다.42)

〔사료2〕에서 '신'이란 표현은 고변 자신을 뜻한다. 고변의 재주가 반천半千에 미치지 못한다고 표현하였지만 사실 그를 칭송한 표현이다. 반천은 당나라 원여경員餘慶을 말하는 것으로 이름 자체를 원

---

40) 인물에 대한 설명은 다음 책을 따름. 지두환, 『조선과거실록』, 동연, 1997.
41) 왕도정치와 신하론은 다음 논고에서 다룰 예정이다.
42) 『교원필경집』 권15, 中元齋詞.

반천員半千(621~714)으로 개명하였다. 그의 스승인 왕의방王義方
이 말하기를 "오백년 마다 현인이 태어나는데 족하가 거기에 해당
한다.〔五百年一賢 足下當之矣〕"라고[43] 하면서 반천 즉 오백년 만에 출
현하는 인물로 원여경을 지목하였다. 원여경에게 반천이란 표현을
사용한 것은 맹자의 대표적인 영향이라고 하였다.[44]

최치원이 보기에 고변을 원반천과 같은 현인과 비교해 도교에서
언급하는 정일正一에 집중하여 현도玄道의 문을 두드릴 정도는 된다
는 뜻이다. 최치원이 당에서 직접 대면한 배찬과 고변은 오백년의
운세나 기한으로 태어난 인물이라고 인정하고 있다.

최치원은 배찬과 고변에 대해서 오백년마다 출현하는 성인이나
현인에 대응하고 있다. 황소의 난이 일어나고 있는 어지러운 당시
에 당나라 황실을 부지하는 인물이 되기를 희망했다는 것이다. 이
는 배찬과 고변에 대한 칭송의 표현이자 최치원 자신의 희망과 기
대일 것이다.

이상에서 『맹자』의 오백년 기한설을 살펴보았다. 오백년마다 왕
자와 명세자가 출현하고 또 그들을 기대하는 것은 시대의 바램이라
고 할 수 있다. 최치원 당시에는 왕자의 출현과 동시에 명세자를
기대하는 마음이 컸을 것이다. 그 때문에 배찬과 고변을 당세에 출
현한 인물로 지목하면서 귀국 후 『계원필경집』에 수록하고 있다.

---

43) 『太平廣記』名賢, 員半千. "員半千本名餘慶 與王義方善 謂曰 五百年一
賢 足下當之矣 遂改爲半千 高宗御武成殿 召擧人 問天陣地陣人陣如何
半千曰 師出以義 有若時雨 天陣也 兵在足食 且耕且戰 地陣也 卒乘輕
利 將帥和睦 人陣也 上奇之 充土蕃使 則天卽位 留之曰 境外不足煩卿
撰明堂新禮上之 又撰封禪壇碑十二首 遷正諫大夫 兼控鶴供奉 半千以古
無此名 又授者皆薄徒 請罷之 由是忤旨 出廣德神異錄"

44) 金庠基, 「五百年 王者興說에 대하여」, 20쪽.

배찬은 최치원을 과거에서 선발한 인물이고 고변은 최치원을 막부에 채용하면서 자신의 글을 대찬하도록 한 인물이다. 최치원은 이들을 『맹자』의 '오백년설'과 연결하였다. 즉 왕자와 명세자에 연결시킨 것이다. 최치원은 고변과 당초의 인물인 원반천과 연결하고 있다.〔사료3 참조〕

다만 최치원이 언급한 성인과 현인에 대한 정의를 어떻게 표현하고 있는가를 살펴볼 필요가 있을 것이다. 물론 이것은 재당 생활 중에 표현한 것으로 『계원필경집』에 실려있는 것이다. 황소의 난을 전후한 시기에 쓴 내용이 대다수를 차지하고 있다. 이들을 통해 보면 최치원은 왕자와 명세자가 조화를 이루는 정치를 지향했음이 분명하다. 특히 유교적 정치이념을 위한 필수적 요소였다. 바로 왕도정치론이라고 할 수 있다. 왕도정치는 맹자의 사상이다.45)

왕자와 명세가에 대한 최치원의 설명을 확인해 보자. 왕자의 역할이 성인에 경지에 이른 것은 당시 당이 바라는 필수적인 요소였고, 최치원의 관심사였을 것이다. 따라서 성인이 태어날 때는 상서로운 일이 먼저 나타난다고 하였는데 그것은 제왕이 자질에 부합하기 때문이라고 하였다.46) 그렇게 해야만 "성인이 천하를 한 집안으로 만들고, 중국을 한 사람의 몸처럼 만들 수 있는 것은 반드시 옳은 방향으로 인도하고 해로운 것에 통달한 뒤에야 그렇게 할 수 있는 것이라고 하였습니다."라고 하였다.47) 이 문장은 『예기』 예운에

---

45) 『宋元學案』 권14, 「橫浦學案」 ; 맹자에게는 큰 공이 네 가지 있다. 성선을 말한 것이 첫째요, 호연지기를 밝힌 것이 둘째요, 양자·묵자를 물리친 것이 셋째요, 오패를 축출하고 삼왕을 존숭한 것이 넷째다.

46) 『桂苑筆耕集』 권15, 應天節齋詞.

47) 『桂苑筆耕集』 권2, 請巡幸第二表.

보이는 문장이다.48)

　명세자인 현인에 대한 설명은 다음과 같다. 고변을 지목하여 "모
[고변]가 듣건대, 하늘이 현인賢人을 내려보내는 것은 천하의 사람
들을 구제하기 위해서라고 하였습니다."라고49) 하였다. 고변 자신
이 이 땅에 태어난 이유가 천하의 사람들을 구제하기 위한 것이라
고 자임하였다. 고변은 앞에서 보았듯이 자신을 반천半天에 비유하
기도 했다.50)

　최치원의 성인에 대한 일반적인 설명은 재당시절에 언급하기도
했지만 동시에 많은 부분은 현인에 대한 설명에 집중하고 있었다.
즉 배찬과 고변 때문에 언급한 것이다. 다시 말하면 최치원 때문에
배찬과 고변이 오백년 기한의 인물로 선정될 수 있었던 것이다. 최
치원은 재당 생애 중에서 고향 신라를 생각하면서 어진 현인을 기
대하는 마음이 있었을 것이다. 아마도 고변의 휘하 막부에서 근무
하면서 그가 왕자나 명세자의 경지를 이룰 수 있기를 기대하였을
것이다. 실제로 고변은 정부에 권한을 박탈당하고는 도교를 믿는
여용지를 혹신하게 된다.51) 고변의 주위에서도 여용지에 대해서
부정적인 견해를 나타낸다.52) 고변 자신은 도교의 수은단련법을

---

48) 『예기』 禮運. "故聖人耐以天下爲一家 以中國爲一人者 非意之也 必知
　　其情 辟於其義 明於其利 達於其患 然後能爲之"
49) 『桂苑筆耕集』 권18, 又狀. "某聆天降賢人 濟天下之人也"
50) 『동문선』 권114, 中元齋詞.
51) 『舊唐書』 권182, 열전 132, 高騈. "大將畢師鐸曰 妖賊百萬 所經鎭戍若
　　蹈無人之境 今朝廷所恃者都統 破賊要害之地 唯江淮爲首 彼衆我寡 若
　　不據津要以擊之 俾北渡長淮 何以拘束 中原陷覆必矣 騈駭然曰 君言是
　　也 卽令出軍 有愛將呂用之者 以左道媚騈 騈頗用其言 用之懼師鐸等立
　　功 卽奪己權 從容謂騈曰 相公勳業高矣 妖賊未殄 朝廷已有間言 賊若盪
　　平 則威望震主 功居不賞 公安稅駕耶 爲公良畫 莫若觀釁 自求多福 騈
　　深然之 乃止諸將 但握兵保境而已"

'40년' 가까이 시행하여 왔다고 하면서 지금 현재도 '수은 화로 앞에 있다'고 하였다.[53]이후에 최치원은 귀국길에 오르게 된다. 그가 12세에 당으로 들어온 이후 18년의 세월이 흐른 시점이었고,[54] 어버이가 고향에서 문에 기대어 기다린다는 것을 명목으로 내세웠다. 실제로는 고변에 대한 기대가 사라지면서 귀국하였다고 보아도 무방하다.

최치원이 입당해서 귀국한 연도에 대해서는 "무협중봉巫峽重峯의 해에 보잘것없는 몸으로 중국에 들어 왔고, 은하열수銀河列宿의 해에 비단옷 입고 고국에 돌아왔다."고[55] 하였다. 무협은 12봉우리이기 때문에 중봉무협은 12살에 당으로 들어갔다는 뜻이고, 열수는 28수이기 때문에 28살에 귀국했다는 것이다. 입당한 해는 12살로 동일하지만 귀국한 해는 28살 또는 30살로 차이가 있다. 여하튼 사촌 아우 최서원이 가신家信을 가지고 영접하러 왔는데 이때 그는 신라국입회해사녹사新羅國入淮海使錄事의 직명職名을 띄고 고국故國으로 돌아가게 되었다.[56]

최치원은 당에서 생활하면서 황소의 난에서 고변의 휘하에 종사하게 된다. 이때 문사를 담당하면서 『맹자』의 오백년 운세 및 오백

---

52) 『치평요람』 권93, 僖宗 中和 4년 ; 高駢의 조카 左驍衛大將軍 高潯가 呂用之의 죄상을 20여 장의 종이에 써서 암암리에 고병에게 바치고 눈물을 흘리며 말하기를, "여용지가 내부에서는 신선의 설을 이용하여 숙부를 현혹하고 외부에서는 지휘의 권력을 도용하여 백성을 해치고 있습니다. …"

53) 『御定全唐詩錄』 권90, 聞河中王鐸加都統. "煉汞燒鉛四十年 至今猶在藥爐前 不知子晉緣何事 只學吹簫便得仙"

54) 『桂苑筆耕集』 권20, 謝許歸覲啓.

55) 『동국이상국집』 부록, 白雲小說.

56) 『桂苑筆耕集』 권20, 謝賜弟栖遠錢狀.

년 기한설에 대하여 인지하고 이를 배찬과 고변에게 적용하게 된
다. 이는 왕자王者 및 명세자名世者가 당나라에 출현하기를 기대하
는 것이다. 왕자는 순서대로 정리하면 요-순-운-탕-문왕-공자이고,
명세자는 고요·이윤·내주·태공망·산의생이다. 왕자를 보필하는
신하인 명세자는 고요·이윤·내주·태공망·산의생이다. 이 왕자
와 명세자가 정치를 잘 이룰 때 왕도정치가 이루어져 이상사회가
되는 것이다. 다만 당시 혼란기의 당나라 시점에 적용하기에는 미
흡한 부분이 있지만 오히려 오백년 기한의 인물이 출현하기에는 긍
정적이고 희망적인 바램일 것이다.

3. 도통론과 무염화상

최치원은 헌강왕 11년(885)에 귀국한다. 이때 왕은 시독 겸 한
림학사 수병부시랑 지서서감사侍讀 兼 翰林學士 守兵部侍郎 知瑞書監事
에 임명하면서 우대한다. 문무文武를 동시에 겸전兼全할 수 있는 직
책을 부여하였다는 점에서 그에 대한 기대를 알 수 있다. 다음 해
에 최치원은 당나라에서 공·사적으로 지은 글을 모아『계원필경집
』으로 편집하여 올리고 있다.57) 이를 전후하여 헌강왕과 진성여왕
은 최치원에게 선사의 비명을 쓰도록 명하게 된다. 「지증화상비명」
은 헌강왕 11년(885), 쌍계사 「진감화상비명」과 「대숭복사 비명」
은 헌강왕 12년(886), 「무염화상 비명」은 진성여왕 4년(890)에
쓰도록 한다.58) 헌강왕과 진성여왕으로부터 명을 받았는데 특히

---

57)『桂苑筆耕集』桂苑筆耕序.
58) 연대는 다음 책을 따랐다. 곽승훈,『중국사 탐구와 사산비명 찬술』한

헌강왕의 신임과 지우를 받고 있었던 것이다.

당시 신라는 정치적 상황으로 여러 혼란에 직면하여 각지에서 소요가 일어나고 있었다. 특히 진성여왕 3년(889)에 사벌주(상주)에서 일어난 원종과 애노의 반란이 대표적이었다. 이 반란은 지방 세력의 성장과 함께 신라 자체를 소멸시키는 기폭제 역할을 담당하였다. 이 혼란기에 마침 무염화상이 돌아가 그의 비명을 저술하도록 명받고 있다.

또 당에서 습득한 경륜을 펴보려 하였으나 진골 중심의 독점 신분체제의 한계와 국정의 문란함을 깨닫고 외직外職을 원해 890년에 대산군大山郡(태인)·천령군天嶺郡(함양)·부성군富城郡(서산) 등지의 태수太守를 역임하였다. 중앙 정계에서의 활동이 여의치 않았던 것이다.

최치원이 이 시기에 찬술한 「무염화상비명」에서는 군주의 역량과 인재의 등용을 강조하고 있는데 특히 지방관에 지대한 관심을 표명하고 있다.[59] 당에서 일반적으로 관심을 표명한 부분과는 차이가 있다는 것이다. 말하자면 신라 자체에 집중하고 있는 것이다. 「무염화상비명」에서 관심을 두어야 할 것은 바로 오백년 기한설과 도통론에 대한 것이었다. 아래 사료는 최치원이 귀국한 이후에 기록한 오백년 기한설과 도통론을 동시에 언급한 것이다.

[사료3-1] 이 어찌 반천半千의 시운에 응하여 대천大千에 몸을 나툰 것이 아니겠는가.[60]

국사학, 2005, 58쪽.

59) 곽승훈, 「최치원의 저술과 고뇌」, 43쪽.

60) 『고운집』 권2, 無染和尙碑銘 竝書.

〔사료3-2〕오백년에 맞춰 이 땅에 태어나서 / 五百年擇地
십삼 세에 속세 떠나 출가한 뒤에 / 十三歲離塵
화엄이 대붕의 길을 이끌어 / 雜花引鵬路
……
심주心珠는 마곡보철麻谷寶徹을 비추었고 / 心珠瑩麻谷61)

〔사료3-1〕은 「무염화상 비명」의 본문에 해당하고 〔사료3-2〕는 「무염화상 비명」의 명銘에 해당한다. 이 두 글의 내용은 서로 일맥상통한다. 〔사료3-1〕에서 반천半千의 시운에 응하여 대천大千에 몸을 나투었다는 것은 무염화상을 지칭한다. 반천은 오백년을 말하고, 대천은 삼천대천세계를 말한다. 위의 인용문에서 최치원은 특이하게 '오백년'이라는 용어와 함께 '반천半千'이란 용어를 함께 사용하고 있다. 아마 그 뜻은 초당初唐 시기의 원반천員半千과 무염화상을 대비하고 있기 때문일 것이다. 원반천이 '반천' 즉 오백년을 기한으로 당에서 태어났듯이 무염화상이 '반천'을 기한으로 신라에 태어난 것을 말한다.

위의 〔사료3-2〕에서 무염화상은 오백년 기한설에 따라 이 땅에 태어났다고 말하고 있는데, 이 땅은 바로 신라 땅이었다. 위의 전체 인용문에서 말하고자 하는 것은, 신라에 태어나서 당나라에 유학하여 심주心珠를 인정받아 마곡보철을 계승했다는 뜻이다. 무염화상이 오백년 기한설을 바탕으로 신라에 태어나서 마곡보철을 계승했다는 것은 오백년 기한설에서 출발해 도통론과 결합하는 모습을 보여준다.

---

61) 『고운집』 권2, 無染和尙碑銘 並書.

〔사료3-2〕에서 언급하였듯이 오백년 기한으로 태어난 이는 『맹자』에 의하면 왕자王者나 명세자名世者에 합당할 것이다. 여기에 해당하는 인물인 무염화상이 마곡보철의 법통을 계승하였다는 뜻이다. 신라의 최치원이 무염화상을 도통에 걸맞은 의미로 설정한 것이다.

최치원이 「무염화상 비명」을 쓰게된 과정을 보면 "마음으로 공부한 사람은 덕을 세우고〔立德〕 입으로 공부한 사람은 말을 세우는〔立言〕 법인데, 저 덕이란 것도 혹 말을 의지해야만 일컬어질 수가 있고, 이 말이란 것도 혹 덕을 의지해야만 썩지 않게 된다고 할 수 있다. 덕이 일컬어질 수 있게 되면 그 마음으로 공부한 것이 멀리 후세에까지 전해질 수 있고, 말이 썩지 않게 되면 그 입으로 공부한 것 역시 옛사람에게 부끄러울 것이 없게 될 것이다."라고 하였다.62)

마음으로 공부한 사람은 무염화상을 말하고, 입으로 공부한 사람은〔口學者〕 최치원을 말한다. 선종을 공부한 무염화상은 불립문자不立文字 교외별전教外別傳을 내세우기 때문에 입으로 공부한 최치원에 의해서만 후세에 전해질 수 있다는63) 뜻이다. 그럴 경우 영원히 후세에 사라지지 않는 '입언立言'이 되는 것이다. 입언立言은 최치원에 의해서 선구적으로 신유학적 의의를 지니게 된다. 문자에 의하지 않고 곧바로 진심眞心에 계합하기 때문에 직지인심直指人心, 견성성불見性成佛이라고도 한다.64) 말하자면 선종을 이해하고 법통

---

62) 『고운집』 권2, 無染和尚碑銘 並書.
63) 이성호, 「최치원의 저술에 나타난 立言觀과 그 의의」 『지역과 역사』 37, 2015.
64) 지두환, 『한국사상사』, 106쪽.

과 도통을 이해한 최치원만이 무염화상에 대한 글을 쓸 수 있다는 뜻이다.

무염화상(801~888)은 태종무열왕의 8대손으로 태어나, 어려서 해동신동으로 불렸다. 〔사료3-2〕에서 표현하였듯이 13세에 출가한 이후 부석사浮石寺의 석징釋澄을 찾아가『화엄경』을 공부하였고, 당의 성남산城南山 지상사至相寺의 화엄강석華嚴講席에 참여하였다. 마곡산麻谷山 보철寶徹에게서 법맥法脈을 이어받았다. 845년(문성왕 7) 귀국하여 보령의 성주사聖住寺를 성주산문의 본산으로 삼아 40여 년 동안 교화하였다.

신라의 문성왕, 헌안왕, 경문왕, 헌강왕, 정강왕, 진성여왕 등 여섯 왕이 모두 그를 존경하여 불법을 물었다. 진골귀족의 영향이 컸다고 한다.[65] 그의 시호는 대낭혜大朗慧, 탑호는 백월보광白月葆光이다. 승탑은 보령의 성주산 성주사에 세웠다.

도통론의 성립은 선종禪宗과 연관되는데[66] 선사들의 법통法統 관념을 빌려온 것이다. 최치원은 이를 무염화상에게 적용하고 있다. 마조도일馬祖道一-마곡보철麻谷寶徹-무염화상無染和尙으로[67] 이어지는 법통을 언급하고 있다. 마조도일은 남악회양南岳懷讓의 제자이고 남악회양南岳懷讓은 육조혜능六祖慧能의 제자이다. 최치원의 글에 나타난 선종 선사의 도통에 대해서 살펴보자.

〔사료4-1〕선종禪宗에서의 법통을 손꼽아 세어 보면, 선사는 바로

---

65) 조범환, 「낭혜무염과 성주사 창건」, 『한국고대사연구』 14, 1998, 445.
66) 지두환, 『한국사상사』, 109쪽.
　　陳寅恪 著, 「韓愈에 대하여 논함」, 474~476쪽.
67) 『고운집』 권2, 無染和尙碑銘 竝序.

조계曹溪〔혜능慧能〕의 현손에 해당한다. 그렇기 때문에 육조六祖의 영당 影堂을 건립하고 분 바른 벽에 채색을 하여 널리 중생을 유도誘導하는 자료로 삼았으니, 이는 경經에서 말한 바 "중생의 마음을 기쁘게 해 주려는 까닭에, 현란하게 채색하여 여러 가지 상들을 그린 것이다.〔爲説 衆生故 綺錯繪衆像〕"라고 한 것이다.68)

〔사료4-2〕그러다가 장경長慶 초에 이르러 도의道義라는 승려가 중국 으로 건너가서 서당西堂의 오묘한 경지를 접하고는 지혜의 빛이 지장智 藏〔서당〕과 비등해져서 돌아온 뒤에 처음으로 선종禪宗의 현묘한 계합에 대해서 말하였다.69)

〔사료4-3〕그는 대성大成할 초기에는 범체 대덕梵體 大德에게서 몽매 함을 계발받았고, 경의율사瓊儀律師에게서 구족계具足戒를 품수하였 다. 그리고 마침내 상달上達해서는 엄군嚴君이라 할 혜은慧隱에게서 현묘한 이치를 탐구하였고, 영자令子라 할 양부揚孚에게 묵계默契를 전수하였다. 대사의 법계法系를 보면, 당나라의 4조가 5세의 부조父祖 로서, 그 법맥이 해외의 동방에 전해져 왔다고 할 수 있다. 그 흐름을 따라 헤아려 보면, 쌍봉雙峯〔4조의 별칭〕의 아들이 법랑法朗이요, 손자 가 신행愼行이요, 증손이 준범遵範이요, 현손이 혜은慧隱이요, 그다음 내손이 바로 대사이다.70)

〔사료4-1〕은 육조혜능에서 남악회양, 마조도일, 신감神鑑, 진감 국사 혜소慧昭로 이어지는 법통을 설명한 것이다. 〔사료4-2〕는 마 조도일, 서당지장, 도의로 계승되는 법통을 설명하고 있다. 위의 사료에는 없지만 「지증화상비명」에서는 홍척대사洪陟大師도 서당지

---

68) 『고운집』 권2, 眞鑑和尙碑銘 幷序.
69) 『고운집』 권3, 智證和尙碑銘 幷序.
70) 『고운집』 권3, 智證和尙碑銘 幷序.

장에게 가서 마음을 증득證得하고 돌아왔다고 언급하고 있다. 〔사료4-2〕는 도의 선사가 서당을 계승한 것을 지적하고 있다. 〔사료4-3〕은 중국에 직접 가지 않고 법통을 계승했다는 의미이다. 쌍봉〔4조 도시〕, 법랑, 신행, 준범, 혜은을 거쳐서 지증대사 도헌까지 이어지는 법맥이다.

이런 선종사상은 혈통血統보다는 법통法統을 중요시하는 진보된 형태의 중국적인 정통사상正統思想을 정치이념으로 받아들이고 있는 것이다. 이처럼 나말여초의 불교계에서는 순수혈통을 합리화하는 인과설因果說에 의한 종교적인 질서체계에서 법통法統을 중요시하면서 수심修心과 실천實踐을 강조하는 윤리적인 질서체계로 전환하고 있었다.71) 귀국 후 최치원의 글에서는 무염화상 이외에도 선종 선사들이 다양하게 나타난다.72) 선종 사찰은 대체로 서남해 지역에 주로 자리하였다.73)

---

71) 지두환, 『한국사상사』, 109쪽.
72) 지두환, 『한국사상사』, 103~109쪽, 나말여초 사상.
73) 장일규, 「신라 하대 서남해 지역 禪僧과 후백제」 『한국고대사연구』 74, 2014, 107쪽.

표 1. 신라의 선문구산禪門九山 법계法系와 개산상황開山狀況(지두환, 『한국사상사』)

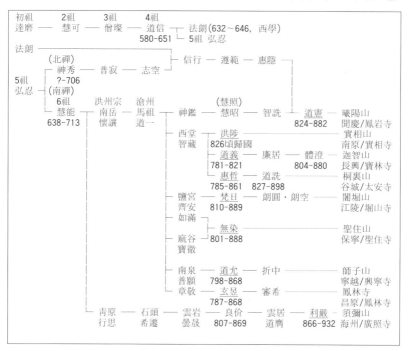

우리나라의 구산선문이 출현하는 과정을 〔표1〕에서 자세히 알 수
있다. 위의 표에서 알 수 있는 또 다른 특징은 남종선의 육조혜능
이 중요한 역할을 담당하고 있다는 점이다. 초조달마를 거쳐 육조
혜능에 이르러서 가지를 쳐서 결국 선문이 신라에서 꽃을 피우는
결과를 맞이하게 된다. 한편 이 선사들이 고려로 초빙되었음을 알
수 있다.74)

선종의 선사들이 마음과 마음으로 법통을 전할 때는 심인心印

---

74) 金福順, 『최치원의 역사인식과 신라문화』, 175쪽.

을75) 쓰고 있는데 아래에서 그 사례를 찾을 수 있다.

　　〔사료5-1〕언젠가 하루는 대사〔무염〕에게 일러 말하기를, "옛날 나의
스승 마화상馬和尙〔마조도일馬祖道一〕께서 나에게 유언하기를 '봄에는
꽃이 번성하였는데 가을에는 열매가 적으니, 이는 도수道樹를 반연攀緣
하는 자가 슬퍼하는 것이다. 지금 그대에게 심인心印을 전하노니〔今授若
印〕…"76)
　　〔사료5-2〕대사〔무염〕가 대답하기를, "경계가 이미 끊어졌으면 언설言
說의 도리도 끊어진 것입니다. 이는 심인心印의 경지이니, 묵묵히 행할
따름입니다.〔斯印也默行爾〕"하였다.77)

　　위의 사료에서 마조도일-마곡보철-무염화상으로 전승되는 법통의
계승과 전달을 심인心印으로 이해하고 있다. 심인을 인정받은 신라
의 선사가 귀국한다는 것은 중국의 선종이 동쪽으로 간다는78) 표
현일 것이다.
　　당시 국왕이 선종의 경지에 대해서 언급하자 무염화상은 마음과
마음으로 전하는 심인心印의 경지이기 때문에 〔사료5-2〕에서 문장
으로 표현하는 말로서는 풀이할 수 없다고 하였다. 즉, 선종의 불
립문자不立文字 직지인심直指人心의 경지를 설명한 것이다. 선종의
경지를 전하는 것이 도통을 전하는 것과 같은 원리라고 본 것이다.
　　최치원이 도입한 도통론은 한유韓愈(768~824)가 설파한 것이다.
한유의 사상적 특징은 그를 중심으로 당의 역사를 이전과 이후로

75) 『祖庭事苑』 권85. "心印 達磨西來 不立文字 單傳心印 直指人心 見性成佛"
76) 『고운집』 권2, 無染和尙碑銘 竝序.
77) 『고운집』 권2, 無染和尙碑銘 竝序.
78) 『고운집』 권2, 無染和尙碑銘 竝書. "東流之說"

구분할 정도로 의미가 있다.79) 당송 변혁기 사상계의 주도적 인물
이란 뜻이다. 최치원은 비록 한 세대 차이가 나는 한유韓愈에게 직
접적으로 배울 수는 없었지만 일정 정도 그의 영향을 받았다고 할
수 있다. 도통론의 도입은 『맹자』에 있는 내용과 관계되는 것으로
맹자라는 인물에 대한 존숭 또는 『맹자』의 저서에 대한 승격 운동
과 관계된다.80)

　이미 언급하였지만 한유의 영향이 지대할 수 밖에 없다고 생각한
다. 사상적으로 신유학新儒學에81) 대한 이해가 필요한 이유이다.
도통을 전하는 방식은 당대唐代 남긴 한유韓愈의 글을 참고할 필요
가 있다.

　　〔사료6〕요임금이 이 도를 순임금에게 전했고, 순임금은 우왕에게
　　전했고, 우왕은 탕왕에게 전했고, 탕왕은 문왕·무왕·주공에게 전했
　　고, 문왕·무왕·주공은 공자에게 전했고, 공자는 맹가孟軻에게 전했는
　　데, 맹가가 죽은 뒤에는 제대로 전승되지 못했다.82)

　〔사료6〕에서 한유는 도통의 계승에 대해서 언급하고 있는데, 그
전승은 요-순-우-탕-문왕-무왕-주공-공자-맹자로 이해하고 있다.
앞장에서 『맹자』에서 언급한 계보는 요-순-우-탕-문왕-공자였다.

---

79) 陳寅恪, 「韓愈에 대하여 논함」, 492쪽.
80) 李傳印, 「孟子在唐宋時期社會和文化地位의變化」, 『中國文化硏究』 33, 2001,
　　51쪽.
　　楊朝亮, 「試論 宋初三先生 在儒學發展史上的 歷史地位」, 『中國社會科
　　學院硏究生院學報』 2002-3, 102쪽.
81) 지두환, 『한국사상사』, 제3편 중세사회의 사상 참조.
82) 韓愈 지음, 이종한 옮김, 『한유산문역주(1)』 소명출판, 2012, 54쪽.

맹자와 한유의 계보를 비교하면 무왕·주공과 맹자가 포함되었는지
의 여부이다. 맹자는 공자까지의 도통론을 언급한 반면에 한유는
맹자까지의 도통론을 언급하고 있다.

한유가 무왕·주공과 맹자를 포함한 이유를 간략하게 살펴보자.
무왕은 주周의 건립자이자 문왕文王의 아들이다. 은나라 주紂왕을
몰아내고 천하통일을 실현하였는데 이때 기자箕子의 홍범구주洪範九
疇를 전수받게 된다.[83] 홍범은 천하를 다스리는 정치이념을 담았다
고 한다. 주공이 포함된 것은 무왕의 어린 아들인 성왕을 잘 보필
한 신하로서 7년 동안의 섭정을 통해서 주나라를 안정화 시킨 인물
이기 때문에 선정된 것이다. 맹자는 성인이면서 왕도정치를 설파했
기 때문에 포함된 것이다. 한유 자신이 포함된 이유는 결국 자신이
도통의 계승자라는 의미이다. 즉, 맹자가 돌아가신 이후 단절된 도
통을 전파할 적임자는 자신이라는 것이다.[84]

한유의 이런 자부심에 대해서 피일휴皮日休는 "千世之後 獨有一昌
黎先生 露臂瞋視 誁於千百人內 其言雖行 其道不勝 苟軒裳之士 世世
有昌黎先生 則吾以爲孟子矣"라고[85] 하여, 맹자 이후 천년 동안 그
를 계승할 수 있는 인물은 오직 한유였기 때문에 존숭하고 있다.
게다가 피일휴는 한유의 고문 운동을 계승하였다. 한유의 고문 운
동은 신유학 전파의 중요한 수단 중 하나였다.[86] 피일휴는 황소의

---

83) 『書經』 洪範.
84) 査金萍, 『宋代韓愈文學接受硏究』, 4쪽.
李浚植, 「韓愈散文에 나타난 道統論과 排佛論」『대동문화연구』 27, 1992,
121쪽.
85) 『皮子文藪』 권3.
86) 이성호, 「홍석주의 고문론과 『계원필경집』 중간의 의미」『한국사상과
문화』 78, 2015.

난 때 포로로 잡혀 난에 가담한 혐의를 받고 있지만 자세한 것은
알려져 있지 않다. 최치원과는 동 시대에 활약한 만당 시인이라고
할 수 있다.

『신당서』 한유韓愈의 찬贊에서는87) 맹자에서 한유까지는 1000년
이라고 언급하고 있다. 맹자를 계승한 인물로 한유를 설정하고 있
다. 도통의 계승자라로서 명예를 부여한 것이다. 한편 송초의 소식
蘇軾은 「육일거사집서六一居士集敍」에서 "晉以老莊亡 梁以佛亡 莫或正
之 五百餘年而後得韓愈 學者以愈配孟子 蓋庶幾焉"이라고88) 말하고
있다. 이는 『맹자』의 오백년설을 계승한 한유가 도통론을 계승하고
있다는 설명이다. 맹자와 한유가 도통론에서 언급한 차이는 '무왕,
주공과 맹자'가 포함되었는지 여부다. 한유는 도통론에 무왕, 주공
과 맹자를 포함하였다는 점에서 자신을 중심으로 도통론을 설정하
고 있는 것이다. 다시 한번 언급하지만 '오백년 기한설'과 '도통론'
은 계보가 거의 일치하고 있는 모습을 보인다.

신라에 아직 유교 도통론은 설정하고 있지는 않았지만 불교 도통
론은 적용하고 있다. 따라서 최치원은 〔사료3-1〕, 〔사료3-2〕에서
무염화상에 대해서 오백년 기한설과 도통론을 동시에 적용하고 있
다. 이는 왕도정치와 연결된다. 도통론에서 언급하는 왕자王者는 왕
도정치를 이루는 인물이다. 왕도정치에 관해서는 최치원이 저술한
「사산비명」의 내용을 살펴보자.

---

87) 『신당서』 권176, 韓愈. "愈獨喟然引聖 爭四海之惑 雖蒙訕笑 跲而復奮
始若未之信 卒大顯於時 昔孟軻拒楊墨 去孔子才二百年 愈排二家 乃去
千餘歲 撥衰反正 功與齊而力倍之 所以過況雄爲不少矣"
88) 『東坡全集』 권34, 六一居士集敍.

[사료7-1]이에 상이 크게 기뻐하며 대사를 늦게 만난 것을 후회하면서 이르기를, "몸을 공손히 하고 남쪽을 향하고 있는[恭己南面] 과인에게 남종南宗에 대해서 잘 알도록 가르침을 내려 주셨다. 순舜임금은 어떤 사람이고 나는 어떤 사람이란 말인가.[舜何人哉 余何人也]"라고 하였다.89)

[사료7-2]내가 듣건대, 왕자王者는 부조父祖가 쌓은 덕업을 기반으로 해서 자손을 위한 계책을 크게 세운다고 하였다. 그리고 이를 위해 정치는 仁을 근본으로 하고 예교禮教는 효孝를 우선으로 한다고 하였다. 이는 즉 인에 입각하여 대중을 구제하는 정성을 확대 적용하고, 효에 입각하여 어버이를 높이는 전범을 거행하는 것을 의미한다. 하夏나라의 홍범洪範을 통해서 무편無偏의 자세를 본받고, 주周나라의 시편詩篇을 통해서 불궤不匱의 정신을 따라야 할 것이다.90)

[사료7-3]태부왕太傅王이 이를 살펴보고 개제介弟인 남궁상南宮相에게 일러 말하기를, "삼외三畏는 삼귀三歸에 비견되고 오상五常은 오계五戒와 같으니 왕도王道를 제대로 실천하면 불심佛心에 부합된다는 대사의 이 말씀이 지극하다. 나와 그대는 모름지기 이 말을 명심해야 할 것이다."라고 하였다.91)

[사료7-1]에서 경문왕은 무염화상의 교화를 받고 남면南面하는 방법 즉, 정치에 임하는 방법에 대해 자문자답한다. 이것은 불교의 선종과 유교의 원리가 다르지 않다는 것을 시사하는 것이다. 그래서 "순임금은 어떤 사람인가?"라는 질문을 한다. 이 말은 『맹자孟子』 「등문공상滕文公上」에 나오는 표현으로 공자의 제자인 안연이 "순임

---

89) 『고운집』 권2, 無染和尙碑銘 竝序.
90) 『고운집』 권3, 大嵩福寺碑銘 竝序.
91) 『고운집』 권2, 無染和尙碑銘 竝序.

금은 어떤 사람이며 나는 어떤 사람인가? 순임금이 되려고 노력하는 자는 또한 순임금 같이 될 것이다.舜何人也, 予何人也? 有爲者亦若是.〕"라고 한 데서 온 말이다. 인간의 노력으로 가능한 것을 설정한 것이다. 유교에서 순임금은 노력으로 가능한 것으로 설정하는데, 불교의 선종 선사도 이처럼 가능하다는 것이다.

〔사료7-2〕에서는 최치원은 "왕자王者는 … 정치는 인을 근본으로하고 예교는 효를 우선으로 한다."고 하였다. 인효仁孝가 정치와 일상생활의 기본 원리라는 뜻이다.

〔사료7-3〕에서 왕자王者는 신라의 국왕에게 적용하는 표현으로 왕도정치와 관련된 용어이다. 이를 이루었을 때 왕도정치를 이루었다고 하는데 인·효를 기본 바탕으로 삼고 있다. 〔사료7-2〕의 무염화상의 비명병서에서 헌강왕이 말하고 있는 내용도 주목된다. "왕도王道를 제대로 실천하면 불심佛心에 부합된다."는 뜻은 기본적인 정치 방향을 왕도王道로 삼고 있지만 불교와 유교의 뜻이 다르지않다는 것이다. 헌강왕의 왕도정치에 대한 언급은 다음으로 이어지는데 그것은 나이와 덕성을 존중하는 것이다.92)

왕도정치를 달리 말하면 오백년 마다 성인이 출현하여 인의仁義의 정치를 실현하는 것이다. 최치원이 마주한 신라 말의 어려움 속에서 그는 당연히 『맹자』와 맹자사상을 습득하였을 것이다. 그래서 그가 맹자의 왕도王道를 논한 것은 당의 유학자로서 신유학의 선하를 이룬 한유韓愈와 이고李皐 등의 영향으로 볼 수 있다.93)

---

92) 원문은 '其一慢其二'인데 이것은 『맹자』「公孫丑下」의 "天下有達尊三 爵一齒一德一 朝廷莫如爵 鄕黨莫如齒 輔世長民莫如德 惡得有其一以慢 二哉"를 차용한 것이다.
93) 천인석, 「고운 최치원의 유학사적 위치」『유학사상연구』8, 1996, 12쪽.

이상, 최치원이 귀국해서 쓴 기록에는 오백년 기한설과 도통론이 서로 밀접한 연관을 지니고 포함되어 있다. 두 개념이 서로 일치한 다고 말할 수 있으며 마지막은 결국 왕도정치로 귀결한다고 할 것이다. 도통론을 선종 선사에 적용하면서 이 땅에 불교계에서 성인이 탄생하고, 이어서 정치계에 출현하기를 기대한 것이다.

4. 맺음말

최치원의 인생 역정歷程을 살펴보면 당에서 공부하고 벼슬하면서 당의 혼란상을 경험하고, 귀국한 이후에는 동일한 상황을 신라에서 마주하게 된다. 각지에서 반란이 일어나는 상황에 직면한다. 진성여왕 때 사벌주에서 일어난 원종과 애노의 반란이 대표적이었다. 이 반란은 지방 세력의 성장과 함께 신라 자체를 소멸시키는 계기를 담당하였다.

당시 최고의 지성인인 최치원으로서는 당은 차치하더라도 쇠락해 가는 신라를 바라보면서 어떤 생각을 품고 있었으며, 국가의 미래를 위해서 어떤 대응안을 제시하고 있었을까 하는 의문이 이 연구를 시작하게 된 계기였다.

최치원을 포함한 대개의 유학자는 현실 문제의 해결을 경전經典이나 사서史書에서 찾기 마련인데 이번 글에서는 경전·사서와 함께 최치원 자신인 쓴 기록을 중심으로 살펴보았다. 그가 당에서 공부하고 근무할 때 쓴 기록과 신라로 귀국한 이후에 쓴 기록을 대별하여 분석하였다. 그에 따라 최치원이 '오백년 기한설'에 맞추어 이해한 '도통론'의 의의가 무엇인지 파악하게 되었다. 이 두 가지 주제

가 공통적으로 도달하고자 하는 귀결점이 무엇인지를 알아보고자
한 결과 다음 세 가지를 확인할 수 있었다.

첫째, '오백년 기한설'은 『맹자』의 이론을 바탕으로 하고 있다.
주지하듯이 맹자는 왕도정치와 역성혁명을 주장한 사상가이다. 또
한 중국에서 당·송 변혁기는 맹자의 사상과 『맹자』의 승격운동이
이루어지던 시대였다. 따라서 최치원이 주장하는 '오백년 기한설'도
이런 부분에서 일정 정도 영향을 받았을 것이다. '오백년 기한설'은
『맹자』 권4 「공손축하公孫丑下」과 권14 「진심하盡心下」에서 요-순-
우-탕-문왕-공자과 같은 왕자王者가 출현하기를 희망하는 사상이
다. 성인이 출현하는 시기 중간에 명세자名世者와 같은 현인 신하가
출현한다고 본다. 대표적인 인물은 고요皐陶, 이윤伊尹, 태공망太公
望, 산의생散宜生으로 설정하고 있다.

왕자王者와 명세자名世者는 유교에서 생각하는 이상적인 군주와
신하를 지칭하는 표현이라고 할 수 있다. 여기에 덧붙여 공자가 포
함된 것은 『춘추』를 저술했기 때문에 가능한 것이었다. 현실적인
권한을 가진 것은 아니지만 실질적으로 왕자에 비견할 수 있는 성
인의 의미를 부여하고 있다.

최치원이 당나라에 유학하면서 가장 영향을 많이 받은 인물은 좌
주인 배찬裵瓚과 막부의 장長인 고병高駢이었다. 이들이 왕자王者와
명세자名世者 같은 인물의 역할을 해주길 기대한 것이다. 당나라를
거의 멸망 단계로 몰아갔던 황소의 난과 같은 난세에서 영웅이 나
타나기를 희망하고 있는 것이다. 그래서 최치원은 고변과 당나라
초기의 인물인 원반천員半千을 비교하고 있다. 맹자가 설정한 왕자
와 명세자는 결국 왕도정치를 운영할 수 있는 인물이 출현하기를

희망하는 것이었다.

둘째, 최치원은 '오백년 기한설'과 '도통론'을 무염화상에 대해 적용하고 있다. 도통론은 당의 한유韓愈로부터 간접적으로 전수받은 것이다. 한유의 도통론은 오백년 기한설의 왕자王者에 무왕·주공과 맹자를 포함한 것이다. 무왕이 포함된 것은 상나라의 주왕紂王을 몰아내고 주周나라를 건립하였기 때문이다. 주공이 포함된 것은 무왕의 어린 아들인 성왕을 잘 보필한 신하로서 여러해 동안의 섭정을 통해서 주나라를 안정화 시킨 인물이기 때문에 선정된 것이다. 맹자는 왕도정치 때문에 포함된 것이다.

도통론은 선종의 법통 계승 사상을 물려 받은 것으로 새로운 세상에 적용가능한 신유학 중 하나였다. 도통론은 우리 땅에서 최초로 최치원이 사산비명을 저술하면서 적용한 것이다. 당에 유학하면서 배찬과 고변을 오백년 기한설에 적용하였듯이 신라로 귀국한 이후에 선종 선사를 중심으로 도통론을 적용하고 있는 것은 혼란한 신라 사회에 대비한 다음 세대를 위한 바램이라고 할 수 있다.

마지막으로, 최치원은 무염화상을 '오백년 기한설'과 '도통론'을 대표하는 인물로 설정하고 있다. 그가 오백년을 기한으로 이 땅에 태어나 당에 유학하여 공부한 후에 마곡도일 선사에게 법통을 이어받은 인물로 이해하고 있다. 선종을 공부한 무염화상은 불립문자不立文字 교외별전敎外別傳을 내세우기 때문에 그의 비명은 구학자口學者인 최치원에 의해서만 후세에 전해질 수 있다고 저술한다. 무염화상 자신은 문자에 의하지 않고 곧 바로 진심眞心에 계합하기 때문에 직지인심直指人心, 견성성불見性成佛이라고도 한다. 말하자면 선종을 이해하고 법통과 도통을 이해한 최치원 만이 무염화상에 대한 비명을 쓸 수 있다는 뜻이다. 당에서 한유가 도통론에 해당하는 인물을 설정하였듯이 신라에서는 최치원만이 가능하다는 것이다.

이상적이지만 가장 현실적인 삶과 관련되는 왕도정치는 성인과 같은 군주를 만났을 때 가능하다고 하였다. 신라가 쇠퇴해가는 중에서도 중흥기를 맞이한 경문왕은 무염화상의 교화를 이해하고 자신이 정치에 임하는 방법에 대해 자문자답한다. 누구나 노력하면 순임금이 될 수 있다는 뜻이며, 인간의 노력으로 가능하다는 뜻이다. 헌강왕에 대해서는 인의仁義를 바탕으로 왕도王道를 실시했다고 인정하고 있다. 그래서 "왕도를 제대로 실천하면 불심과 부합한다."고 하였다.

최치원은 그가 남긴 기록 속에 무염화상이 오백년을 기한으로 이 땅 신라에서 태어나 당나라 선종의 도통론을 계승한 인물로 설정하고 있다. 선종 승려에 대한 비명은 구학口學을 전공한 최치원 만이 쓸 수 있다고 정의하고 있다. 최치원은 무염화상이 오백년 기한으로 태어나 선종 도통을 심인心印받고 귀국하였다고 인정한다. 신라에 왕자王者와 명세자名世者가 탄생하기를 희망한 것이고, 그 서운瑞雲을 당시 국왕과 무염화상에게서 기대하였던 것이다.

결론적으로, 맹자가 설정한 '오백년 기한설'에서 출현을 기대하던 왕자王者에 해당하는 인물보다 한유가 설정한 '도통론'의 인물은 더 광범위하였다. 거기에 더하여 최치원은 기존에 이해하고 있던 두 개념인 '오백년 기한설'과 '도통론'을 서로 연계하였다. 자연히 이에 합당한 인물은 신라에 출현하고 더욱 확대되고 전수傳授되기 마련이었다. 최치원의 역할은 '오백년 기한'으로 성인이 출현한다는 『맹자』의 개념을 한유의 '도통론'과 연계하고, 이를 신라에 적용하였다. 오백년 기한설과 도통론이 결합한 자체를 이해한 것이 새로운 시대에 열어 주는 것이었다. 이에 따라 맹자의 왕도정치 사상이 자연스럽게 도입되었는데, 이는 신유학 도입의 선구적 모습이라고 할 수 있다.

〈참고문헌〉

『桂苑筆耕集』, 『고운집』, 『舊唐書』, 『동문선』, 『東坡全集』, 『맹자』, 『史記』, 『書經』, 『宋元學案』, 『신당서』, 『顔氏家訓』, 『御定全唐詩錄』, 『예기』, 『장자』, 『太平廣記』, 「太子寺郎空大師碑」, 『皮子文藪』, 『漢書』

곽승훈, 『중국사 탐구와 사산비명 찬술』 한국사학, 2005.
金福順, 『최치원의 역사인식과 신라문화』 경인문화사, 2016.
羅聯添, 『韓愈研究』 天津敎育出版社, 2012.
方曉偉, 『崔致遠思想和作品研究』 廣陵書社, 2007.
査金萍, 『宋代韓愈文學接受研究』 安徽大學出版社, 2010.
지두환, 『조선과거실록』 동연, 1997.
지두환, 『한국사상사』 역사문화, 1999.
풍우란 저, 정인재 역, 『중국철학사』 형설출판사, 1985.
韓愈 지음, 이종한 옮김, 『한유산문역주(1)』 소명출판, 2012.

賈雲, 「賓貢進士崔致遠和他的『桂苑筆耕集』」, 『東南文化』 118(1997-4).
金庠基, 「五百年 王者興說에 대하여」 『동아논총』 3(1966).
楊世文, 「論韓愈的儒學文化觀及其歷史意義」 『孔子研究』(2002-6).
楊朝亮, 「試論 宋初三先生 在儒學發展史上的 歷史地位」 『中國社會科學院研究生院學報』(2002-3).
尹博, 「從《讀荀》、《讀墨子》看韓愈新儒學」 『周口師範學院學報』 25-4(2008).
葉賦桂, 「韓愈之道: 社會政治與人生的統一」 『淸華大學學報』 11-1(1996).
이성호, 「'孤雲' 字號에 대한 검토와 「秋夜雨中」」 『역사와 경계』 97(2015).

이성호, 「崔致遠의 新儒學 思想」『한국사상과 문화』75, 2014.

이성호, 「최치원의 저술에 나타난 立言觀과 그 의의」『지역과 역사』37, 2015.

이성호, 「홍석주의 고문론과 『계원필경집』 중간의 의미」『한국사상과 문화』78, 2015.

李浚植, 「韓愈散文에 나타난 道統論과 排佛論」『대동문화연구』 27, 1992.

李傳印, 「孟子在唐宋時期社會和文化地位的變化」『中國文化硏究』33, 2001.

이황진, 「顧雲이 최치원에게 준 송별시「고운편」에 대한 진위 고증」서울대 『인문논총』65, 2011.

이황진, 「최치원의 재당생애 재고찰」『한국민족문화 』42, 2012.

張淸華, 「繼承舊道統 創立新儒學」『中州學刊』1992-4.

장일규, 「신라 하대 서남해 지역 禪僧과 후백제」『한국고대사연구』74, 2014.

조범환, 「낭혜무염과 성주사 창건」『한국고대사연구』14, 1998.

陳寅恪 著, 金智英 譯, 「韓愈에 대하여 논함」『中國語文論譯叢刊』28, 2011.

천인석, 「고운 최치원의 유학사적 위치」『유학사상연구』8, 1996.

최영성, 「고운 최치원의 삼교관과 그 특질」「한국사상과 문화」87, 1998.

〈Abstract〉

'A 500-year Period Theory' and 'Dotong Theory' in Choi Chi-Won's Writings / Lee, Seong-Ho

This study examines the 'a 500-year period theory' and 'Dotong theory' in Choi Chi-Won's writings, and argues as in the following.

Firstly, 'a 500-year period theory' is based on Mencius. It is its main substance to expect the proper figure for what are termed '王者' and '名世者' in the text to emerge in the here and the hereafter. Choi Chi-Won was hopeful that Fei Zan and Gao Pian, in the Tang Dynasty confused by Huang Chao's rebellion, would become the very such men.

Then, he understood 'Dotong theory' on the basis of 'a 500-year period theory,' and applied it to Muyeom, a great Buddhist monk, in the Silla Dynasty. Muyeom, who was born 'in a 500-year period' in the chaotic conditions of the late Silla period, cultivated his Zen meditation in Tang, achieved a spiritual enlightenment, and then received the Buddhist tradition. As Han Yu postulated a proper figure for Dotong in the Tang Dynasty, Choi could do in the Silla.

Finally, Choi applied the 'a 500-year period' and 'Dotong' theories to a king of the Silla Dynasty as well. That is why he hoped that a '王者' and a '名世者' would come into the world and realize a ruling by virtue.

Key Words: Choi Chi-Won(최치원), A 500-year Period Theory(오백년 기한설), Dotong Theory(도통론), Mencius(맹자), Han Yu(한유), Muyeom(무염화상)

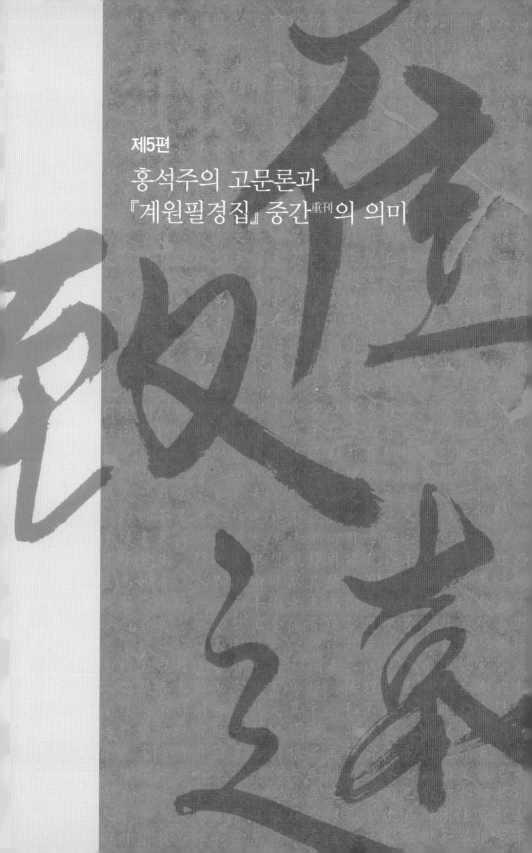

제5편

홍석주의 고문론과
『계원필경집』중간重刊의 의미

제5편 홍석주의 고문론과 『계원필경집』 중간重刊의 의미

1. 서론

최치원(857~?)의 『계원필경집』을 중간하는데 공헌한 학자는 홍석주洪奭周(1774~1842)이다. 그는 19세기 전반기에 활동했던 학자로 김매순金邁淳(1776~1840)과 함께 '연대문장淵臺文章'의 칭호가 있을 만큼 고문으로 당세를 풍미한 인물이었다. 고문가인 그가 북학시대에 최치원의 『계원필경집』을 새로 찍어내는데 일조한 이유가 무엇일까 하는 기본적인 물음에서 이 글을 시작하고자 한다.

홍석주가 왜 최치원의 문집을 중간을 주도하였는가 하는 부분에 대해서는 학자들의 관심을 아직 끌지 못하고 있다. 다만 홍석주 자신이 고문이론가였기 때문에 그의 문학 자체에 대해서는 지속적으로 연구되어 왔고,1) 문체반정2) 및 고문론에서 수행한 역할에 대해서도 문학사文學史의 입장에서 다양하게 연구되어 왔다. 주자주의朱子主義 속에서 변화의 욕구를 수용하였다고 하거나,3) 주자학만을

---

1) 김도련, 「古文의 원류와 성격」 『한국학논총』 2, 1979.
   최신호, 「연천 홍석주의 문학관」 『동양학』 13, 1983.
   김철범, 「洪奭周 古文의 예술적 특징」 『한국한문학연구』 22, 1998.
   박동주, 「洪奭周 原體散文의 담론생산자적 의미와 수사적 특성」 『동아시아문화연구』 55, 2013.
2) 정조의 문체반정의 목적에 대해서는 다음 논문이 참조된다. 윤재민, 「문체반정의 재해석」 『고전문학연구』 21, 2002, 73쪽 각주7번, 8번.
3) 정민, 「연천 홍석주의 학문정신과 고문론」 『한국학논집』 16, 1989.

고집하지 않고 세도정치기의 경직된 문학에 숨통을 틔워주었다고
하거나,4) 박지원과는 다른 방향으로 성리학적 가치에 유연하게 대
응하였다고 하거나,5) 문체반정 이후 19세기 초 기존 문학 이론에
대해 순정醇正의 방향으로 돌리는 방식을 제시하였다고6) 한다. 역
사학에서는 고증에 치중하는 고증학과 이기심성지설理氣心性之說에
치중하는 송학宋學을 비판하면서 주자학의 경세적 요소를 재발견하
려 했다고 하거나,7) 한송절충론漢宋折衷論의 입장이라고 하였다.8)

특히 한송불분론漢宋不分論은 성리학 시기에서 북학으로 넘어가는
과도기에 살았던 그의 학문적 입장을 대변하는 일리있는 지적이다.
하지만 기존 학자들은 홍석주의 고문론이 정조와의 인적 관계 속에
서 나온 부분에 대해 심도있게 접근하지 못한 부분이 있었다. 그
결과 그가 왜 정조의 충실한 대변자가 되는지에 대해서도 소홀히
다루게 되었을 것이다. 세밀한 족보 검토가 필요한 이유이다. 또
하나 그가 새로운 사상의 영향을 받았다는 부분은 그의 가문이 노
론 중에서 낙론 계열이라는 점을 감안해야 할 것이다. 낙론은 청의
고증학을 적극 수용하여 북학 사상을 전개한 학파이기 때문이다.

홍석주가 고문 이론가라는 점에서 최치원과의 연결 고리가 약한

---

4) 김철범, 「淵泉 洪奭周의 古文論」『한국한문학연구』 12, 1989.
5) 임종욱, 「홍석주의 『학강산필』에 나타난 문학론 연구」『韓國文學研究』
   21, 1999.
6) 금동현, 「19세기 전반기 산문 이론의 전개 양상과 그 의미 -홍석주,김
   매순을 중심으로-」『東方漢文學』 25, 2003.
7) 김문식, 「洪奭周의 經學思想 研究」『규장각』 16, 1993.
8) 김문식, 『朝鮮後期 經學思想研究 -正祖와 京畿學人을 중심으로-』, 一潮
   閣, 1996. 홍석주의 漢宋折衷論을 이해하는데 이 책에서 많은 도움을
   받았다. 하지만 추사 김정희의 「실사구시설」에 따라 漢宋不分論이란
   용어를 사용하고자 한다.

것이 사실이다. 최치원의 문학은 대개 사륙변려문이라고 할 수 있다.[9) 드물게 고문의식을 언급하거나,[10) 고문古文과 심학心學 지향을 언급하고[11) 있다. 그래서 기왕의 연구자들은 고문 이론가인 홍석주와 변려문 작자인 최치원을 연결하려는 시도를 하지 않은 게 아닌가 한다. 하지만 홍석주와 서유구가 최치원의 문집을 중간하기 위해 나눈 왕복 편지와 「서문」에서 최치원의 문장을 새롭게 해석할 수 있는 단서를 찾은 것이 이 글을 쓰게 된 계기이다.

우선 제1장의 1절에서는 홍석주의 가계와 학맥을 통해서 홍석주가 정조의 계승자가 되는 배경을 찾는 것이다. 검토 대상은 선조 부마 영안위 홍주원부터 시작해서 혜경궁 홍씨, 정조의 부마 홍현주까지 왕실 지친에 대한 부분이다. 홍석주가 이 관계속에서 정조에게 발탁되는 과정도 살펴보고자 한다. 최치원의 책을 직접 중간한 서유구의 가계도 왕실과 관련하여 살펴보고, 두 가문의 연계도 살펴보고자 한다. 2절에서는 그의 고문론이 정조를 어떻게 계승하고 있는지 찾아보고자 한다. 정조와 홍석주가 고문에서 가진 공통적 관심 인물은 결국 최치원과의 연결 고리를 제공하게 될 것이다.

제2장에서는 홍석주가 문집을 중간하는 당위성을 찾는 과정을 서술하고자 한다. 우선 중간의 계기를 연암 박지원과 서유구와의 관계를 통해서 검토하도록 하겠다. 이들이 북학 시대에 그의 저서가 중요하다고 생각한 이유를 파악하고자 한다. 다음으로 그가 인간

---

9) 심경호, 「최치원과 동아시아 문학」『고운 최치원의 시문학』, 문사철, 2011, 133쪽.
10) 吳允熙, 「최치원의 문학세계」『신라 최고의 사상가 최치원 탐구』, 주류성, 2001, 189~193쪽.
11) 노평규, 「최치원 유학사상의 특성 연구」『범한철학』20, 1999.

최치원에게 사상성을 부여하는 내용을 서술하고자 하는데 그것은 그의 문묘종사와 출처관과 관계되고 있다. 이를 통해 홍석주의 사상적 경향도 변화하고 있음을 확인하고자 하는데 이는 결과론적으로 한송불분론漢宋不分論으로 귀결될 것이다. 마지막으로 홍석주가 최치원의 문체에 부여한 새로운 관점을 서술하고자 한다. 홍석주가 최치원의 문장이 일방적으로 변려문이 아닌 이유를 당송 고문가와 연계하여 제시하는 과정을 서술하고자 한다.

2. 홍석주와 고문론

1) 가계와 학맥

홍석주의 본관은 풍산이며 자는 성백成伯, 호는 연천淵泉이다. 본생조本生祖는 영의정 낙성樂性이며, 아버지는 우부승지 인모仁謨이다. 그의 집안은 【족보1】에서 알 수 있듯이 선조대왕의 정명공주貞明公主에 상尙한 홍주원洪柱元(1606~1672)이 영안위永安尉를 부여받은 이후부터 현달하게 된다. 공주에게 하가한 경우에는 실직을 맡지 않는 것이 관례였기 때문에 주로 사은사, 진향사로 가는 등의 역할을 하였다. 그는 월사 이정귀 외손이었고, 졸기에 의하면 글재주가 있었다고[12] 한다. 숙종 7년에는 문의文懿라는 시호를 받게 된다. 홍석주가 직접 쓴 「가언家言」의 내용을 보면 홍주원에 대한 내용이 가장 많은 부분을 차지하고 있다.[13] 홍주원와 정명공주가 혼

---

12) 『현종개수실록』 현종13년 9월 14일. "柱元 參判霙之子 文忠公李廷龜
　　之外孫也 在貴戚中 能善事其親 且有文華 喜賓客 遍交一時名流"
13) 『淵泉先生文集』 권42, 家言.

인한 이후에 가문에 번성하였기 때문일 것이다. 홍주원의 외조부인
이정귀는 유년시절부터 남다른 문학적 자질을 보이기 시작해 8세에
벌써 한유의 「남산시南山詩」를 차운했다.14) 「남산시南山詩」는 한유
가 종남산에 올라가 그 경승을 표현한 204구의 오언고시이다. 그
의 문장에 대해서는 계곡 장유가 칭찬하였고 정조대왕이 가장 높게
평가하였다.15)

【족보 1】 정명공주·홍주원·홍상한·홍석주를 중심으로16)
출전:『풍산홍씨대동보 豊山洪氏大同譜』1985, 농경출판사

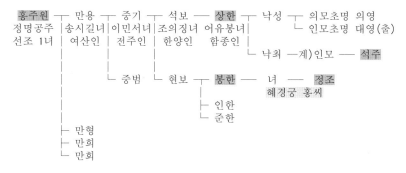

홍주원의 현손이 홍상한洪象漢이고, 상한의 사촌 동생이 홍봉한洪
鳳漢이고 봉한의 딸이 혜경궁 홍씨이다. 홍봉한은 정조에게는 외할
아버지이다. 홍봉한의 사촌이 홍상한이기 때문에 홍석주와 정조대
왕의 촌수는 9촌 간이다. 정조가 홍석주에게는 외가를 통한 9촌 아
저씨가 되는 셈이다.

---

14)『계곡선생집』권16, 左議政月沙李公行狀.
15)『홍재전서』권163, 일득록, 문학3.
16) 양웅렬,『조선의 왕비가문』역사문화, 2014, 382~383쪽을 참조하여
    내용 추가함.

【족보 2】洪象漢·洪奭周·洪顯周를 중심으로17)

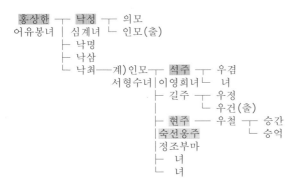

　홍상한洪象漢의　장인이자　스승은　어유봉魚有鳳(1672~1744)이다.
어유봉은　학문적으로　낙론洛論　계열인　이간李柬의　인물성동론人物性
同論을　지지하였고,　홍상한　이외에도　이천보李天輔·윤득관尹得觀　등
의　제자를　배출하였다.　홍석주의　본생조本生祖인　홍낙성洪樂性은　영
정조대에　활동한　문신으로　영의정을　역임하기도　하였다.　홍낙성은
정조와는　특별한　인연을　맺고　있다.18)　이는　군신간의　모범적인　지
우知遇를　보인　것이고,　또　이　때문에　1795년의　현륭원　능행과　혜경
궁　홍씨의　진찬에　주요　인사로　참여한다고19)　하였다.　그　과정을
살펴보자.
　정조　19년1795　1월　21일은　뒤주　안에　갇혀서　돌아간　정조의　아
버지인　사도세자의　회갑일이다.　6월　18일은　정조의　어머니인　혜경

---

17) 양웅렬, 위의 책, 382~383쪽을 참조하여 내용 추가함.
18) 『淵泉先生文集』 권34, 本生祖考領議政孝安公府君家狀. "先是乙巳 府君
　　　嘗寢疾 夢乘白鹿車 詣闕拜辭 若將遠適者 上執手留之曰 卿當與予同往
　　　今捨我安之 旣而疾瘳 及府君捐舘未三年 而龍馭亦賓天矣 嗚呼痛哉 禍
　　　福脩短 固皆有前定者存 而夢寐怳惚之間 亦可以觀君臣之際遇耶"
19) 김문식, 앞의 논문, 24쪽.

궁 홍씨의 회갑이다. 따라서 정조는 1월 21일 경모궁에 나가서 위 판에 재배하고, 장헌세자라는 존호를 바친다. 2월 9일에는 자궁慈宮 혜경궁 홍씨를 모시고 화성의 현륭원 능행길에 올라 15일에 환궁하였다. 이 기간 동안 혜경궁과 관련된 홍석주 집안에 대해 두터운 처분을 내리고 있다.

정조 19년 2월 12일에 홍석주가 일차유생日次儒生의 전강殿講에서 순통純通으로 수석을 차지하였다.20) 그러자 그날 바로 정조는 홍석주의 본생조인 홍낙성을 소견하고는 "한 나라의 재상이 사마시의 회방回榜을 맞는 일은 진실로 매우 희귀한 일인데, 오늘 일차유생의 전강殿講에서 경의 손자인 홍석주가 또 순통을 차지하였다."라고21) 하고는 다음날 전시에 곧바로 응시할 자격을 주고22) 있다. 정조가 홍석주의 조부인 홍낙성에게 특별한 입장을 보인 것인데 이것은 그가 혜경궁의 인척이자 홍주원의 후손이기 때문이었다. 정조는 환궁한 이후에 다시 홍낙성에게 하교를 내려 그의 부친인 홍상한과 사촌간인 정조 자신의 외조부인 홍봉한이 동방 합격한 사실을 강조하면서23) 모친인 혜경궁 홍씨의 심정을 헤아려 홍주원洪柱元과 정명공주貞明公主에게 치제를 내리고 있다.24) 2월 20일에는 화성부에서 진찬할 때 참석하는 별단에 이름을 올리게 된다. 2월 30일에 정조는 다시 경모궁 도제조 자격으로 홍낙성을 소견하면서 "경이 올릴 사은하는 전문箋文에도 내외손이 대과와 소과에 급제한 내용

---

20) 『일성록』 정조19년 2월 12일.
21) 『일성록』 정조19년 2월 12일.
22) 『일성록』 정조19년 2월 13일.
23) 『정조실록』 정조19년 2월 16일.
24) 『일성록』 정조19년 2월 16일.

을 첨가하라."고25) 하였다. 이 때 대과에는 홍낙성의 손자인 홍석
주가 소과에는 외손자인 김이호金履祜가 합격하였기 때문이다. 3월
13일의 기록에 의하면 문과의 갑과 제3등에 선발되었기 때문에 사
옹원 직강에 단부되고 있다.26) 4월에는 강제문신講製文臣에 선발되
고,27) 초계 문신의 시권의 배율 채점에서 초차중草次中으로 수석을
차지한다.28)

　　1795년 10월에는 초계문신으로 시사試射에 참여하고 있다.29)
12월 20일 기록에 "4월과 5월, 6월의 전강에서 부사정 홍석주가
모두 순통純通을 맞았다."라고30) 하면서 내각에서 6품으로 올리자
는 의논을 하게 된다.31) 그래서 12월 26일에는 6품으로 승진한
다.32) 이는 『대전회통大典會通』에 있는 조항이라고 하지만 파격적
대우임은 분명하다. 조선 시대 관리들의 승진에서 가장 큰 고비가
승륙陞六이고, 승륙을 통해서 종6품 이상인 참상參上과 그 이하인
참하參下를 나누는 기준이기 때문이다. 그런데 홍석주는 시강試講에
서 세차례 수석을 차지하였다고 하지만 과거에 합격한 그 해에 바
로 승륙陞六을 얻고 있다. 이런 부분은 홍낙성과 혜경궁 홍씨가 6
촌 남매간이며, 홍낙성이 당시 영의정이자 정조대왕의 7촌 아저씨
란 사실을 통해 설명가능할 것이다.

---

25) 『일성록』 정조19년 2월 30일.
26) 『일성록』 정조19년 3월13일.
27) 『일성록』 정조19년 4월 8일.
28) 『일성록』 정조19년 8월 14일.
29) 『일성록』 정조19년 10월 21일.
30) 『일성록』 정조19년 12월 20일.
31) 『일성록』 정조19년 12월 20일.
32) 『일성록』 정조19년 12월 26일.

홍낙성의 동생은 홍낙최인데 그도 역시 고문古文에 뛰어났음은 홍석주가 쓴 「가언家言」에서 확인할 수 있다.33) 홍낙최의 고문古文에는 기력이 있었다는 것으로 기록하고 있다. 홍낙성의 또 다른 동생은 신재공新齋公 홍낙명洪樂命인데 고문장古文章을 잘 다루었으며 그의 대책문은 당시 사람들이 낭송할 정도였다고34) 한다. 홍석주의 부친인 홍인모洪仁謨는 고근체시古近體詩에 뛰어난 인물이었다. 게다가 그는 '경사經史·제자諸子·가시歌詩·고문古文'부터 '음양陰陽·복서卜筮'까지 통독하지 않은 것이 없었다. 다만 풍수 관련 서적은 읽지 않았다고 한다. 그러다가 도道가 제자백가에 있지 않음을 알게 되었다고35) 한다. 부친의 고문은 중부仲父인 홍낙명을 따른 것이라고 하였으며36) 저서에 고문 약간과 고근체시古近體詩 2천여 편이 있다고37) 하였다. 홍인모의 부인은 서형수徐逈修(1725~1779)의 딸이다.

홍석주의 첫째 동생 홍길주洪吉周(1786~1841)는 24세에 생원·진사에 합격하였다. 이미 20세 미만에 문장에 통하고 경전에 정통

---

33) 『淵泉先生文集』 권4, 家言. "贊成公之喪 文淸公 爲之請哀辭于知舊曰 吾弟甚喜讀書 而病羸不能讀 博觀經傳百家 知去其雜而取其醇 爲學必 欲治其內以求眞有造也 又好古文 今年數篇 氣力亦浩大 余一怪其驟成 而又喜其有氣力可恃也 以今思之 恃非所恃而所怪者 抑有默感也歟"

34) 『淵泉先生文集』 권34, 從祖吏曹判書文淸公府君家狀. "府君旣治古文章 不屑爲擧子業 然才高學富 不習而工 其對策之文 一時皆傳誦焉"

35) 『淵泉先生文集』 권35, 先考右副承旨贈領議政府君家狀. "府君緣是益專 意古人之學 自經史諸子歌詩古文 以及陰陽時日卜筮醫藥孫吳老佛之書 無所不誦讀 唯不觀風水家書耳 旣而歎曰 道不在是 吾懼其博而雜也 於 是 始稍稍有意反約矣"

36) 『淵泉先生文集』 권35, 先考右副承旨贈領議政府君家狀. "府君讀書旣博 且從仲父新齋公 學古文辭法度 然唯以敎諸子 未嘗自見于世"

37) 『淵泉先生文集』 권35, 先考右副承旨贈領議政府君家狀. "所著有古文若 干編 古近體詩二千餘編"

하였으나 과거에 뜻이 없어서 평생 과장에 나가지 않았다. 그는 특히 고문古文에 특별한 재능을 지니고 있었다.[38] 둘째 동생 홍현주洪顯周는 정조의 둘째딸 숙선옹주淑善翁主와 순조 4년(1804)에 혼인하여 영명위永明尉에 봉해졌다. 이때의 결혼은 혜경궁 홍씨가 주관한 것이라고[39] 한다.

【족보 3】 정신옹주・서형수徐逈修・서유구徐有榘를 중심으로[40]

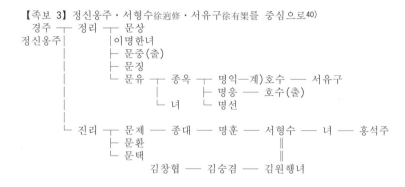

홍석주의 외할아버지인 서형수는 정신옹주에 상尙한 서경주의 후손으로 이재李縡와 김원행金元行의 문하에서 학문을 수학하였고, 스승인 김원행의 딸과 혼인하였다. 서형수는 학문적으로 노론—낙론에 속하고 있다. 서형수는 정신옹주(1582~1653)의 6세손이기 때문에 홍석주는 친가와 외가가 모두 공주 집안과 연계되고, 노론—낙론을 계승하고 있다. 홍석주는 정명공주(1603~1685)의 8세손이고, 서유구는 정신옹주의 7세손이다. 게다가 정명공주와 정신옹주는 형

---

38) 『淵泉先生文集』 권19, 海居詩稿序. "仲弟特長於古文 日出其奇 肩莊馬於千載之上"
39) 양웅렬, 앞의 책, 280쪽.
40) 양웅렬, 앞의 책, 376~377쪽.

제간으로 둘 다 선조의 딸이다. 정명공주는 선조와 인목대비 사이의 유일한 딸이고, 정신옹주는 선조와 인빈김씨 사이에 출생하여 인조에게는 고모가 된다.41) 이런 인척 관계 때문인지 차후 홍석주는 서유구와 협력하여 『계원필경집』을 중간하게 된다.

이상 홍석주의 가계와 학맥을 살펴본 결과 그는 친가로 선조의 부마 영안위 홍주원의 직계 후손으로 혜경궁 홍씨와 연결되고 있다. 그 때문에 혜경궁 홍씨가 주도하여 홍석주의 동생인 홍현주는 정조의 딸인 숙선옹주에 상尙하여 영명위가 되고 있다. 외가로도 역시 선조의 부마 달성위 서경주와 연결되고 있다. 그의 가문은 왕실의 지친이면서 가문의 전통으로 고문古文에 장점을 가지고 있었으며, 노론—낙론을 계승하고 있다. 이를 통해 그는 문체반정의 이론을 수용하고 고문론을 추구하면서 새로운 길을 열어주게 되었을 것이다.

2) 고문론

홍석주 가문은 고문의 전통을 계승하고 있었는데 그 자신도 고문가라는 점은 『여한십가문초』에 포함된 사실에서 확인할 수 있다. 이 책은 김택영이 김부식·이제현·장유·이식·김창협·박지원·홍석주·김매순·이건창 등 9명을 뽑아서 저술한 책에 김택영의 제자인 왕성순王性恂이 김택영을 포함해서 10명으로 구성한 것이다. 고려와 조선의 대표적인 고문가를 뽑아서 저술한 것이라고 할 수

---

41) 池斗煥, 『왕실 친인척과 조선정치사』 역사문화, 2014, 4장 선조 친인척과 인조반정 참조.

있다. 이 책을 편집한 왕성순의 다음 말을 참고할 필요가 있다. 그는 "아, 당송문의 성대함을 모녹문茅鹿門〔茅坤〕이 팔가로 대표를 삼은 데 대해 후인은 이의가 없었다. 지금 이 동국의 십가는 하나를 더하면 넘치고 하나를 빼기에도 유감스러운 것이니, 당송 팔가와 더불어 전하여도 부끄럽지 않다."라고42) 하였다.『여한십가문초』가 명나라 모곤茅坤(1512~1601)의 『당송팔대가문초唐宋八大家文鈔』와 견주어 편찬한 것임을 밝히고 있는데, 모곤의 이 책은 또 정조가 저술한『당송팔자백선唐宋八子百選』의 저본이 된다. 모곤─정조─홍석주는 고문이란 끈으로 연결되어 있다고 볼 수 있다. 따라서 홍석주가 고문론을 전개하게 된 과정을 정조의 의도와 관련하여 살펴볼 필요가 있겠다. 홍석주와 정조의 관계를 볼 때 문체반정을 먼저 거론하지 않을 수 없다.

정조는 1792년 문체반정의 정책을 제시하고 있는데, 정조가 문체 문제를 거론한 이유는 문체와 치세를 연결하고 있었기 때문이다. 정조는 사기士氣는 나라의 원기元氣이므로 문체의 반정 없이 무너져 가는 명분과 체제를 바로잡을 수 없는 것으로 인식하고 있었다. 그래서 당의 한유를 기점으로 삼아 시작된 고문운동이 정조에게 큰 비중을 차지하게 된다.43)

그런데 정조가 이렇게 문체 문제를 제기한 이유를 살펴보자. 정조는 당시 유행하던 패관잡기체의 문체에 비판적 의식을 지니고 있었다. 1787년 이상황李相璜과 김조순金祖淳이 한원翰苑에서 숙직하며『당송백가소설』,『평산냉연平山冷燕』등의 책을 보다가 발각되자

---

42)『여한십가문초』序, 王性恂.
43) 정옥자,「정조의 학예사상」『한국학보』11, 1988, 10~11쪽.

정조는 두 사람에게 오로지 경전에 힘쓰고 잡서를 보지 말라고 하였다. 또 정조는 1791년에 서학문제에 대한 대처방안으로 "서양학을 금하려면 먼저 패관잡기부터 금해야 하고, 패관잡기를 금하려면 먼저 명말청초 문집부터 금해야 한다."는44) 원칙을 제시하였다.

문체반정의 또 다른 계기는 1792년 이동직李東稷이 정조의 총애를 받던 남인 이가환李家煥의 문체를 문제 삼아 상소를 올린 것에서 시작되었다. 이에 대해 정조는 이가환을 두둔하며 당시 유행하던 불순한 문체는 박지원朴趾源과 그의 저작인 『열하일기』에 근원이 있다고 하여 박지원으로 하여금 순정한 고문을 지어 바칠 것을 명하였다. 그래서 1792년 중국에 사신으로 가는 박종악朴宗岳에게 패관소기 및 일체의 중국 서적을 사오지 말라고 명하였다. 정조가 볼 때 문체의 문제가 시작된 것은 명나라 말기에서 청나라 초기라고 생각하고 있다. 이 때 이후로 백년이 지난 시점인 정조 당시까지 지속되고 있다고 본 것이다.45) 명말청초明末淸初는 의고문擬古文이 유행하고 있는 시점을 지칭한 것이라고 보이는데, 이들은 '文必秦漢 詩必盛唐'을 주장하였다.46) 이들은 송유宋儒를 진부하다고 지목하며 팔가八家를 고정된 형태를 따르기 때문에 문제라고 정조는 비판하고 있는 것이다. 정조의 생각은 송유宋儒와 팔가八家를 연결해서 이해하고 있는 것이다. 말하자면 송유宋儒의 사상과 팔가八家의 문장을 동시에 체화해야 하는 것으로 생각한 것이다. 사상과 문장의 일치라고 할 수 있다.

---

44) 『정조실록』권33, 정조15년 10월 을축.
45) 『弘齋全書』권50, 策問3, 俗學. "自有明末淸初諸家 噍殺詖淫之體出 而繁文剩 燦然苕華 詼諧劇談 甘於飴蜜 目宋儒爲陳腐 嗤八家爲依樣者 且百餘年矣"
46) 이의강, 「正祖의 唐宋八家文 批評 小考」『민족문화』16, 1993, 148쪽.

팔가八家는 청대 심덕잠沈德潛(1673~1769)이 편집한 『당송팔가문
독본』에는 한유韓愈, 유종원柳宗元, 구양수歐陽修, 소순蘇洵, 소식蘇
軾, 소철蘇轍, 증공曾鞏, 왕안석王安石으로 설정하고 있다. 그런데 문
체반정의 정책을 제시하기 이전에 정조는 당송팔대가에 대한 편찬
을 완료하고 있음이 주목된다. 그는 이미 1781년에 『당송팔자백선
唐宋八子百選』을 완료하고 있다. 그 이유는 "상이 문체文體의 수준이
날로 못해지는 것을 염려하여 손수 당송팔가唐宋八家의 문장을 뽑아
간행한 것이었다."라고47) 하였기 때문이다. 앞에서 보았듯이, 정조
의 이 책은 명나라 모곤茅坤의 책인 『당송팔대가문초唐宋八大家文鈔』
에서 다시 선정한 것이었다.48) 그러면서 이 책을 편찬하게 된 계
기는 선진양한先秦兩漢의 문장을 거론하는 잘못에 대해서 지적하
고,49) 당송을 먼저 알아야 한다는 취지를 말하고50) 있다. 또 팔가
八家의 문장 특징을 거론하면서 이 모두 중에서 하나만 빠져도 대
가大家가 될 수 없다고 하였다. 그 중에서도 '舒氣者 必資乎韓蘇'라
고 하여 문장을 힘있게 펴가는 것은 한유와 소식을 바탕으로 삼아
야 한다고 규정하고 있다.51) 정조는 팔가 중에서 한韓·유柳·구
歐·소蘇의 사가四家로 압축하는 문제에도 관심을 가졌다.52) 정조
의 문체반정은 이미 『팔자백선』에서 시작되었다고 할 수 있다.

---

47) 『국조보감』 권70, 정조5년 윤5월.
48) 『홍재전서』 권51, 策問4, 八子百選. "繙閱御定八子百選 茲詢爾等 蓋茅
坤之八家文鈔選也 而予又取百於其中 則選之選也"
49) 『홍재전서』 권179, 羣書標記, 八子百選. "動必曰先秦兩漢 獨不知玉固
不可僞 而鼎固不可贗也"
50) 『홍재전서』 권179, 羣書標記, 八子百選. "曷若近取諸唐宋之猶不失爲先
河後海之義也"
51) 『홍재전서』 권179, 羣書標記, 八子百選.
52) 이의강, 앞의 논문, 157쪽.

정조가 추구하는 고문 저술 방법은 도문일치의 경지에 이르려는 것이라고53) 한다. 정조의 이런 고문관이 홍석주와 어떻게 연결되는지 그 과정을 살펴보자. 홍석주가 문과에 합격하고 초계문신에 선발되면서 정조의 신뢰를 받는 것부터 시작된다고 할 수 있다. 홍석주가 문과에 합격하고 강제문신講製文臣에 선발된 이후, 정조가 홍낙성을 소견하여 한 말을 살펴보자.

보고 익히는 것이라고는 패관잡기稗官雜記뿐이다. 그러므로 이른바 『인수옥서영因樹屋書影』 등 소설이라고 하는 것들은 내가 더욱 깊이 미워하는 것이다. … 세상에 널리 퍼져 있는 풍속이 모두 이러한 판인데, 홍석주가 경의經義에 마음을 쏟고 실지實地에 힘을 쏟는다. 게다가 사람이 질박하고 세속에 물들지 않아 큰 그릇을 이룰 수 있을 것이니, 이것이 어찌 매우 기특하고 다행한 일이 아니겠는가.〔而洪奭周之潛心於經義 用工於實地 且其爲人樸 不入俗 大器可〕54)

정조는 패관잡기와 청나라 소설을 비판하고 있다. 이때가 정조 19년(1795)으로 이미 문체반정이 본격적으로 시작된 이후이다. 정조의 의도는 분명해 보인다. 홍석주에게 문체반정에서 어떤 역할을 부탁하고 있는 듯하다. 앞에서 보았듯이 홍석주는 혜경궁 홍씨의 화성 행차에서 전격적으로 문과에 합격했다고 할 수 있다. 이는 정조가 그의 가문과 능력을 눈여겨보고 선발해서 직접 양성하고자 하는 속내가 작용하였을 가능성이 있다. 특히 홍석주가 문과에 합격한 이후에 정조가 홍낙성을 불러서 그의 선조인 홍주원과 정명공주

53) 정옥자, 「규장각 초계문신 연구」『규장각』 4, 1981, 24쪽.
54) 『일성록』 정조19년 9월 15일.

의 치제문致祭文을 직접 짓겠다고 하였다는 점을 상기할 필요가 있다. 정조는 홍주원의 후손이 홍낙성까지 번창하였음을 칭송하고 또 그의 손자까지 경사를 입었다고 하였다. 이때는 마침 혜경궁 홍씨가 회갑을 맞이하는 경사스러운 때인데 마침 손자인 홍석주까지 문과에 합격하여 청운을 열게 되었다는 것이다.55) 손자인 홍석주를 정조 자신이 직접 발탁하였음을 말하는 것이다.

한편 위의 인용문에서 정조가 홍석주를 평가하는 대목을 다시 확인해 보자. 홍석주는 경의經義와 실지實地에 힘을 쓰고 있으며, 질박하여 세속에 물들지 않았다고 하였다. 이는 경의를 바탕으로 하는 박실한 문장에 힘을 쏟고 있다는 뜻으로 해석할 수 있다. 마치 경의와 고문이 결합하는 듯한 모습을 보이고 있는 것이다. 홍석주에게 이런 기대를 하는 것은 그의 집안이 대대로 고문에 조예가 있었기 때문일 것이다. 홍석주의 문학론은 순조대에 저술한 『학강산필』에서 주로 펼치고 있다. 옛날 사람들은 시대에 영합하려고 하지 않고 오히려 후세에 입언立言하고자 했다고 인식하고 있다. 그래서 저서를 통해서 '회도포기懷道抱器'하면서 당세에 보이려고 하지 않았다는 것이다.56) 또 옛 사람과 지금 사람이 비록 시대가 멀지만 고인의 문장인 고문古文이 통하는 것은 고금의 인정人情이 다르지 않기 때문이란 것이다.57) 그래서 고문이 인정人情에 가깝다고 하였

---

55) 『홍재전서』 권23, 永安都尉洪柱元 貞明公主致祭文. "永安貞明 自國而家 自家而國 世世同休 時萬時億 星周乙卯 慈齡望七 偕我元良 歡供繞膝 公之冑孫 際玆回榜 玉貌上舍 華髮丞相 有抱乘龍 大開雲程"

56) 『鶴岡散筆』 권1. "古之人不得志于時者 必立言以見于後 … 蓋古所謂窮愁著書者 皆懷道抱器 而不見試于當世者也"

57) 『鶴岡散筆』 권3. "古人與今人 其相去亦遠矣 而古人之文 鮮有不可通者 人情無古今之殊也 言者情之發也 而詩爲尤然 故古人之文 近於人情者"

다. 홍석주는 형식이 내용을 결정하는 중요한 요건을 소홀히 할 수
없었기에 고문古文의 독서를 통한 고법古法의 터득을 강조하였으니
당송고문에 주목하게 된다.58) 이는 정조의 『당송팔자백선』를 계승
하면서 『사가문초四家文鈔』를 저술하여 한韓·유柳·구歐·소蘇의 사
가四家를 현창하고 있는 것과59) 일치하고 있다.

　홍석주는 고문가에 가치 기준을 둔 것은 그들의 '程朱學問 韓歐文
章'이 조선의 시대 정신과 부합하였기 때문이라고60) 한다. 이는 정
조의 기본 정신과 일치한다고61) 하였다. 게다가 홍석주는 가학으
로 고문을 전수하였고, 정조로 부터 문체반정을 추진할 인물로 기
대를 받고 있었기 때문에 정조의 충실한 대변자이며 계승자의 위치
를 점하게 된다.

3. 『계원필경집』중간의 의미

　최치원의 문집을 중간하는 경위를 알려주는 자료는 홍석주와 서
유구(1764~1845)의 편지와62) 중간「서문」두 편이다.63) 시간 순
으로 경위를 따져 보면 홍석주가 서유구에게 최치원의 문집을 보내

---

58) 김철범, 앞의 논문, 1998, 435쪽.
59) 『淵泉先生文集』권21, 題四家文鈔.
60) 정민, 「연천 홍석주의 학문정신과 고문론」, 『한국학논집』16, 1989, 34쪽.
61) 마종락, 「정조조 고문부흥운동의 사상과 배경」, 『한국사론』14, 1986,
　　54~60쪽.
62) 『金華知非集』의 권3에 실린 「與淵泉洪尙書論桂苑筆耕書」과 『淵泉先生
　　文集』의 권17에 실린 「答徐觀察準平書」이다. 서유구의 편지는 「편지」
　　로 홍석주의 편지는 「답장」으로 구분·표기 하고자 한다.
63) 홍석주와 서유구의 서문 제목이 모두 「校印桂苑筆耕集序」이기 때문에
　　구분하기 위해서 '홍석주의 「서문」'과 '서유구의 「서문」'으로 표기하고
　　자 한다.

게 되고, 이에 대해 서유구가 홍석주에게 감사의 글과 함께 서문을 부탁한다. 서문을 부탁받은 홍석주는 서유구에게 답장을 보낸다. 그런 이후 서유구가 서문을 쓰고 홍석주가 서문을 쓰면서 책을 중간하게 된다. 또 하나 박제가는 「북학의자서北學議自序」에서 최치원에 대해 최초로 '북학 사상의 선구'로 표현하였기 때문이다.64)

서유구는 홍석주에게 책을 받은 후 "상기 50년 전에 연암 박지원과 이 책에 말이 미쳤지만 자못 구매하려고 해도 구하지 못해 한스러웠다."라고 하였다. 그래서 "연암은 위연 탄식하여 말하기를 '이미 실전되어서 전하지 못하고 있다. 신라 900년의 문헌이 끊어졌다.' 하고는 서로 오래도록 탄식하였다."라고65) 하였다. 당시에도 이미 실전된 것이라고 생각하고 있었던 것이다. 그러면서 최치원의 문집이 사라진 것에 대한 안타까움을 표현하고 있다.

앞에서 서유구가 홍석주에게 보낸 「편지」를 다시 상기하면, 그와 연암이 최치원의 문집을 구하려고 한지가 50년이었다는 점이다. 그리고 서유구가 책을 구한 게 1833년이다. 단순 계산으로 1833년에서 50년을 감하면 1783년 어름이다. 이때는 박지원이 『열하일기』를 저술할 즈음이다. 말하자면 문체반정의 조짐이 막 일어나는 시점인 것이다. 그는 정조 4년(1780)에 청나라 건륭제의 칠순 잔치를 축하하기 위하여 사행하는 삼종형 박명원을 수행하여 청나라 황제의 피서지인 열하를 여행하고 돌아와서 결과를 소상하게 연행일기

---

64) 최영성,『고운 최치원의 철학사상』, 문사철, 2012, 516~517쪽.
   김창겸, 「고운 최치원에 대한 후대인의 평가」『신라 최고의 사상가 최치원 탐구』, 주류성, 2001,
65) 『金華知非集』권3, 與淵泉洪尙書論桂苑筆耕書. "桂苑筆耕謹領 尙記五十年前 與朴燕巖語及此書 頗恨購之未得 則燕巖喟然曰已佚不傳 新羅九百年文獻絶矣 相與歎嗟久之"

에 기록하였다. 하지만 『열하일기』의 문체가 문제가 되어 정조는 심지어 박지원에게 자송문을 지어 바치게 할 정도였다.

연암이 이 책에 관심을 가진 것은 홍석주도 알고 있었다. 홍석주가 일찍이 연암이 지은 「금료소초金蓼小抄」를 보았는데 그 속에서 연암이 『계원필경』 아래에 주를 달고는 지금 실전되어서 볼 수 없다고 하였다.66) 다만 이는 「금료소초金蓼小抄」에 실린 내용이 아니라 『열하일기』의 「구외이문口外異聞」에 실린 것이므로 홍석주가 책을 착각한 것이다. 여하튼 연암은 『당서』 「예문지」 중에 신라 최치원의 『계원필경』 4권이란 글이 적혀 있어 책을 찾아 보았지만 책이 없어진 지 오래된 모양이라고 생각하였다.67) 홍석주는 연암의 이런 글을 보고는 자신의 가문에서 홍주원 이래로 전해오는68) 최치원의 저서를 중간하는게 의미가 있다고 생각하였을 것이다.

연암이 찾던 이 책을 구한 후 서유구는 "이것은 『당서』 「예문지」에서 말한 20권 전본이 틀림없다. 미칠 듯한 기쁨을 헤아릴 수 없구나."라고69) 하였다. 아마 50년 전에 구하려다가 미처 이루지 못한 것에 대한 기쁨의 표현이었을 것이다. 그러면서 이 책이 혹시 고려 현종 대에 최치원을 문창후로 추증하고 문묘에 종사하면서 간

---

66) 『淵泉先生文集』 권17, 答徐觀察準平書. "來書引燕巖朴丈語 愚嘗見朴丈所著金蓼小抄 列東國書目若干部 至桂苑筆畊下 註曰 今佚不傳 夫以朴丈之博洽 而尙有是言 是書之殆絶乎今世可知也"

67) 『열하일기』 口外異聞, 桂苑筆耕.

68) 『오주연문장전산고』 경사편, 崔文昌事蹟辨證說. "筆耕集 藏書家 竝稱無傳 先輩俱惜其見佚 歲癸巳純祖三十二年也 卽淸道光十二年也 徐五費尙書有榘 借淵泉洪相公㮣周所藏 卽自安安都尉柱元相傳者也 佚書復出 徐公 慮其復亡 按湖南時 要不佞校讎 董其擺印 印百本 共四冊 以聚珍字印之"

69) 『金華知非集』 권3, 與淵泉洪尙書論桂苑筆耕書. "宛是唐藝文志所稱二十卷之全本 狂喜沒量"

인한 책이 아닌가 생각하였고, 그렇다면 비단은 오백년을 유지하고 종이는 천년을 유지한다는 말이 믿을만하다고[70] 하였다. 홍석주가 보내준 판본이 고려 현종 11년(1020)[71] 당시에 인쇄한 것이라고 생각한 것이다.

하지만 홍석주는 서유구가 고려 현종 당시에 인쇄했다고 추정한 것은 오류라고 여긴다. 비록 종이가 천년을 유지한다고 해서 이것이 고려 현종 당시에 인쇄한 것으로 생각하지만 그렇지 않다고 한다. 왜냐하면 조선 중엽 이전에 여러 번 인쇄되었을 가능성이 있기 때문이다.[72] 이 책을 홍석주 자신이 어려서부터 진귀하게 여겨 완미하였다고[73] 한다. 아마 그 내력을 잘 알고 있었기 때문에 서유구의 추정이 틀렸다고 자신있게 표현하였을 것이다. 또 다른 관점에서 보면 홍석주가 서유구보다는 선배로서 학문적 권위를 지니고 있는 모습이기도 하다. 두 사람의 관계를 살펴보자.

이 둘의 관계는 앞에서 설명하였듯이 왕실의 공주 집안이라는 인척으로 연결되어 있다.(【족보3】 참조) 게다가 홍석주의 외조부인 서형수徐逈修는 서유구의 부친인 서호수徐浩修(1736~1799)와는 같은 항렬로 10촌간이다. 또 서유구는 연암 박지원(1737~1805)을 종유從遊하고 사상적으로 영향을 받은 인물이다.[74] 서유구의 조부인

---

70) 『金華知非集』 권3, 與淵泉洪尙書論桂苑筆耕書. "則是書鋟印 豈在高麗 顯宗時 追贈文昌侯 從祀文廟之際耶 至今紙墨如新 書畵家所謂絹素五百 年 紙楮千年者信矣"

71) 『고려사절요』 권3, 현종11년 8월.

72) 『淵泉先生文集』 권17, 答徐觀察準平書. "但謂紙楮千年 而疑是卷爲高麗 顯宗時所揭 則恐未然 國朝中葉以前 尙以鋟書爲常事 漫記冗語 至今有 刊本者甚夥 況是書耶 不然則七八百年之書 雖善於收藏 恐未能完善"

73) 『계원필경집』 校印桂苑筆耕集序. "先世舊藏 自童幼時 知珍而玩之"

74) 유봉학, 「徐有榘의 學問과 農業政策論」 『규장각』 9, 1986, 27쪽.

서명응(1716~1787)은 북학파의 비조鼻祖로 일컬어진다. 그의 부친인 서호수도 북학파의 학자로 규장각의 각종 편찬사업에 중추적 역할을 다하였다.

북학파인 서유구에 대해서 홍석주는 「서문」에서 '博雅能文 而好古者'라고 표현하고 있다. 문장에서 옛것을 좋아한다는 뜻이다. 서유구가 고문에 대한 견해를 표방한 것은 「팔자백선서八子百選序」에서였다. 이 글은 정조가 직접 저술한『당송팔자백선唐宋八子百選』의 서문으로 기록한 것이다. 정조가 주공과 공자의 문장을 펼치기 위해서 분전墳典에 잠심하여 지나간 세대를 계승하고 오는 세대를 맞이하는데 뜻을 두어 당송팔가의 문장 중에서 1백편을 뽑아서 4권을 편찬하고는『팔자백선子百選』으로 이름 하였다고 한다.

연암과 서유구 등 북학파들이 최치원의 문집에 관심을 보이고 있었다. 이때는 이미 연암이 졸卒한 이후이기 때문에 홍석주와 서유구가 어떤 이유에서 최치원의 문집이 간행되어야 한다고 판단했는지 살펴보자.

홍석주는 「서문」에서 "우리 동방에 문장이 나와서 글을 지어 후세에 전할 수 있게 된 것은 고운 최공으로부터 비롯되었다."라고[75] 하였다. 최치원이 동방 문장의 시작이라고 한 이유는『계원필경집』을 중간하는 과정에서 그가 서유구에게 보낸 「답장」에서 확인할 수 있다. 최치원 이전에도 강수와 설총이 있었으나 강수의 문장은 남아있지 않고 설총은 화왕계花王戒가 있기는 하지만 내용이 소략하여 단연 최치원이야말로 동방 문장의 시작이라고 하였다.[76] 그러

---

75)『계원필경집』校印桂苑筆耕集序, 홍석주. "吾東方之有文章 而能著書傳後者 自孤雲崔公始"
76)『淵泉先生文集』권17, 答徐觀察準平書. "東方文士之見於傳記者 盖始于

면서 구체적으로는 『계원필경집』과 『중산복궤집』이 그렇다고 하였
다.77)

홍석주의 「서문」에서 최치원 글의 성격을 표현하였는데, 주례酒
醴보다는 현주玄酒와 명수明水가 귀하고 보불문수黼黻文繡보다는 소
포疏布가 귀하다고78) 하였다. 이는 홍석주가 『계원필경집』의 문장
을 비유한 것이라고 할 수 있다. 겉으로 꾸미는 것보다는 본질이
중요하다는 것으로, 홍석주가 「서문」에서 '古之君子 必重其本始如此'
라고 한 것과 일치하고 있는 것이다. 홍석주는 본시를 강조하고 있
다. 게다가 그는 최치원을 군자라고 인식하면서 군자라면 반드시
근본과 시초를 중시할 것이라고 말하고 있다. 최치원을 동국 문장
의 시작으로 인식한 것은 정조도 마찬가지로 화성華城 향교의 고유
문에서 그런 표현을 사용하고 있다.79)

서유구의 「서문」에서도 비슷하게 표현하였다.80) 최치원의 문장
이 동방 문장의 근본과 시초라는 입장은 홍석주와 동일하다. 또 서
유구는 『계원필경』이 중간되어야 하는 이유에 대해서 '其人與文 要
之可傳不可泯者也'라고81) 하였다. 최치원이란 인물과 함께 그의 문
장도 요컨대 전해야 할 것이지 사라지게 해서는 안된다는 것이다.

　　強首薛聰 而強首之文無傳焉 弘儒侯所著 惟花王一傳 而寂寥短章 不足
　　爲一臠之嘗 其能燦然備一家言 以列于著作之林者 斷斷自文昌侯始無疑
　　也"
77)『계원필경집』 校印桂苑筆耕集序, 홍석주. "唯桂苑筆耕與中山覆簣集二
　　部 是二書者 亦吾東方文章之本始也"
78)『계원필경집』 校印桂苑筆耕集序, 홍석주. "世或謂公文皆騈儷四六 殊不
　　類古作者 公之入中國 在唐懿僖之際 中國之文 方專事騈儷 風會所趨 固
　　有不得而免者"
79)『홍재전서』 권23, 華城聖廟告由文. "東文之昌 公實爲宗"
80)『계원필경집』 校印桂苑筆耕集序, 서유구.
81)『계원필경집』 校印桂苑筆耕集序, 서유구.

문장이 사라져서는 안되는 이유를 홍석주는 최치원의 출처관과 문묘종사를 연결해서 말하고 있다.

　세상에서는 문창후가 일찍이 충전蟲篆을 익히고 만년에는 석노釋老에 은둔하였기 때문에 양무兩廡에 종사하는 것은 마땅하지 않다고 한다. 내가 홀로 생각건대 그렇지 않다고 여긴다. 옛날 사전祀典에는 보공報功을 큰 것으로 삼았다. 『주례』「춘관」의 사전에는 "무릇 도가 있는 자와 덕이 있는 자로 하여금 가르치게 하고 죽으면 악조樂祖로 삼아서 고종瞽宗에서 제사하였다."라고 하였다. 정강성이 이를 해석하여 "한나라의 악樂에는 제씨制氏가 있고 시詩에는 모공毛公이 있다. 제씨가 악樂에 한 것은 단지 갱장鏗鏘과 고무鼓舞를 기록한 것 뿐이다. 그런데도 고종에서 제사하는 게 가능하였다. 한나라에서 악樂을 말하는 것은 여기에서 시작되었다."라고 하였다.
　우리 동방에서는 문학이 성대하였다고 할 수 있는데 실로 문창후에서 시작되었다. 문창후가 중국에서 북학 한 이래로 천하를 대명大鳴하였다. 동방 사람들이 비로소 문학이 귀한 줄 알게 되어, 성대하게 흥기하고 흠기歆企한 것을 바다 구석에서 바랄 수 있게 되었다. 문풍이 열리게 되자 독서하는 이들이 날로 더욱 많아지고 시·서·예의의 가르침도 그에 따라서 점차 시기에 맞게 번창하게 되었다. 이것을 얻었다면, 우리 성리학에 공로가 있다고 말할 수 있지 않겠는가? 또 문창후가 중국에 유학가서는 교수驕帥하고 요객妖客한 난리에 가담하지 않았고, 고국에 돌아와서는 음란한 폐주의 혼란한 조정을 용납하지 않았다. 그가 출처한 대절大節은 하나라도 도道에 합당하지 않은게 없다. 그가 석노釋老에 은둔하였다는 것은 대개 가탁함이 있었다고 하더라도 스스로를 감추었을 뿐이다. 진실로 가볍게 의논할게 아니다.82)

최치원이 충전蟲篆에 종사하였고 석노釋老에 가담하였기 때문에 문묘종사가 타당하지 않다는 의견에 대한 반론을 전개하고 있다. 최치원의 문묘종사가 합당하다는 근거를 제시하기 위한 것이다. 그 근거는 공로가 있기 때문이라는 것이다. 그 예로 "사전祀典에는 보공報功을 큰 것으로 삼았다."고 하면서 한나라에서 악조樂祖를 고종瞽宗에서 제사한 사례를 들고 있다. 악조樂祖는 음악을 기록하였을 뿐인데도 고종瞽宗에서 제사지내게 되었고, 한漢나라의 악樂은 여기에서 시작한다고 본시本始를 강조하고 있다. 홍석주와 서유구가 최치원에게서 시초始初, 본시本始를 강조한 것은 그가 우리 문화의 뿌리라는 자긍심을 표현한 것이다. 나중에 후술하겠지만 이는 북학파의 민족 주체성과 자존의식이라고 할 수 있다.[83]

홍석주는 동방의 문학이 최치원에게서 시작하였고, 이때부터 학문이 성대하게 되었고 이것이 시·서·예악으로 발달하게 되었으니 우리 성리학에 공이 있다고 하였다. 또 중국 황소의 난에 가담하지 않았고 진성여왕 시대의 혼란에도 가담하지 않았으니 그의 출처관도 대절大節하여 도道에 합당하다고 하였다. 또 그가 석노釋老에 의탁한 것은 그 사상을 믿어서가 아니라 스스로를 시대로부터 감추었

---

82) 『淵泉先生文集』 권17, 答徐觀察準平書. "世多言文昌侯早習蟲篆 晩逃釋老 不宜在兩廡之祀 愚獨謂不然 古之祀典 報功爲大 周禮春官之典曰 凡有道者有德者使敎焉 死則以爲樂祖 祭於宗 鄭康成釋之曰 若漢樂有制氏 詩有毛公 夫制氏之於樂 徒能記其鏗鏘鼓舞而已 猶可以與瞽宗之祭者 以漢之言樂者 昉于是也 吾東方之於文學 可謂盛矣 而實昉于文昌侯 自夫文昌侯之北學中國 而大鳴于天下也 東方之人 始知以文學爲貴 蔚然興起 而歆企者 相望于海隅 文風旣啓 讀書者日益多 而詩書禮義之敎 亦因之漸昌于時 是得不謂之有功于斯文哉 且文昌侯游于中國 而不及于驕帥妖客之亂 返于故國 而不苟容于淫嬖昏亂之朝 其去就大節 無一不合于道者 其逃于釋老 盖有托焉而自晦耳 固未可以輕議也"

83) 최영성, 앞의 책, 2012, 516~517쪽.

을 뿐이라는 것이다. 이를 신유학자의 출처관이라고 하는 연구도
있다.84) 또 사군자士君子로 표현한 출처관도 있다. 출처는 그 때를
잃지 않아야 하는데 현자가 아니면 가능하지 않다고 하였다.85) 사
군자이면서 현자인 최치원의 문학이 후세에 전해지지 않으면 안되
는데 그의 문학이 걸출할 뿐만 아니라 동국 문장의 근본이자 시초
이기 때문에 더욱 전해져야 한다는 뜻이다. 홍석주는 짧은 서문에
서 '동국문장東國文章의 본시本始'를 두 번이나 사용하고 있다.

정리하자면, 최치원은 동방 문장의 본시本始이기 때문에 보공報功
이 당연하고, 그의 학문은 결과론적으로 성리학까지 계승되었고,
그의 출처관은 도에 합당하고, 난세에 가담하지 않기 위해서 스스
로 세상과 멀어진 것이지 석노釋老에 가담한 것이 아니기 때문에
문묘종사가 타당하다는 뜻이다. 홍석주가 주장하는 문묘종사의 기
준은 조선시대의 일반적 기준과는 차이가 난다. 조선에서는 공적론
과 절의론에 입각한 문묘종사의 기준이 대립하다가 결국 절의론에
입각한 문묘종사가 시행된다.86) 따라서 최치원의 종사에 대한 반
대 입장이 자주 표명된다. 대표적인 인물이 송시열이다.

생각건대 주돈이周敦頤·정호程顥·장재張載·소옹邵雍 및 주자는 실
로 공맹孔孟의 정통正統을 계승한 분으로서 그 도道가 지극히 크고
그 공이 지극히 높아 십철十哲과 같은 반열에 있어도 오히려 낮다 하겠는

---

84) 노평규, 앞의 논문, 63쪽
85) 『계원필경집』 校印桂苑筆耕集序. "士君子立身蹈道 莫有大乎出處之際
出處而不失其時 非賢者 不能也 賢者之作 固不可使其無傳 況其文傑然
如彼 而又爲東國文章之本始者哉"
86) 池斗煥, 「문묘사전의 정비와 도통론의 확립」『조선전기 의례연구』, 서
울대학교 출판부, 1994.

데, 아직까지 외람되이 최치원 등과 함께 나란히 양무兩廡에 있으니
이는 매우 불가한 일 가운데 큰 것입니다.[87)

송시열의 생각은 북송의 오자五子 및 주자朱子가 최치원과 나란히
있는 게 불편하다는 생각이다. 그런데 최치원의 문묘종사에 부정적
인 생각은 송시열의 입장이 아니라 퇴계에게서 내려온 것이다. 송
시열은 "이미 배향된 분에 대해서도 퇴계가 문창文昌은 종사하기에
적합하지 않다고 하였다."라고[88) 한다. 아마 퇴계 이후 송시열까지
보편적인 생각이었을 가능성이 농후하다. 홍석주와는 다르다는 사
실을 알 수 있다. 홍석주가 이런 생각을 보이는 것은 그가 비단 성
리학뿐만 아니라 북학의 영향을 받았기 때문일 것이다. 홍석주가
북학 사상가로 이해되는 부분은 여러 곳에서 찾을 수 있다. 홍석주
의 『발해세가』는 북학파의 역사서술로 이해되고 있다.[89) 또 그의
문집에서 보이는 「실사구시설實事求是說」은 북학 사상의 일면을 보
여주는 저술이다.

그는 이 글에서 '然所求者利害之實 而非是非之實也'라고 하였으며,
또 '事必務實 實必求是'해야 한다고[90) 하였다. '이해지실利害之實'을
구해야 하지 '시비지실是非之實'을 구해서는 안된다는 것이다. 성리
학적 관점을 벗어나고 있는 것이다. 또 여기에서 주목되는 점은 홍
석주만이 이런 생각을 하고 있었던 것은 아니다. 심부審夫 이정리李

---

87)『송자대전』권17, 論文廟從祀疏.
88)『송자대전』권78, 答韓汝碩 戊辰七月.
89) 池斗煥,『한국사상사』, 역사문화, 1999, 274쪽.
90)『淵泉先生文集』권25, 實事求是說. "空言而非實事也 其營營于貨財衣食
之塗者 皆自謂求其實矣 然所求者利害之實 而非是非之實也 使其事必務
實 實必求是 則學安有不成 治安有不古若哉"

正履(1783~1843)도 독서를 통해 옛 사람의 도를 구하면서 크게 '실 사구시'네 글자를 벽에 써 놓고 홍석주에게 글을 보내 실사구시설 實事求是說을 지어달라고 요청하고 있다. 이정리의 생각은 홍석주의 생각과 말하지 않았도 같았던 모양이다.91) 이정리의 '실사구시'에 대한 관심은 김정희가 「실사구시설」을 짓는 사실과 무관하지 않 다.92) 추사는 1816년 31세 때에 「실사구시설」을 짓는다. 완원의 철저한 고증학적인 경학관과 옹방강의 한송불분론을 추사의 입장에 서 종합 정리한 새로운 경학관의 제시였다.93) 결국 실사구시설은 추사가 완성하는데 홍석주와 이정리의 영향이라고 볼 수 있다.

홍석주가 북학 사상을 이해하고 동조하고 있는 것은 박제가의 영 향도 있다고 생각된다. 민족 주체성과 자존의식을 고취하면서 문명 세계를 이루고자 했던 북학파들의 진취적인 사상은 최치원의 그것 과 흡사하다고94) 한다. 이런 모습은 최치원이란 인물 자체를 새롭 게 해석할 수 있었던 원동력이었다. 최치원이 동국의 문장에 기여 한 공로만으로 문묘종사가 타당하다는 논리였다. 이는 『계원필경집 』을 중간하는 계기가 되기에 충분하였다. 그래서 서유구에게 최치 원의 문집을 보냈을 것이다. 그해가 순조 33년(1833)이다. 이해 가 을에 서유구가 호남을 안찰하다가 무성서원을 배알하고는 석귀石龜 와 유상대流觴臺를 둘러보고 감개가 새로웠다고 한다. 때마침 홍석 주가 최치원의 문집을 보내 주면서 말하기를 "이것은 천 년 가까이

---

91) 『淵泉先生文集』 권25, 實事求是說. "李子審夫 讀書求古人之道 其行己 常顧其言 大書實事求是四字于壁 以書來曰 願有以爲說 余喜其意不約而 相合 遂書所與太初言者以歸之 太初素善於李子 其又以余言質之哉"
92) 崔植, 「19세기 散文의 美學的 特徵」『동방한문학』 50, 2012, 264쪽.
93) 池斗煥, 앞의 책, 1999, 272쪽.
94) 최영성, 앞의 책, 2012, 517쪽.

끊어지지 않고 실처럼 이어져 온 문헌이다. 그대는 옛글을 유통시킬 생각이 없는가?"라고95) 하였다. 그래서 시간이 오래 지나면 사라질 가능성이 커질까 염려되어 교정을 한 후 취진자로 인쇄하여 태인현의 무성서원과 합천군의 가야사에 나누어 보관하게 되었다고96) 한다. 이때의 정황을 이규경의 글에서도 확인할 수 있다. 실전된 글이 다시 나오게 되자 서유구는 이 책이 다시 없어질까 염려하여 이규경에게 교정을 위촉하고 발간을 감독하여 인쇄하였다고 한다.97)

한편 서유구는 「서문」에서 문집 간행뿐만 아니라 금석문까지 함께 수집해서 찍기를 원했던 것 같다. 그는 최치원이 신라로 돌아온 이후에 문집文集 30권을 남겼는데 지금 모두 산실되었다고 한다. 또 영남·호남 사이에 오래된 석각에는 최치원이 지은 것이 많은데 지금 만약 범궁梵宮과 사묘祠墓에 널리 수집하면 수십편을 얻을 수 있을 것이라고 하였다. 이 글들을 최치원의 원집原集에 덧붙이면 아마도 천백가운데 십일什一을 보존할 수 있을 것인데 겨를이 없어서 한스럽다고 하였다.98)

다음으로 검토할 내용은 문체에 대한 부분이다. 홍석주가 최치원의 출처관과 문묘종사 논의를 통해서 그에게 사상성을 투영한 이후에 가장 문제가 되는 부분이 사륙변려문에 대한 부정적 입장을 해

---

95)『계원필경집』校印桂苑筆耕集序, 서유구.
96)『계원필경집』校印桂苑筆耕集序, 서유구.
97)『오주연문장전산고』경사편, 崔文昌事蹟辨證說.
98)『金華知非集』권3, 與淵泉洪尙書論桂苑筆耕書. "據唐志是集之外 又有文集三十卷 此皆東還後作 而今已散佚無傳 惟嶺湖之間久遠石刻 大抵多孤雲撰 今若廣蒐博訪於梵宮祠墓之間 尙可得數十篇 彙附原集 庶可存什一於千百 而卒卒未暇可恨也"

결하는 것이다. 서유구가 「편지」에서 최치원의 문체를 언급한 부분
을 살펴 보자.

　고운이 중원에서 북학北學할 때는 원화元和 연간의 여러 대가들과의
거리가 멀지 않았다. 그래서 그들의 의견에 영향을 접할 수 있었을
것인데 그의 서書·기記·잡문雜文을 자세히 살펴보니 오히려 육조의
변려문체를 따르고 있었다. 마치 한유韓愈와 이고李翶의 유풍을 듣지
못한 듯하였다. 고운과 같이 고금에 뛰어난 인재가 오히려 이와 같은데
하물며 그 아래의 인물들은 역시 논할게 없다.99)

　최치원이 중국에 가서 공부할 때는 원화元和 연간(806~820)에
활약하던 대가들과의 시간상 거리가 멀지 않아서 오히려 그들의 영
향을 받을 수 있었을 가능성이 컸는데 실제로는 받지 못했다고 한
다. 원화 연간에 활약하던 대가는 한유韓愈(768~824)를 지칭하는
것이다. 서유구가 생각할 때는 한유의 문체를 추종할 수 있었을 가
능성을 제기하고 있는 것이다. 하지만 서유구가 최치원의 서書·기
記·잡문雜文을 살펴보니 오히려 육조六朝의 변려체를 따르고 있었
는데 이는 마치 한유韓愈와 그의 제자 이고李翶의 문체를 들어보지
못한 듯하다고 하였다. 서유구의 「편지」를 계속 살펴보자.

　산천이 종육鍾毓하고 기풍이 유어囿圉하여 끝내 한번 변하여 지도至道
를 이루기가 어려웠단 말인가? 아니면 한유와 이고가 잠시 묻히고

---

99)『金華知非集』 권3, 與淵泉洪尚書論桂苑筆耕書. "孤雲之北學中原 距元和
　 諸大家不甚遠 尚可接其咳唾影響 而夷考其書記雜文 猶循六朝偶儷之體
　 殆若未聞韓李之風者然 以孤雲之冠絶今古尚如此 況其下焉者 又勿論也"

이후에 빛나게 되었다는 구양자의 말과 같아서 그런가? 그런데 마침
고운이 중국에 간 시점은 이들이 잠시 묻힌 시기였다. 그래서 세상이
좋아하는 바를 버리지 못하고 당대 작가들의 전철을 따르게 되었으니
참으로 그 형세가 그러했던 것이리라. 시는 더욱 평이해서 만당晩唐의
유향遺響으로 결코 분류할 수 없으니 이 역시 특이하다.100)

한유와 이고가 활약하던 시점은 중당中唐 시기였고 최치원이 중
국에 간 시점은 만당晩唐 시기였다. 만당 때는 한유와 이고가 잠시
묻힌 시기인데 최치원이 이때 중국의 당시 작가들이 추구하던 변려
체를 쓰게 되었다고 한다. 서유구가 최치원에 대해서 이렇게 생각
하고 있는 것은 그가 사륙변려체를 어쩔 수 없이 따르게 되었다는
것을 강조하는 것이다. 이는 서유구 이전까지 최치원의 문장에 대
한 평가에서 그의 문장이 변려문이었기 때문에 제대로 인정받지 못
한 것을101) 염두에 두었기 때문이다.

최치원의 문장은 문장만을 곱고 아름답게 꾸미는 것에 치중한 나
머지 자기 생각을 제대로 나타내지 못한 경우가 없다고 한다. 즉,
자기가 말하고자 하는 바에 구애됨이 없이 표달表達하였고, 오히려
실용문을 예술적으로 승화시켰다고 할 수 있다고 한다. 더욱이 그
는 문장이란 도道를 드러내기 위한 수단이라는 문장관에 입각하여
도를 추구하는 의식을 가지고 있었다고 한다.102)

---

100) 『金華知非集』 권3, 與淵泉洪尙書論桂苑筆耕書. "豈山川之所鍾毓 風氣
之所囿圉 終夏夐乎一變至道之難歟 抑韓李之蔽於暫而耀于後 如歐陽子
之云 而孤雲適際 暫蔽之時 則其不能捨世好而追作家之轍 固其勢然歟
詩尤平易 絕不類晩唐遺響 亦可異也"
101) 최영성, 「최치원과 『계원필경집桂苑筆耕集』」 『선비문화』 2, 2004, 67쪽.
102) 최영성, 위의 논문, 69쪽.

서유구의 「편지」에 대한 홍석주의 「답장」에서 그가 언급한 최치원의 문장과 체제에 대한 논의는 지극 정당해서 찬사의 말 한마디도 더 보탤게 없다고[103] 말하고 있다. 그러면서 홍석주는 「서문」에서 최치원이 당시 시대적 조류에 의해서 어쩔 수 없이 변려문에 집중하게 되었다고[104] 설명하고 있다. 홍석주는 최치원에 대해서 동방 문장의 근본이라고 한 이유가 변려문 때문은 아니라는 점을 강조하기 위해서 새로운 접근 방법을 시도하고 있는 것이다. 최치원의 문장에서 고문古文을 발견하겠다는 의도를 보이고 있다. 다음에서 그 근거를 다시 찾아보도록 하자.

그렇긴 하지만 공이 지은 글을 보면 왕왕 화려하면서도 들뜨지 않은 것이[多華而不浮] 많음을 알 수 있다. 가령 격황소서檄黃巢書 1편만을 보더라도 기운이 굳세고 뜻이 곧으니[氣勁意直] 결코 교묘하게 아로새기려[雕鏤] 한 것이 아니요, 그가 지은 시 역시 평이平易·우아優雅하니 만당의 사람들이 미칠 수 있는 바가 더욱 아니라고 할 것이다. [105]

여기서 주목되는 바가 '다화이불부多華而不浮'라는 표현으로 화려하기는 하지만 들뜨지는 않았다는 것이다. 그런데 홍석주이 이런 표현을 쓴 것은 이미 구양수歐陽修에 대해 '여이불부麗而不浮'라고[106]

---

103) 『淵泉先生文集』 권17, 答徐觀察準平書. "來書論文章體裁及辨齊東謬悠之言 皆極精當 無容贊一辭"
104) 『계원필경집』 校印桂苑筆耕集序, 홍석주. "世或謂公文皆騈儷四六 殊不類古作者 公之入中國 在唐懿僖之際 中國之文 方專事騈儷 風會所趨 固有不得而免者"
105) 『계원필경집』 校印桂苑筆耕集序, 홍석주.
106) 『淵泉先生文集』 권25, 集八家文答仲. "愈之後三百有餘年而後 得歐陽子 其爲文章 博而精 麗而不浮 其歸本於道者 豈容有 若鞏者哉"

언급하였기 때문이 아닌가 한다. 최치원의 문장이 구양수처럼 화려
하지만 들뜨지는 않았다는 것을 비유한 것이다. 또 '다화이불부多華
而不浮'라는 표현은 「격황소서」를 가르키는 것으로 문장의 성격은
'기경의직氣勁意直'하다는 것이고 결코 '조루雕鏤'에 힘쓰려고 하지 않
았다는 것이다. 조루雕鏤는 조충전각雕蟲篆刻과 같은 뜻이라고 할
수 있다. 최치원 자신도 「계원필경서桂苑筆耕序」에서 어쩔 수 없이
조충전각하게 되었음을 '但以童子篆刻 壯夫所懟'이라고 말하고 있다.
이는 한의 양웅이 지은 『법언法言』에서 빌려온 것이다.107) 문장만
을 위한 문장을 저술하는 것은 군자로서 부끄럽다는 것이다.

홍석주가 '다화이불부多華而不浮'라는 표현을 사용한 것은 그가 판
단하기에 최치원의 문장이 기교를 일삼는 변려문만은 아니라는 것
이다. 또 그의 시에 대해서도 '평이근아平易近雅'하여 만당晚唐의 시
인들이 미칠 수가 없는 바라고 하였다. 서유구도 앞에서 본 바와
같이 '詩尤平易 絶不類晚唐遺響'이라고 하였다. 만당은 당 문종 이후
약 70년간(836~907)을 이르는 시기이다. 홍석주가 최치원의 시에
대해서 적극 제시한 것은 만당풍과는 다르다는 것이다. 근래 연구
자들이 최치원의 시를 적극적으로 해석하여 그의 시를 일방적으로
만당풍이라는 견해를 비판하고 있다.108)

홍석주의 생각은 최치원의 문장이 '다화多華'와 '조루雕鏤'한 변려
문에 집중된 것이 아니고 '기경의직氣勁意直'한 문장이라는 것이다.

---

107) 『法言』 권2, 吾子. "或問 吾子少而好賦 曰然童子雕蟲篆刻 俄而曰 壯
夫不爲也"
108) 윤인현, 「『桂苑筆耕集』 所載 崔致遠의 漢詩 小考」 『한국고전연구』
15, 2007.
김동준, 「歸國期 崔致遠 漢詩의 自負와 壯心에 대하여: 『桂苑筆耕』 卷
20에 수록된 漢詩 30수에 대한 독해」 『진단학보』 112, 2011.

『계원필경집』의 대다수를 이루는 변려문을 제쳐두고 소수의 내용에서 최치원 문학의 성격을 발견하려는 홍석주의 의도는 무엇일까? 그가 보고자 하는 것은 그때까지 최치원에 대한 평가를 뛰어넘고자 하는 의도가 아닐까? 이는 사군자士君子로써 최치원을 인정하고 그의 문장에서 '기경의직氣勁意直'과 '평이근아平易近雅'만을 보고자 하여 고문古文에 가까운 성격을 찾고자 한 것이라고 해석할 수 있다. 이는 한유가 전개한 고문운동과 유사한 면이 있다. 한유의 고문 운동과 최치원의 연관성을 더 찾아보자.

한유는 「답이익서答李翊書」 중에서 '氣盛則言之短長 與聲之高下者 皆宜也'라고 하여 '기성언의氣盛言宜'를 강조하고 있었는데 이는 작자의 수양修養을 뜻하는 것이다. 이를 한유는 '문도합일文道合一'이라고 하였으며, 위인爲人의 도덕수양을 통해서 위문爲文의 창작이 나오는 것이라고[109] 하였다. 그래서 한유가 「답이익서答李翊書」에서 강조하는 부분은 서한西漢과 동한東漢의 문장이 아니면 보지 않았고, 성인의 뜻이 아니면 마음에 담아두지 않았다는[110] 것이다. 그러면서 인의仁義의 도를 행하여 시서詩書의 근원으로 돌아가고자 한 것이다. 고문 운동의 핵심을 표현한 것이다. 이를 통해 볼 때, 홍석주가 '기경의직氣勁意直'를 강조한 것은 다분히 한유의 '기성언의氣盛言宜'를 염두에 둔 것이 분명하다. 그래서 '기경의직氣勁意直'했다고 하였을 것이다. 홍석주가 최치원의 문장을 한유와 비교한 것은 다음에서도 확인할 수 있다.

---

109) 王國瓔, 『中國文學史新講 下』 聯經出版社, 2006, 615쪽.

110) 『別本韓文考異』 권16, 答李翊書. "非三代兩漢之書不敢觀 非聖人之志 不敢存 處若忘 儼乎其若思 茫乎其若迷 … 行之乎仁義之途 游之乎詩書之源 無迷其途 無絶其源"

〔홍석주〕 自夫文昌侯之北學中國 而大鳴于天下也[111]

〔서유구〕 終以文章鳴一世[112]

〔한유〕 漢之時司馬遷相如揚雄 最其善鳴者也[113]

홍석주는 최치원이 중국에서 공부한 후 그의 문장이 천하를 울렸다고 하였다. 이때 '대명大鳴'은 다분히 한유의 '선명善鳴'을 염두에 두고 한 말이다. 한유의 「송맹동야서送孟東野序」를 살펴보자. 한나라 때는 사마천・사마상여・양웅이 '선명善鳴'하였으나, 위진 이래로는 옛날에 미치지 못하였다고 하였다. 위진남북조의 변려문이 고문보다 못하다는 뜻이다. 맹교가 위진의 문사들보다는 훨씬 뛰어나다는 뜻이며, 자신의 제자인 이고와 장적을 맹교와 포함해서 '선명善鳴'하다고 하였다. 한편 홍석주가 한유의 선명善鳴과 최치원의 대명大鳴을 비교하였다는 것은 양웅揚雄을 통해서도 확인된다. 홍석주는 「답장」에서 "고인들이 후세의 자운子雲〔양웅〕을 귀하게 여기는 까닭이다."라고[114] 하였다. 이는 최치원의 문장이 간행되면 양웅의 글이 세상을 울렸듯이 세상을 울리는 학자들이 나온다는 뜻이다. 마

---

111) 『淵泉先生文集』 권17, 答徐觀察準平書.

112) 『계원필경집』 校印桂苑筆耕集序, 서유구. "夫以海隅偏壤之産 而弱齡北學 取科宦如拾芥 終以文章鳴一世 同時賓貢之流 莫之或先 豈不誠豪傑之士哉"

113) 『고문진보』 送孟東野序. "漢之時司馬遷相如揚雄 最其善鳴者也 其下魏晉氏 鳴者不及於古 然亦未嘗絶也 … 其存而在下者孟郊東野 始以其詩鳴 其高出晉魏 不懈而及於古 其他浸淫乎漢氏矣 從吾游者李翶張籍其尤也 三子者之鳴 信善鳴矣"

114) 『淵泉先生文集』 권17, 答徐觀察準平書. "夫以文昌侯之卓然有立於世如是 其蔚然有功於吾東又如是 而其遺文幾泯于後 倘微台執事爲之拳拳而表章之 則吾東方讀書操觚之士 皆將有餘媿矣 嗟乎 此古人所以貴後世之子雲也"

지막으로 최치원의 문집이 중간된 이후의 상황에 대해서 홍석주는
「답장」에서 언급하고 있다.

〔문집은〕 뛰어난 구성으로 서술되어 위로 반쯤은 증자고가 「이백시집
후서李白詩集後序」를 지으면서 사용한 문체를 쓰고, 아래로 반쯤은 고염
무가 쓴 『정림집亭林集』의 제편諸篇과 크게 유사하다. 그러나 간간이
의론議論이 나오기는 하지만 하늘을 우러러 땅을 굽어 보면서 감개하게
되어 일창삼탄一唱三歎하게 된다. 구양영숙歐陽永叔과 귀희보歸熙甫의
유운遺韻이 있고, 자양선생紫陽先生이 한문공韓文公의 다리 아래로는
문장을 지을 수 있는 곳이 아니라고 하였다.115)

『계원필경집』은 뛰어나게 구성되고 서술되었다고 한다. 그래서
위로 반쯤은 증자고曾子固가 「이백시집후서李白詩集後序」를116) 쓰면
서 사용한 문체와 비교할 수 있다는 것이고, 아래로 반쯤은 고염무
가 쓴 『정림집亭林集』의 제편諸篇과 방불하다는 의미이다. 증자고는
증공曾鞏을 말하는데 증공은 홍석주가 존중하는 당송팔가 중의 한
명이고,117) 고염무는 명말청초의 고증학자이다.
  또 중간된 책은 구양영숙歐陽永叔과 귀희보歸熙甫의 유운이 있고,
자양선생紫陽先生이 보기에 한문공韓文公의 다리 아래로는 문장을

---

115) 『淵泉先生文集』 권17, 答徐觀察準平書. "傑搆叙述 上一半 用曾子固序
    李白集軆 下一半 大類亭林集中諸篇 而間出議論 俯仰感慨 一唱三歎
    有歐陽永叔歸熙甫之遺韻 紫陽先生有言韓文公脚下 非做文章地"
116) 『元豊類稿』 권12, 李白詩集後序.
117) 『淵泉先生文集』 권16, 答舍弟憲仲書. "因念十三四歲時 酷好讀八家文
    到曾子固所作 輒眊然欲坐睡 其後十餘年間 再讀三讀 漸覺有味 自三十
    歲以後 則知好之矣 而猶往往恨其太冗蔓 至今年而後 始悟其簡潔謹嚴
    眞得西漢遺軌 雖蘇氏兄弟 猶當斂袵"

지을 수 있는 곳이 없다고 하였다. 구양영숙歐陽永叔은 구양수 (1007~1072)를 말하며, 귀희보歸熙甫는 명나라 때의 문장가인 귀유 광歸有光(1506~1571)이다. 귀유광의 자는 희보熙甫이고 강소성 곤 산崑山 사람으로 당시 전후前後 칠자七子의 복고주의復古主義에 반대 하고 당송 고문을 제창하였다. 자양선생紫陽先生은 주자朱子를 말하 며 한문공韓文公은 한유를 말한다. 그 내용은 주자가 보기에도 한유 의 문장이 뛰어나기 때문에 한문공의 다리 아래는 문장을 지을 수 있는 곳이 아니라는 뜻이다. 이는 주자가 진부중陳膚仲으로부터 원 주袁州의 학기學記를 지어 달라는 청을 받고 말하기를 "더구나 또 한 문공의 다리 아래는 문장을 지을 수 있는 곳이 아니다.〔況又韓文 公脚下 不是做文章處〕"라고 하였다.118)

　　전체적으로 홍석주가 최치원에 비유한 인물을 확인하면 한나라의 양웅, 당나라의 한유, 송나라의 구양수·증공·주자, 명나라의 귀 유광, 청나라의 고염무이다. 이는 북학파의 이론 중에서 성리학과 고증학의 장점을 수용하려는 한송불분론漢宋不分論의 입장을 취하고 있다고 생각된다.119)

4. 결론

　　최치원의 『계원필경집』은 우리 민족뿐만 아니라 동아시아의 문화 유산이다. 이 책은 사륙변려문으로 되어 있기 때문에 성리학과 고

---

118) 『朱子大全』 권49, 答陳膚仲.
119) 다음 학자들은 한송절충론이란 용어를 사용하지만 그 뜻은 같다. 김
　　문식, 앞의 책과 崔植, 앞의 논문.

문을 중시하는 조선 시대에는 대체로 저평가를 받아 왔다. 고문가
인 홍석주가 북학 시대에 이 책의 중간을 주도하게 되는데, 그 이
유를 해결하고자 하는 것이 본 논문의 목적이었다. 전체 내용을 압
축 정리하면서 결론에 대신하고자 한다.

홍석주의 가문은 남양 홍씨 홍주원부터 현달하게 되는데, 그가
선조와 인목대비의 1녀인 정명공주에게 상尙하여 영안위가 되었기
때문이었다. 영안위의 현손이 홍상한이고 그의 아들이 영의정 홍낙
성인데 그는 홍석주의 본생조이다. 홍상한의 사촌이 홍봉한이고 그
의 딸이 혜경궁 홍씨이다. 서유구는 정신옹주의 후손이다. 정명공
주와 정신옹주는 모두 선조宣祖의 딸이다. 『계원필경집』의 중간을
주도한 두 인물이 모두 선조의 공주 집안이었고, 외가로 연결되고
있었다. 두 인물은 함께 『계원필경집』의 서문을 쓰고 있다.

효자로 이름 난 정조는 어머니 집안에 대해 두터운 배려를 보인
다. 특히 정조 19년(1795)은 사도세자와 혜경궁 홍씨의 회갑이 되
는 해이다. 이때 영의정인 홍낙성의 손자 홍석주가 현륭원 능행 기
간에 사마시에 합격한 이후 같은 해에 대과, 초계문신, 승륙을 동
시에 얻고 있다. 그의 재능에서 특히 기대하는 부분이 있다는 것이
다. 그것은 그의 가문에서 종조부 홍낙최·홍낙명, 부친 홍인모,
동생 홍길주 등이 모두 고문古文에 뛰어난 것과 관계된다. 정조는
문체반정을 이끌고 갈 인재로 홍석주를 낙점하였던 것이다. 그래서
홍낙성에게 특별한 하교를 내리면서 홍석주에게 당부하도록 한다.
경의經義와 동시에 박실한 문장에 힘쓰라고 기대를 표명한 것이다.

정조의 문체반정은 고문운동과 연계되는데 이는 당시 유행하던
패관잡기, 소품체, 서학西學문제에 대한 대처방안이었고 그 근원으

로 박지원의 문체를 지목한다. 그래서 송유宋儒의 사상과 팔가八家의 문장을 동시에 체화해야 하는 것으로 생각하게 된다. 도문일치론道文一致論이다. 사상과 문장의 일치라고 할 수 있다. 그래서 이미 1781년에 『당송팔자백선唐宋八子百選』을 완료하고 있다. 팔가 중에서도 한韓·유柳·구歐·소蘇의 사가四家를 강조하였고, 그 중에서도 한유와 소식을 바탕으로 삼아야 한다고 규정하고 있다

정조가 홍석주에게 부탁한 고문에 대한 정진은 정조 사후에도 계속된다. 그것은 자신이 혜경궁 홍씨와는 8촌간이고, 동생 홍현주가 순조의 친동생인 숙선옹주에 상尙한 왕실의 지친至親이었기 때문으로 보인다. 그의 고문 이론은 고문古文의 독서를 통한 고법古法의 터득을 강조하였으며, 당송고문에 주목하게 된다. 그래서 정조의 『당송팔자백선』를 계승하여 『사가문초四家文鈔』를 저술하였다. 이 책에서 한韓·유柳·구歐·소蘇의 사가四家를 현창하고 있다. 홍석주는 정조의 대변자이며 계승자의 위치를 점하고 있는 것이다.

이 책의 중간에 대한 당위성을 확보하기 위해서는 최치원에게 사상성을 부여하고, 문장에 대해서는 새로운 가치를 투영해야만 했을 것이다. 사상과 문장을 일치시켜 중간하고자 한 계획이었다. 계기는 서유구가 50년 전에 연암 박지원과 함께 찾았던 이 책을 홍석주가 1833년 그에게 빌려주면서 시작된다. 또 박제가가 최치원을 '북학 사상의 선구'로 이해한 것도 영향을 미쳤을 것이다.

홍석주는 최치원의 문장이 동국문장東國文章의 본시本始라고 인정하고 있다. 그 때문에 문묘종사가 당연하다고 한다. 기존의 성리학자 중에서 퇴계 이황과 우암 송시열은 최치원의 문묘종사에 대해서 절의론적 기준에 입각해서 부정적인 입장을 보이고 있었다. 그러나

홍석주는 최치원의 글은 동방 문장의 본시本始라서 그 학문이 결과적으로 조선의 성리학까지 연결되었고, 그 보공報功은 문묘종사가 당연한 것이고, 그의 출처관은 합당한 것이었으며, 석노釋老에 대해서도 긍정적이었다고 인식하는 등 전향적인 입장을 보인다. 이런 태도는 북학을 수용하였을 때 가능한 것이다.

그의 가문은 노론—낙론을 계승하고 있는데 낙론에서 북학 사상이 배태되고 있었다. 그의 북학 사상은 『발해세가』와 「실사구시설」에서 잘 알 수 있다. 그의 「실사구시설」은 추사 김정희의 그것과도 연계되고 있다는 점에서 의의가 있다. 그의 사상은 성리학에서 출발해서 북학으로 진입했다고 할 수 있다. 그가 「실사구시설」에서 '이해지실利害之實'을 구하라고 한 것은 성리학적 공리공담을 벗어나자는 것이다.

다음으로 홍석주는 최치원의 문체에 대해서 새로운 해석을 보이고 있다. 최치원이 당시 중국에 체류하는 만당 시기에서는 사륙변려체가 유행하였기 때문에 어쩔 수 없이 사용하였다는 점을 강조하고 있다. 본심은 변려문에 있지 않다는 것이다. 그래서 홍석주는 최치원의 문장에서 고문古文의 요소를 발견하고자 한다. 그의 문장의 성격을 '다화이불부多華而不浮'라고 하였는데 이는 당송팔가唐宋八家인 구양수의 문장을 '여이불부麗而不浮'라고 표현한 것과 동일하다. 또 「격황소서」를 '기경의직氣勁意直'하다고 하였고, 그의 시는 '평이근아平易近雅'하여 만당晚唐의 시인들이 미칠 수가 없는 바라고 하였다. 이는 한유가 전개한 고문운동과 유사한데, '기경의직氣勁意直'은 한유의 「답이익서答李翊書」에 나오는 '기성언의氣盛言宜'와 비교한 것이다. 또 홍석주는 최치원의 문장을 '대명우천하大鳴于天下', 서유구는 '이문장명일세以文章鳴一世'라고 표현하였는데, 이는 한유가 「송맹동야서送孟東野序」에서 '최기선명最其善鳴'이라고 표현한 것과 비교하자는 목적이었다. 또 만일 그의 책을 중간한다면 양웅揚雄과 같은 학자가 나오게 된다고도 하였다. 양웅은 한나라를 울린 문장가이기 때문이었다. 중국 문장의 본시本始 중 한명이 양웅이라면 동방 문장의 본시本始가 최치원이란 뜻이다.

홍석주는 최치원을 한유·구양수를 비교함으로써 그가 고문을 지향했다는 점을 인식시키고 싶어 한 것이다. 그것이 '기경의직氣勁意直'과 '기성언의氣盛言宜', '대명大鳴'과 '선명善鳴', '다화이불부多華而不浮'와 '여이불부麗而不浮'의 비교였다. 사상과 문학을 일치시키려는 의도일 것이다. 최치원과 한유·구양수에게 문도합일文道合一을 동일하게 적용하고자 한 것이다. 결국 홍석주는 정조의 관점을 충실히 계승하여 문체반정 이후의 국면에 이론적 근거를 마련하고 있는데, 당송 고문가의 문도합일과 홍석주의 문도합일은 지향하는 바가 같다고 할 수 있다.

하지만 홍석주는 단지 정조를 충실하게 계승한 것만이 아니고 새로운 시대를 열어준 선구자였다. 그가 중간하도록 한 『계원필경집』은 그 구성과 서술이 뛰어나서 증공의 「이백시집후서李白詩集後序」, 고염무의 『정림집亭林集』 제편諸篇, 구양수와 귀유광의 유운遺韻, 주자가 평가한 한유의 문장이 있다고 하였다. 전체적으로 홍석주가 최치원과 비유한 인물을 확인하면 한나라의 양웅, 당나라의 한유, 송나라의 구양수·증공·주자, 명나라의 귀유광, 청나라의 고염무이다. 이는 북학파의 이론 중에서 성리학과 고증학의 장점을 함께 수용하려는 한송불분론漢宋不分論의 입장을 취한 것이다.

　결론적으로 홍석주는 정조正祖의 유지遺志인 고문론古文論을 최치원의 문체에 적용하고, 북학 사상적 인물관을 최치원에게 투영하고 있다. 이는 북학 시대에 최치원과 그의 문집에 대한 재인식이자 한송불분론漢宋不分論이라고 할 수 있다. 그와 그의 책을 통해 민족의 주체의식과 자부심을 표현하고자 한 것이다. 그래서 연암 박지원의 뜻을 이은 서유구와 함께 『계원필경집』을 중간하게 된다.

〈참고문헌〉

『계곡선생집』, 『계원필경집』, 『고려사절요』, 『고문진보』, 『국조보감』, 『別本韓文考異』, 『송자대전』, 『여한십가문초』, 『淵泉先生文集』, 『열하일기』, 『오주연문장전산고』, 『元豊類稿』, 『일성록』, 『정조실록』, 『鶴岡散筆』, 『현종개수실록』, 『홍재전서』

김문식, 『朝鮮後期 經學思想硏究 -正祖와 京畿學人을 중심으로-』, 一潮閣, 1996.

양웅렬, 『조선의 왕비가문』 역사문화, 2014.

王國瓔, 『中國文學史新講 下』 聯經出版社, 2006.

池斗煥, 『왕실 친인척과 조선정치사』 역사문화, 2014.

池斗煥, 『한국사상사』, 역사문화, 1999.

최영성, 『고운 최치원의 철학사상』, 문사철, 2012.

금동현, 「19세기 전반기 산문 이론의 전개 양상과 그 의미 - 홍석주, 김매순을 중심으로- 」『東方漢文學 』25, 2003.

김도련, 「古文의 원류와 성격」『한국학논총』 2, 1979.

김동준, 「歸國期 崔致遠 漢詩의 自負와 壯心에 대하여」『진단학보』112, 2011.

김문식, 「洪奭周의 經學思想 硏究」『규장각』16, 1993.

김창겸, 「고운 최치원에 대한 후대인의 평가」『신라 최고의 사상가 최치원 탐구』, 주류성, 2001.

김철범, 「淵泉 洪奭周의 古文論」『한국한문학연구』12, 1989.

김철범, 「洪奭周 古文의 예술적 특징」『한국한문학연구』22, 1998.

노평규, 「최치원 유학사상의 특성 연구」『범한철학』20, 1999.

마종락, 「정조조 고문부흥운동의 사상과 배경」『한국사론』 14, 1986.

박동주, 「洪奭周 原體散文의 담론생산자적 의미와 수사적 특성」『동아시아문화연구』 55, 2013.

심경호, 「최치원과 동아시아 문학」『고운 최치원의 시문학』, 문사철, 2011.

吳允熙, 「최치원의 문학세계」『신라 최고의 사상가 최치원 탐구』, 주류성, 2001.

유봉학, 「徐有榘의 學問과 農業政策論」『규장각』 9, 1986.

윤인현, 「『桂苑筆耕集』 所載 崔致遠의 漢詩 小考」『한국고전연구』 15, 2007.

윤재민, 「문체반정의 재해석」『고전문학연구』 21, 2002.

이의강, 「正祖의 唐宋八家文 批評 小考」『민족문화』 16, 1993, 148쪽.

임종욱, 「홍석주의 『학강산필』에 나타난 문학론 연구」『韓國文學硏究』 21, 1999.

정민, 「연천 홍석주의 학문정신과 고문론」『한국학논집』 16, 1989.

정옥자, 「규장각 초계문신 연구」『규장각』 4, 1981.

정옥자, 「정조의 학예사상」『한국학보』 11, 1988.

池斗煥, 「문묘사전의 정비와 도통론의 확립」『조선전기 의례연구』, 서울대학교 출판부, 1994.

崔植, 「19세기 散文의 美學的 特徵」『동방한문학』 50, 2012.

최신호, 「연천 홍석주의 문학관」『동양학』 13, 1983.

최영성, 「최치원과 『계원필경집桂苑筆耕集』」『선비문화』 2, 2004.

〈Abstract〉

Hong, Seok-Ju's Theory on Classical Prose古文論 and the meaning of Publication of *Gyewonpilgyeongjip*『桂苑筆耕集』 /
Lee, Seong-ho

Both Hong, Seok-ju and Seo, Yu-gu, who published *Gyewonpolgyeongjip*『桂苑筆耕集』, were of the families that had the sons-in-law of the King Seonjo宣祖. Hong, Seok-ju's family belonged to the Noron老論‾Nakron洛論 families and its academic traditional was Classical Prose古文. He took charge of the Restoration of Literary Style文體反正 and the theory on Classical Prose古文論 at the behest of King Jeongjo正祖 due to Lady Hyegyeong.

Park Je-ga considered Choi, Chi-Won as 'the pioneer of Northern Learning thought' under the influence of Park, Ji-won, as one of his disciples. Being in succession to the academic line of Park, Ji-won, Seo, Yu-gu led the publication of *Gyewonpolgyeongjip*.

In order to justify the publication, Hong, Seok-ju not only applied the theory on Classical Prose to the literary style of Choi, Chi-won, but also presented him as who was imbued with Northern Learning thought. He compared Choi, Chi-won to the following scholars: Yang Xiong of the Han Dynasty, Yang Xiong of the Tang Dynasty, Ouyang Xiu and Zeng Gong of the Song Dynasty, Gui Youguang of the Ming Dynasty, and Gu

Yanwu of the Qing Dynasty. These descriptions show that he breaks away from Neo-Confucianism and accepts Northern Learning, which can be seen as the idea that Evidential Scholarship and Neo-Confuscianism should be complementary漢宋不分論. This may come from the fact that Hong, Seok-ju himself wrote *Balhaesega*『渤海世家』 and a treatise, "On Seeking Truth from Facts"「實事求是說」 as a member of the Northern Learning School. His treatise was succeeded by Chusa Kim, Jeong-hee.

In conclusion, Hong, Seok-ju attempted to present a sense of national identity and pride by means of Choi, Chi-won and his *Gyewonpolgyeongjip* in the period of Northern Learning.

Key Word: Hong, Seok-ju홍석주, the theory on Classical Prose古文論, King Jeongjo정조대왕, Gyewonpolgyeongjip『계원필경집』, the Idea that Evidential Scholarship and Neo-Confuscianism should be complementary 漢宋不分論

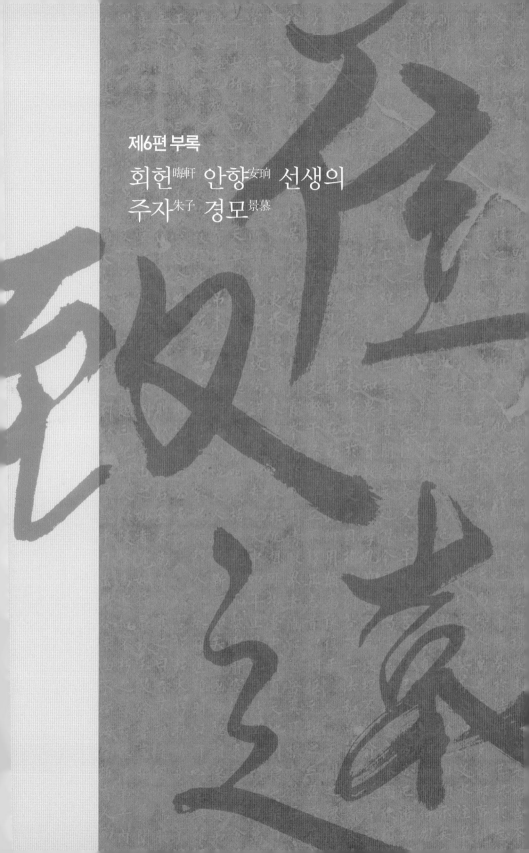

제6편 부록

회헌^{晦軒} 안향^{安珦} 선생의
주자^{朱子} 경모^{景慕}

제6편 회헌晦軒 안향安珦 선생의 주자朱子 경모景慕

1. 서론

회헌晦軒 안향安珦(1243~1306) 선생이 우리나라에 주자성리학을 도입한 공로는 이미 잘 알려져 있다. 도입 이후에는 사문斯文에 흥학양현을 통해 이바지하였다. 때문에 고려 문묘에 배향된 이후 계속 계속 현창 작업이 진행되었고 조선 최초의 서원인 백운동서원도 선생의 구향舊鄕에 세워지게 된다.

하지만 회헌 선생이 끼친 영향에 비해 연구 성과가 적은 이유는 직접 남긴 문집이 없고 저술이 드물기 때문이었다. 그나마 이를 통해서 연구가 지속되고 있는 것은 다행이라고 할 수 있다. 최근의 학술적 성과를 일목요연하게 정리하고 있는 다음 연구가 참고되는데,[1] 이를 통해보면 새로운 방법론의 도입을 통해 새로운 자료를 발굴하는 게 필요하다고 생각되었다. 『고려사』의 '常掛晦庵先生眞以致景慕 遂號晦軒'이라는 기사를 보면서 든 생각이다.

경모景慕하는 이를 따라서 호를 바꾸는 경우는 사숙私淑하거나 직접 훈도薰陶를 받지 않는 이상 하지 않는 것이 일반적이다. 그래서 아직 학계에 상정되지 않은 방법론을 시행해보고자 하는 의도가 생겼다. 첫 번째로 주자의 진상眞像이란 무엇을 말하며, 두 번째로 회암晦庵이란 호는 언제부터 사용했는지 파악하고 싶었다. 또 하나

---

1) 정상홍, 「회헌 안향 선생 연구의 성과와 과제」 『한국선비연구』 2, 2014.

진상 즉 화상畵像에는 대개의 경우 화상찬畵像讚이 따른다는 사실을 통해 화상찬도 검토할 필요가 있을 것이다. 이런 자료를 살펴보면, 회헌 선생이 호를 바꾼 뜻을 이해할 수 있지 않을까 기대한다.

논문의 방향은 다음과 같이 크게 두 가지로 설정하고자 한다.

첫째, 주자의 화상畵像·화상찬畵像讚과 관련된 내용을 『회암집晦庵集』에서 찾아 그가 남긴 생각을 「사조명寫照銘」·「송곽공진서送郭拱辰序」·「자경사自警詞」의 화상찬을 통해 확인하고자 한다. 이와 함께 주자 자신이 직접 지은 선현들의 「육선생화상찬六先生畵像贊」도 연계해서 살펴보고, 후학들이 지은 주자 화상찬도 덧붙여 검토하고자 한다. 이들 주자학파 화상찬의 공통점을 회헌 선생이 제대로 간파했기 때문에 자신의 호를 바꾸었을 것이다. 호를 바꾼다는 것은 경모하는 인물의 인품과 사상을 깊이 알아야만 가능한 것이다. 따라서 이런 의식이 회헌 자신의 화상과 화상찬에 어떻게 계승되었을까 하는 점도 밝혀보고자 한다.

둘째, 옛 선인들이 호를 짓는 방법을 먼저 검토하고 회헌이 누구의 영향을 받았는지도 찾아볼 필요가 있을 것이다. 또 과연 주자는 회암晦庵이란 자신의 호를 언제부터 사용였는지도 동시에 파악해야 한다는 생각이 들었다. 주자가 회암이란 호를 사용하는 계기도 『회암집』의 「운곡기雲谷記」·「운곡이십육영雲谷二十六詠」·「운곡잡시십이수雲谷雜詩十二首」를 통해서 검토하고자 한다. 덧붙여 여기에서 사용한 회암晦庵뿐만 아니라 서술된 많은 용어들이 이후 조선 성리학자들의 호號에 미치는 영향도 함께 분석하고자 한다.

2. 회암晦庵의 진상眞像을 마주하다

회헌晦軒 선생의 생애에서 가장 인상적인 부분은 회암晦庵 선생을 경모景慕하여 호를 바꾸었다는 내용이다. 주자朱子에 대해 경모景慕하는 마음을 여기서 읽을 수 있는데 『고려사』와 『고려사절요』에서 언급한 회헌의 졸기를 함께 살펴보자.

『고려사』
晩年 常掛晦庵先生眞 以致景慕 遂號晦軒2)
『고려사절요』
晩年 常掛晦菴先生眞 以致景慕之意 遂號晦軒3)

두 자료는 '이치경모以致景慕'와 '이치경모지의以致景慕之意'를 제외하고는 거의 같다. 만년에 회암 선생의 진상眞像을 걸어두었다는 점은 이전에 이미 주자의 화상을 모사해왔다는 의미이다. 회헌이 주자의 화상을 모사한 것은 원나라를 다녀오면서 이루어진다. 37세인 1279년에 1차로 원을 방문하고, 47세인 1289년에 2차로 원을 방문하여 48세인 1290년에 『주자서』를 필사하고 공자와 주자의 초상화를 모사하여 고려로 돌아온다.4) 이때 모사한 주자의 초상화는 현전하지 않아서 확인할 수는 없지만 주세붕이 백운동서원을 세울 때도 있었을 가능성이 크다.5)

---

2) 『고려사』 권105, 列傳18, 安珦.
3) 『고려사절요』 권23, 충렬왕 32년 9월.
4) 회헌 선생의 연보와 행적은 다음 논문에 따른다. 장동익, 「安珦의 生涯와 行蹟」 『퇴계학과 한국문화』 44, 2009.
5) 『죽계지』 권6, 闢邪. "自晦軒公出 禮晦庵遺像 以倡敬學 指其所向"

만일 회헌이 2차로 원에 갔을 때인 1290년에 주자의 화상을 모사해 왔다면 그때 그려온 도상을 확인할 필요가 있다. 또 이는 당시 원元의 주자학 유행과 관련이 있을 것이다. 일단 원에서 주자학이 어떻게 전개되었는지 살펴보고, 고려와는 어떤 관련이 있는지 검토해 보자.

원의 주자학은 1235년 남송의 일부를 점령하여 조복趙復을 얻고 1241년경에는 태극서원을 세우게 된다. 1270년에는 제로학교에 제거 및 교수관을 두고 경사經史를 강론케 하였고, 1271년에는 국학에서 허형許衡으로 하여금 학생들을 가르치게 했다. 1276년 남송이 완전히 멸망한 이후에는 모든 전적이 연경에 옮겨지는데 허형은 1280년 치사하고 있다. 허형의 학문이 회헌에게 영향을 주었을 것이라고6) 한다. 1286년에는 남송의 주자학자인 오징吳澄(1249~1333)을 불렀으나 노모 봉양으로 다시 고향으로 가고, 1287년에는 연경에 국자학이 세워지고 1289년에는 원의 정동행성 안에 유학제거사가 설치된다. 1290년에는 회헌이 원의 유학에 가장 근접했다는 이유로 유학제거사에 임명된다.7)

마침 이때 회헌은 2차로 원을 방문하여 『주자서』와 주자상을 모사하여 돌아오게 된다. 위의 사료에서 알 수 있듯이 이때의 주자상을 회헌은 만년에 존신하고 있다. 당시 경모한 주자상은 어떤 도상이었을까? 주자가 자신의 화상을 그렸다고 한 것은 그의 문집에 세 차례 기록되어 있다.8) 그린 시기의 순서에 따라 내용을 살펴보자.

---

6) 全在康, 「安珦과 許衡의 實踐的 性理學 思想과 現實的 詩文學의 對比 研究」, 『慕山學報』 12, 2000.

7) 이상 원의 주자학에 관한 내용은 다음 논문을 참고함. 노평규, 「安珦에 대한 사상사적 일고찰」, 『동양철학연구』 13, 1992, 156~160쪽.

최초의 화상을 그리게 된 내력과 「사조명寫照銘」은 다음과 같다.

　건도乾道 9년에 내 나이 마흔 넷이었는데, 이미 머리가 쇠고 얼굴이
초췌함이〔容髮凋悴〕 갑자기 이렇게 되었구나. 그러나 내 몸을 닦아서
생애를 마칠 뿐이며〔修身以畢此生〕 다른 생각은 없다. 복당福唐 ○○원
元이 나를 위하여 초상肖像을 그려 주었다. 그 위에 명을 써서 스스로
경계하는 바이다.

　네 몸을 단정히 하고
　네 얼굴을 엄숙하게 하라
　바깥에서 단속하여
　마음속을 전일하게 하라
　처음에 힘을 써서
　마지막을 잘 이루고
　요체를 잡고서
　무궁히 보전하라9)

「사조명」의 내용은 두 부분으로 나뉜다. 서론에 해당하는 부분과
명銘에 해당하는 부분이다. 서론에서는 주자의 나이 44세 때인 건
도 9년(1173)의 화상이며, 복당福唐 출신의 이름이 ○○원元이라는
화공이 그린 것이라고 서술하고 있다. 이때 주자가 스스로 보기에

---

8) 劉振維, 「評介方彦壽 朱熹畫像考略與僞帖揭秘」『止善』 16, 2014-6.
9) 『朱子大全』 권85, 寫照銘. "乾道九年歲在癸巳 予年四十有四 而容髮凋悴
遽已如此 然亦將修身以畢此生而已 無他念也 福唐○○元爲予寫照 因銘
其上 以自戒云 端爾躬 肅爾容 檢於外 一其中 力於始 遂其終 操有要 保
無窮"번역은 '한국고전 종합 DB의 죽계지'를 따랐다.

도 자신의 용모는 '용발조췌容髮凋悴'했던 모양이다. 그래서 오히려 '수신이필차생修身以畢此生'한다고 다짐하고 있다. '수신修身'을 가장 먼저 염두에 두고 있는 학자의 모습이다. 대개의 경우 학자들은 자찬自贊과 자제自題를 통해서 성찰과 의식을 심화시킨다고10) 한다. 화상의 도상圖像이 화가들이 그려낸 모본의 모습이었다면, 화상찬의 심상心像은 학자들 자신이 그리고 싶었던 원본의 모습이라고 한다. 따라서 이 화상찬이나 자찬을 통하지 않고서는 원본성의 수기적修己的 의미를 정확하게 보기 어렵다고11) 한다.

주자의 다짐은 명銘에 잘 나타나 있다. 바깥의 몸과 얼굴을 단속하여 마음속을 전일하게 하도록 스스로를 시종일관 경계〔自戒〕하고 있다. 주자 스스로 경계하면서 자신의 화상을 보면서 수신修身을 강조하고 있다. 자신의 실제 모습〔寫照〕에 명銘을 지어서 수기修己의 완성을 꾀하고 있는 것이다. 회헌이 만일 위에서 인용한 「사조명」을 보았다면 자신의 수기修己에 참고하지 않았을 리가 없다. 또 이와 같은 주자 존숭에 대해 주세붕이 잘 알고 있었기 때문에 『죽계지』에 「사조명寫照銘」을 실었던 것이12) 아닌가 한다.

두 번째 그린 화상은 「송곽공진서送郭拱辰序」에서 알 수 있는데 자신의 모습에 대해서 인상적인 글을 남기고 있다.

세상에서 전신사조傳神寫照하는 자들이 조금 형사形似를 얻어야만 좋은 화공이라 칭할 수 있을 것이다. 지금 숙첨 곽공진郭拱辰은 정신精神과 의취意趣를 함께 아울러 모두 담았다고 할 수 있으니 이 또한 기이하

10) 강관식, 「조선시대 초상화의 圖像과 心像」 『미술사학』 15, 2001, 10쪽.
11) 강관식, 위의 논문, 46쪽.
12) 『죽계지』 권5.

다. 내가 지난번에 우인 임택지林擇之와 유성지遊誠之를 보았는데 그들
이 곽군을 칭송하면서 초청하였으나 오지 못하였다. 금년에 고맙게도
초청하지 않았는데도 소무昭武로부터 오니 마을의 사대부 여러 명이
그의 재능을 보고자 하였다. 혹은 한번 그리면 비슷하고, 혹은 조금씩
고치다 보면 끝내는 닮지 않은 것이 없었다. 풍신風神과 기운氣韻이
묘하게도 하늘의 이치를 얻었으니 사람들을 웃게 하였다. 그가 나를
위하여 크고 작은 두 초상화를 그리니 완연히 미록麋鹿들이 임야林野에
있는 듯한 모습이었다〔麋鹿之姿 林野之性〕. 이를 지니고 사람들에게
보이면 헤아리건대 비록 서로 알고 지내던 사람이거나 서로 면식이
없는 사람도 그것이 나를 그린 것이라는 것을 알게 된다.

　순희 원년 9월 경자에 회옹이 쓰다.13)

　이때가 순희 원년1174으로 주자의 나이가 45세일 때다. 이 글은
송대 최고의 화가인 곽공진에게 준 글이다. 첫 문장에서 초상화를
그리는 자체를 '전신사조傳神寫照'로 표현하고 있다. 또 외형外形과
함께 정신精神·의취意趣를 함께 담아야 한다고 초상화의 의미를 규
정하고 있다. 또 곽공진이 사람들의 초상화를 그리면 '풍신風神과
기운氣韻'을 잘 담아낸다는 칭찬이다. 그가 주자를 위해서 그린 초
상화 두 점은 그의 '미록지자麋鹿之姿 임야지성林野之性'을 잘 표현하
여 누구나 주자인 줄을 금방 알게 된다는 칭찬이다.

　곽공진이 주자 자신의 모습을 '미록지자麋鹿之姿 임야지성林野之性'

---

13) 『朱子大全』권76, 送郭拱辰序. "世之傳神寫照者 能稍得其形似 已得稱
　　爲良工 今郭君拱辰叔瞻 乃能並與其精神意趣而盡得之 斯亦奇矣 予頃見
　　友人林擇之遊誠之 稱其爲人 而招之不至 今歲惠然來自昭武 裏中士夫數
　　人 欲觀其能 或一寫而肖 或稍稍損益 卒無不似 而風神氣韻 妙得其天致
　　有可笑者 爲予作大小二像 宛然麋鹿之姿 林野之性 持以示人 計雖相聞
　　而不相識者 亦有以知其爲予也 淳熙元年九月庚子晦翁書"

으로 표현한 것에 만족감을 나타내고 있다. 이 말은 '사슴이 임야에 있는 듯 한 모습'이라는 뜻으로 은자隱者의 가치를 잘 담아내었다는 표현이다.

그런데 앞의 「사조명」을 지은 건도 9년(1173)과 「송곽공진서」를 지은 순희 원년(1174) 당시의 정황을 잠깐 살펴보아야 주자의 마음을 이해할 수 있다. 순희 원년으로부터 10년 전인 1164년에 송宋과 금金은 '융흥화의隆興和議'를 체결하면서 주화론이 조정의 대세를 형성하게 되자 주자는 조정의 부름에 응하지 않는다. 또 1169년에 모친의 상을 당하여 다음해 건양 숭태리 뒷산 천호天湖의 북쪽 한천오寒泉塢에 장사 지낸 뒤 그곳에 여막을 짓고 시묘하였다.14) 그 옆에 '한천정사寒泉精舍'를 세우고 10년 동안 이학理學을 연구하면서 대량의 도학서적道學書籍을 편찬하고, 이와 함께 강학활동講學活動에 종사하고 있던 시점이었다. 그의 주요 저작 대부분이 이 시기에 완성되었다.15) 그래서 이 기간 동안 자신의 모습을 그린 초상화에 '미록麋鹿'의 의미가 담겨있는 것에 만족을 표한 것이다. 이 표현은 조선시대 성리학자인 송시열도 자신의 초상화에 써 넣은 「서화상자경書畵像自警」에서도 인용하고 있었는데16) 이는 우암이 서슬이 퍼럴 정도로 자신을 자책하며 초상화의 수기적 의미를 강조한 것이라고17) 한다. 결국 그는 주자가 일찍이 초상화의 수기적 의미를 중시하여 초상화를 그렸던 사실에 주목하고 이를 본받아 초상화를 그린

---

14) 수징난 지음, 김태완 옮김, 『주자평전하』, 역사비평사, 2015, 연보 참조.
15) 위잉스 지음, 이원석 옮김, 『주희의 역사세계하』, 글항아리, 2015, 655쪽.
16) 『宋子大全』 권150, 書畵像自警. "麋鹿之群 蓬蓽之廬 窓明人靜 忍飢看書 爾形枯臞 爾學空疏 帝衷爾負 聖言爾侮 宜爾置之 蠹魚之伍"
17) 강관식, 앞의 논문, 153쪽.

뒤 초상화의 수기적 의미를 강조하였다.[18]

또 「사조명」과 「송곽공진서」에서 주자를 묘사한 부분을 비교해서 살펴볼 필요가 있다. 44세에 지은 「사조명」에서는 '용발조췌容髮凋悴'하다고 했는데 45세에 지은 「송곽공진서」에서는 '미록임야麋鹿林野'라고 하였다. 이 차이는 무엇을 말함인가. 같은 내용을 시기에 따라 약간 달리 표현한 것이라고 볼 수도 있다. 그래서 두 자료를 합쳐서 보면 오히려 더욱 이해가 쉽다. 말하자면, 비록 머리가 쇠고 얼굴이 초췌하지만 산속에 은거한 학자의 여유로움이 함께 묻어 있는 것으로 학문을 수련한 학자로서의 자부심을 표현한 것이었다. 이는 자신이 스스로 修己했다고 만족을 느낄 때 가능할 것이다.

세 번째 화상은 '南城吳氏社倉書樓爲余寫眞如此 因題其上 慶元庚申二月八日滄洲病叟朱熹仲晦父'에서[19] 알 수 있듯이 경원慶元 경신년庚申年에 화상 위에 제題를 남기고 있다. 경신년은 1200년으로 주자가 돌아가는 해이다. 이때 칠언절구도 짓는데 '蒼顔已是十年前 把鏡回看一悵然 履薄臨深諒無幾 且將餘日付殘編'이라고[20] 하였다. '이미 십년 전의 늙은 얼굴[蒼顔已是十年前]'이라고 했으니 아마 화상을 그린 것은 경신년보다 10년 전인 61세 때 일 것이다. 71세에 10년 전 화상을 보면서 회고에 젖어드는 장면이다. 영남대학교 박물관에서 소장하고 있는 엽공회葉公回가 그린 주자의 61세 상인[21] 「주문공진상朱文公眞像」과 닮은 모습일 수도 있다. 그런데 마침 61

---

18) 강관식, 「진경시대 인물화」『澗松文華』81, 2011, 113쪽.
19) 『晦菴集』권9.
20) 『御纂朱子全書』권66.
21) 이 진상에는 다음과 같은 내용이 쓰여있다. "右像乃家廟所藏 文公六十一歲時 所寫眞也"

세인 1190년에 주자는 자신이 직접 그린 자화상에 「자경사自警詞」
를 남기고 있다.

> 예법禮法의 마당에 유유자적하고
> 인의의 집에 깊이 침잠하였도다
> 내가 이에 뜻을 가졌지만
> 능력이 함께 할 수 없었네
> 선현들의 격언을 가슴에 지니고
> 선열들이 남긴 법도를 받드는 것
> 오직 보이지 않는 곳에서 날로 닦아서
> 이 말에 가까워지기를 바라노라22)

이 「자경사自警詞」는 어느 자화상을 설명하는 것인지는 단정하기
힘들지만,23) 그린 때는 소희紹熙 원년元年(1190)이다. 주자 자신이
거울을 보고 사진寫眞과 같은 화상을 그리고는 자신이 살아온 삶을
반추하는 장면이다. 예법·인의를 함께 할 수 없었다고 겸손을 드
러내면서도 한편으로는 자부하고 있는 모습이다. 마지막에는 자신
의 남은 삶도 선현의 격언을 가슴에 새기면서 법도를 잘 받들겠다
는 선언을 하고 있다. 앞의 「사조명」이 장년의 것이라면 이 「자경
사」는 만년의 것이라고 할 수 있다. 주자가 나이에 따라 자신을 다
스려가는 모습을 살필 수 있다. 이는 수기修己를 통해야만 가능한

---

22) 『晦菴集』 권85. "從容乎禮法之場 沈潛乎仁義之府 是予蓋將有意焉 而
力莫能與也 佩先師之格言 奉前烈之遺矩 惟闇然而日修 或庶幾乎斯語
紹熙元年孟春良日 熹對鏡寫眞 題以自警"번역은 '한국고전 종합 DB의
죽계지'를 따랐다.
23) 陳榮捷,『朱子新探索』, 華東師範大學出版社, 2007, 54쪽.

것이다. 이때 사진寫眞이라고 표현한 것은 外的·內的으로 자신과 닮았을 때 가능한 표현이다.24) 주세붕은 그 의미를 잘 알고 있었기 때문에 역시 『죽계지』에 이것을 수록하고 있다.25)

앞의 인용문에서 볼 때 주자는 초상화에 대한 이론을 잘 꿰고 있음을 알 수 있다. 우선 인용문 「송곽공진서送郭拱辰序」의 '전신사조傳神寫照'를 검토해 보자. 이 내용이 가장 먼저 실린 책은 『세설신어世說新語』의 「교예巧藝」이다. 중국 동진의 화공 고개지가 수년 동안이나 사람의 눈동자를 그려 넣지 못하자 주위에서 그 이유를 물으니, 인체의 아름다움과 추함은 본래 묘처妙處와는 무관하지만 전신사조傳神寫照가 바로 진수라고26) 하였다. 이를 『예문유취藝文類聚』에서 전재하고 『태평어람太平御覽』 「화상畫上」에서 확장 해석하고 있다.27) 전신사조傳神寫照는 바로 대상의 내면까지 그린다는 뜻이다. 동진의 고개지愷之의 이형사신以形寫神 이후 사혁謝赫은 '회화육법繪畫六法'의 이론을 제시하고 있는데 그것을 주자도 잘 알고 있었다. 사혁의 회화6법은 기운생동氣韻生動, 골법용필骨法用筆, 응물상

---

24) 강관식, 「조선시대 초상화의 圖像과 心像」 『미술사학』 15, 2001.

25) 『죽계지』 권5.

26) 『世說新語』 巧藝. "顧長康畫人 或數年不點目精 人問其故 顧曰 四體姸蚩 本無關於妙處 傳神寫照 正在阿堵中"

27) 『太平御覽』 畫上. "顧愷之尤善丹靑 謝安深重之 謂有蒼生已來 未之有也 愷之每畫人成 數年不點目睛 人問其故 答曰 四體姸蚩 本無關於妙處 傳神寫照 正在阿堵物中 嘗悅一鄰女 挑之弗從 乃圖其形於壁 以棘針釘其心 女遂患心痛 愷之因致其情 女從之 遂密 每重嵇康四言詩 因爲之圖 常雲 手揮五弦易 目送歸鴻難 每寫人形 妙絶於時 嘗圖裵楷像 頰上加三毛 觀者覺神明殊勝 又爲謝鯤像 在石巖裏 雲此子宜著丘壑中 欲圖殷仲堪 堪有目疾 固辭 愷之曰 明府正爲眼耳 若明點瞳子 飛白拂上 使如輕雲之蔽月 豈不美乎 顧愷之嘗以一廚畫糊題其前 寄桓玄所 皆其深所珍者 玄乃發其廚 後竊取畫 而緘閉如舊 以還之 紿雲未開 愷之見封題如初 但失其畫 直雲 妙畫通靈 變化而去 亦猶人之登仙 了無怪色"

형응물상형應物象形, 수류부채隨類賦彩, 경영위치經營位置, 전이모사傳移模寫이
다. 여기서 가장 강조하는 것이 기운氣韻과 필묵筆墨 연후에 형상形
象을 그리는 것이다. 주자는 고개지에서 사혁까지 전승되던 화법에
대한 이론을 꿰고 있으면서 자신의 화상에 대해서 기운氣韻이 느껴
진다고 표현한 것이다.

초상화에 대한 주자의 견해는 고개지 이후의 전통을 잘 파악하고
있다. 이를 통해 자신도 직접 제갈무후상諸葛武侯像〔제갈량〕과 윤화
정상尹和靖像〔尹焞〕을 그리거나28) 「육선생화상찬六先生畵像贊」을 짓
고 있다.29) 여섯 선생은 염계濂溪, 명도明道, 이천伊川, 강절康節,
횡거橫渠, 속수涑水를 말한다. 이들은 송대 성리학의 기초를 다진
선현들이다. 주자는 이들의 화상찬에서도 수기적 의미를 강조하고
있다.30) 위에 언급된 속수선생인 사마광도 수기적인 자찬을 남기고
있다.31) 화상찬에 수기적인 내용을 남기는 것은 송대 성리학 이후
의 전통인 것이다.32)

---

28) 陳榮捷, 앞의 책, 54쪽.
29) 『주자대전』 권85, 六先生畵像贊. "濂溪先生 道喪千載 聖遠言堙 不有先
覺 孰開我人 書不盡言 圖不盡意 風月無邊 庭草交翠 明道先生 揚休山
立 玉色金聲 元氣之會 渾然天成 瑞日祥雲 和風甘雨 龍德正中 厥施斯
普 伊川先生 規員矩方 繩直準平 允矣君子 展也大成 布帛之文 菽粟之
味 知德者希 孰識其貴 康節先生 天挺人豪 英邁蓋世 駕風鞭霆 歷覽無
際 手深月窟 足躡天根 閑中今古 醉裏乾坤 妙契疾書 橫渠先生 早悅孫吳 晩逃佛
老 勇撤皐比 一變至道 精思力踐 妙契疾書 訂頑之訓 示我廣居 涑水先
生 篤學力行 淸修苦節 有德有言 有功有烈 深衣大帶 張拱徐趨 遺象凜
然 可肅薄夫"
30) 강관식, 「조선시대 초상화를 읽는 다섯 가지 코드」 『미술사학보』 38,
2012, 150쪽.
31) 『傳家集』 권11, 自題寫眞.
32) 강관식, 「털과 눈 - 조선시대 초상화의 祭儀的 命題와 造形的 課題」 『미
술사학연구』 248, 2005, 101쪽.

그래서 주자의 제자와 후학들도 주자의 화상을 그리고 화상찬을 저술하게 된다. 원나라 학자 오징吳澄이 주자의 「육선생화상찬六先 生畫像讚」을 본떠 주희의 화상을 그려 놓고 「회암선생주문공화상찬 晦庵先生朱文公畫像讚」을 지었다.

　　의리는 현묘하고 은미하며, 고치실과 쇠털같다. 마음은 넓고 넓어서,
　　바다처럼 넓고 하늘처럼 높았다. 호걸한 재주이자 성현의 학문이다.
　　경성과 경운이요, 태산과 교악이었다.33)

남송 최고의 주자학자인 오징吳澄은 호가 초려이고 자는 유청幼清 또는 백청伯清, 시호는 문정文正이다. 무주撫州 숭인崇仁 사람이다. 송나라 함순咸淳 연간에 진사가 되었으나 벼슬하지 않고 은거하였 다. 어려서 요로饒魯의 제자인 정약용程若庸에게 배웠으며, 그 후 정소개程紹開를 사사하였다. 또한 「도통도道統圖」를 지어 자신이 주 자 이후의 도통을 계승한 사람이라 자부하였다.34) 그가 본 화상은 '고치실과 쇠털'처럼 미세한 부분까지 주자의 모습과 방불했던 것 같다. 그리고 그 모습을 통해서 '성현의 학문'을 느낄 수 있다고 생 각하고 있다. 그는 1286년에 연경을 방문하고 있는데 혹시 이때 그가 주자의 화상 또는 화상찬을 남겼을지 않을까 한다. 그렇다면 1290년 회헌이 원을 방문한 시점에 이를 접했을 것으로 추정된다.

　　회헌이 『주자서』를 필사하였다면 분명 앞의 인용문을 보았을 것 이다. 그 내용을 보았다면 주자에 대한 존숭과 경모가 자연스레 우

---

33) 『元文類』 권18, 晦庵先生朱文公畫像讚. "義理玄微 蠶絲牛毛 心胸恢廓
　　海闊天高 豪傑之才 聖賢之學 景星慶雲 泰山喬嶽"
34) 최석기 등, 『宋元時代 학맥과 학자들』, 보고사, 2007, 717쪽.

러나왔을 것이다. 그래서 주자의 화상에 보이듯이 자신의 수신도
스스로 약속하면서 자신의 호를 바꾸었을 가능성이 있다.

이어서 회헌 선생의 화상을 살펴보자. 충숙왕 5년(1318)에 동왕
이 회헌의 공적을 기념하기 위하여 화공에게 명하여 화상을 그리게
하였고, 지금의 초상화는 조선 명종 때 임모臨模한 것으로 알려져
있다. 이 초상화는 세조 3년1457에 금성대군錦城大君과 순흥부사
이보흠李甫欽의 단종복위사건으로 순흥부順興府를 폐하자 한양의 대
종실大宗室로 이안하였다가 중종 38년(1543)에 풍기군수 주세붕이
세운 백운동서원에 신묘를 세우고 다시 봉안하였다. 눈동자·수
염·머리·모毛 등을 자세하게 표현하여 사실감을 높였고 주름·코
및 귀 주변에 명암을 흐리게 넣었다. 인물만 또렷하게 부각시킨데
다 평면적이면서도 힘이 내재되어 강하고 명료한 인상을 풍기고 있
다. 대개 성리학자들의 초상화는 그들이 장수藏守하고 강학講學하던
영당影堂과 서원書院 등에 봉안되어 학문의 스승으로 숭배되며 수기
적 의미가 중시되었다고35) 한다. 아들인 안우기安于器(1265~1329)
가 지은 찬문을 살펴보자.

先君當日振儒風 上命圖形文廟中 一幅丹靑炤桑梓 四時邊豆答膚功36)

고려 조정에서는 회헌의 흥학양현興學養賢이 유풍儒風을 진작시켰
기 때문에 그의 화상을 그려서 문묘에 봉안하게 하고 1폭은 고향에
봉안하게 한다. 이때 문묘에 봉안하게 한 것은 도통론의 일환일 수

---

35) 강관식, 앞의 논문, 2012, 151~152쪽.
36) 『晦軒先生實紀』 권3.

도 있지만,37) 일단 그의 학문과 사상을 수기修己가 바탕이 되는 성
리학자로 이해했다는 것이다. 이는 안향의 초상화가 수기修己적인
맥락을 강조하는 방향으로 조정되어 나가는 현상과 일치한다고 볼
수 있다. 그래서 퇴계 이황이 순흥의 백운동서원에 봉안해 온 안향
의 영정을 평소에는 말아서 궤 속에 넣어 강당의 벽 속에 권봉捲奉
했다가 첨배瞻拜하고자 하는 사람이 있을 때만 꺼내서 강당에 걸어
놓고 분향하며 첨배瞻拜하도록 했다고38) 한다. 수기의 목적에서 이
루어진 것을 후배들은 잘 알고 있었다. 그것은 다음에서 확인할 수
있다.

　　전날 선생의 뒤를 따라 백운동白雲洞에 가 목욕재계한 뒤 분향焚香하고
　　회헌晦軒의 유상遺像을 알현하니, 온화하고 단정하고 엄숙한 모습이
　　사람으로 하여금 경건한 마음이 일게 하였습니다.39)

　　회헌의 화상이 사람으로 하여금 경건한 마음이 일도록 한다는 것
은 그가 수신을 잘 이루었기 때문이 아닐까 한다. 화상에서 내면과
인품이 드러나고 있는 것이다. 안향의 아들인 안우기의 화상찬에
대한 최해의 글에서는 이런 모습을 계승하고 있다.40) 익제 이제현

---

37) 차미애, 「恭齋尹斗緖의 聖賢肖像畵硏究」『溫知論叢』 36, 2013. 공재
　　윤두수는 '十二聖賢畵像帖'에서 12성현의 화상을 그려 도통의 계보를
　　나타냈다고 하였다.
　　강식식, 앞의 논문, 2011, 128쪽. "주자가 六賢이나 七賢으로 존숭하고
　　송시열이 이를 계승해 유학의 정통을 이은 명현으로 강조하며 文廟에
　　모실 것을 주장하여 실제로 숙종 40년1714에 배향되었던 유현이기 때
　　문에 노론의 도통 의식을 상징적으로 보여준다고 할 수 있다."라고
　　하였다.
38) 강관식, 앞의 논문, 2012, 139쪽.
39) 『죽계지』 행록후. 附黃學正 俊良 書.

은 안향의 손자인 안겸재에 대한 「안겸재진찬安謙齋眞贊」에서 "검소
하였으나 고루하지 않았고 온화하였으나 지나치지 않았다. 확고히
법도를 지켰고 엄연히 아름다움을 발휘하였으니 그는 문성공의 손
자로서 알맞았었다."라고41) 하였다. 안겸재安謙齋는 안향의 손자인
안목安牧(?~1360)이다. 그가 할아버지의 유풍을 잘 지켰기 때문에
이런 글이 나왔다고 생각된다. 안향의 학문을 전수한 도은陶隱 이
숭인李崇仁(1347~1392)도 "오직 두려운 마음으로 스스로 수양하니,
그런대로 마음을 속이지는 않는다 하리라."라고42) 하면서 이런 의
미를 잘 계승하고 있다. 이후 조선시대 선비들은 초상화를 통해서
자아의 존재를 관조하고 자아의 실현을 성찰하며 자아의 실천을 다
짐했다고43) 한다.

　이상 주자에서 회헌까지의 화상 및 화상찬을 검토하여 보았다.
화상은 인물의 내면 정신까지 묘사하는데 의미가 있기 때문에 화상
을 통해서 인물의 정신과 사상까지 후학들에게 전파하는데 목적이
있다. 주자 화상과 더불어 화상찬에서는 그가 추구하는 수기修己의
정신을 글로 표현하여 전하고 있다. 그래서 후학들은 화상과 화상
찬을 통해서 수기修己를 이해하고 본받고자 하였다. 또 주자의 화

---

40) 『졸고천백』 권1, 故相安竹屋像贊 爲其子益之作. "衣冠整肅 狀貌端嚴
　　律身寧儉而毋華 臨事有勤而不迫 進處論思之地 足以福三韓 退休空寂
　　之鄕 亦自高一世 黃豫章離塵有髮 謝康樂成佛在家 人言風度肖先公 我
　　道典刑觀後嗣"

41) 『동문선』 권51, 安謙齋眞贊 有序.

42) 『陶隱集』 권5, 鄕僧止菴寫余陋眞 因作讚. "狀貌卑柔 婦人之儔 章句雕
　　刻 童子之學 若擬諸達可之卓越 子虛之繽密 天民之精敏 仲臨之俊逸 可
　　遠之溫雅 宗之之諧博 所謂砥砆之與美玉也 雖然托迹於東國,喜談於中原
　　或揹瘴海之濱 而無所加慼 或游岩廊之上 而無所加欣 惟其惕然而自修
　　庶幾不欺於心君乎"

43) 강관식, 앞의 논문, 2001, 45쪽.

상찬에서는 수기와 함께 학문 연구와 제자 양성에 대한 의지를 확인할 수 있었다.

3. 경모景慕하여 호號를 바꾸다

회헌 선생의 자호는 회암의 호를 본떠서 지은 것이라는 점은 앞에서 말하고 나왔다. 그 과정은 회암의 진상을 보면서 결심한 것이었다. 경모하는 인물의 호를 방작倣作하는 것은 그의 삶을 그대로 추구하겠다는 의도일 것이다. 그렇다면 경모 대상이 그 호를 쓰게 된 과정을 잘 알고 있어야만 그 의미가 깊게 된다. 중국에서 호의 의미를 설명한 글을 찾아보면『광운廣韻』에서 호는 '號令 又召也 呼也 謚也'라고 하여 '남이나 자기 스스로가 이름 이외의 별명別名'으로 불러왔다고 한다.44) 이와 함께 우리나라에서 호의 의미를 설명한 글을 살펴보고 지나가도록 하자.

옛 사람들은 호號로써 이름을 대신한 이가 많은데, 호를 보면 대개 자기의 사는 곳을 가지고 호로 삼은 이도 있고, 자기 집에 있는 물건을 두고서 호로 삼은 이도 있으며, 또는 자기의 포부를 가지고 호로 삼은 이도 있으니 … 백운白雲은 내가 사모하는 것이다. 사모하여 이것을 배우면, 비록 그 실상을 그대로는 다 얻지 못한다 하더라도 거기에 가까워지기는 할 것이다.45)

---

44) 박만규, 「先秦西漢中國人名字號考」『중국학연구』 12, 1997, 78쪽.
45)『동문선』권107, 白雲居士語錄. "古之人 以號代名者多矣 有就其所居而 號之者 有因其所蓄 或以其所得之實而號之者 … 白雲吾所慕也 慕而學 之 則雖不得其實 亦庶幾矣"

『동문선』에 실린 이규보李奎報(1168~1241)의 「백운거사어록」이다. 이규보가 자신의 호인 백운거사를 짓게 된 과정을 설명하면서 호號를 짓는 방법에 대해 설명한 것이다. 그 방법은 첫째 사는 곳을 인연하여 짓는 방법, 둘째 자신이 간직하고 있는 물건을 인연하여 짓는 방법, 셋째 얻고자하는 실체를 인연하여 짓는 방법이 있다.46) 하지만 이규보는 이 세 가지가 모두 마음에 들지 않아서 자신의 방법을 창안하여 짓는다. 그것이 바로 '소모所慕'하는 바 즉, 경모景慕하는 바를 본떠서 짓는 방법이다. 경모하게 되면 배우게 되고, 배워서 실질을 얻고 못하더라도 거의 가깝게 된다는 뜻이다. 이는 역사상 경모하는 이의 호를 차용하는데 많이 사용하고 있다. 추사 김정희金正喜(1786~1856)는 청나라 완원阮元(1764~1849)에게 배워 경모하였기 때문에 호를 완당阮堂이라고 하였다.

앞의 인용문을 회헌 선생이 보았을 가능성이 크다. 회헌과 백운거사는 직접적인 사승관계는 없지만 김구金坵(1211~1278)를 통해서 가능했을 것이다. 김구는 이규보에게 촉망받았으며47) 안향과 망년도의교忘年道義交를 맺었다.48) 그는 안향이 선생격으로 모셨기 때문에49) 그를 통해 이규보의 글을 접했을 것이다. 아니면 이규보는 고려의 유명 학자였기 때문에 회헌이 자연스레 접했을 경우도 배제할 수는 없다. 여하튼 자신의 호를 주자를 경모하는 의미에서 회암을 본떠서 회헌이라 지은 것 같다.

---

46) 강헌규, 신용호, 『한국인의 字와 號』, 啓明文化社, 1993.
47) 『止浦集』 부록, 高麗平章事文貞金公神道碑銘. "李文順奎報語人曰 繼我秉文衡者 必此人"
48) 『止浦集』 부록, 高麗平章事文貞金公神道碑銘. "與安文成公裕 爲道義交 講磨經傳 以興學爲務"
49) 노평규, 앞의 논문, 163쪽.

회헌이 경모하여 지은 호였다면 회헌은 주자가 회암이란 호를 쓰게 된 과정을 알고 있었지 않을까 한다. 아마 『회암집』에서 「운곡기雲谷記」를 필사하면서 확인하였을 것이다. 먼저 주자 연보를 확인해 보면 '淳熙二年乙未 四十六歲 秋七月雲谷晦庵成'이라고50) 하여 남송 순희 2년(1175)인 주자의 나이 46세에 운곡雲谷에 회암晦庵을 완성하였다고 나와 있다. 하지만 주자 연보의 안按에 따르면 '乾道庚寅 始得其地 卽作草堂 榜曰晦菴'이라고51) 하여 경인년인 1170년에 이미 그 땅을 얻어 바로 초당을 짓고 이름을 '회암'이라 하였다고 한다. 1170년이면 주자의 나이 41세 때이다. 1170년은 주자가 '융흥화의' 때문에 조정의 부름에 응하지 않고 학문 연구에 전념하고 있을 때였다. 이는 앞의 44세 화상과 45세 화상 부분에서 이미 말하고 나왔었다. 41세에 처음 회암이란 호를 사용하고 이때 은거하면서 학문적 업적을 이루고 후진을 양성하는 동시에 44세 화상찬과 45세 화상찬을 완성하고 있다. 결국 회암이란 호를 사용하는 것과 화상찬의 내용이 부합하고, 시점도 일치하고 있다. 회암晦庵이란 자신의 자인 원회元晦 혹은 중회仲晦에서 빌려왔을 것이다. 아니면 회옹晦翁이 사는 집이란 뜻도 가능하다.

이를 좀 더 구체적으로 확인하기 위해서 「운곡기」를 살펴보면, 운곡은 건양현建陽縣 서북쪽 70리에 있는데 그 봉우리가 노봉蘆峯이었다.52) 골짜기의 물은 서남쪽으로 흘러 사람과 경계를 나눈다고

---

50) 『朱子年譜考異』 권2.
51) 『朱子年譜考異』 권2. "按雲谷記 乾道庚寅 始得其地 卽作草堂 榜曰晦菴 則晦菴之成 在庚寅至乙未 已六年矣 蓋至是亭臺始具 而又倂得山北姚氏地 故作記 以識其成年譜云 秋七月晦菴成 蓋以晦菴統名其地 非指草堂三間也 今姑仍之"
52) 『朱子大全』 권78, 雲谷記. "雲谷在建陽縣西北七十里 蘆山之顚 處地最

해서 남간南澗이라고 이름 붙인다.53) 서쪽으로 작은 산을 따라 오
르면 중앙 언덕이 나오고 그 늪 위에는 밭 몇 고랑이 있는데 동쪽
으로 농가 몇 칸을 짓고 싶어서 이름을 운장雲莊이라고 지었다.54)
중앙 언덕의 다릿발을 지나 북쪽으로 협곡으로 들어가서 약포藥圃
를 거쳐 동료東寮의 서쪽으로 꺾어 남쪽으로 대숲에 들어가면 초당
세 칸에 있는데 그것이 바로 회암晦庵이다.55) 회암초당晦庵草堂의
조금 위쪽 산 정상에서 북쪽으로 바라보면 무이제봉武夷諸峯이 굽어
보여서 여기에 정자를 만들어 관망하려고 하였으나 바람이 너무 세
서 불가능하기에 석대石臺만 세우고 이름을 회선懷仙이라고 하였
다.56) 운곡 입구의 작은 산 위의 평지는 농부들이 기년祈年을 비는
곳이기 때문에 운사雲社라고 하였다.57) 동료東寮의 북쪽에는 도혜桃
蹊·죽오竹塢·칠원漆園이 있다.58) 운곡 주변을 이렇게 상세하게 설
명하는 이유는 따로 있다. 다음 사료를 살펴보자.

　나는 늘 생각하고 있지만 지금부터 10년쯤이면 자식들 혼인도 끝날
　테니 가정 잡사를 버리고 이 산속에 자취를 감추어 살고 싶다. 그 때에는

　　　 高 而群峯上蟠 中阜下踞 內寬外密, 自爲一區"
53)『朱子大全』권78, 雲谷記. "谷中水西南流七里所 至安將院東 茂樹交陰
　　澗中巨石相倚 水行其間 奔迫澎湃 聲震山谷 自外來者 至此則已神觀蕭
　　爽 覺與人境隔異 故牓之曰南澗 以識游者之所始"
54)『朱子大全』권78, 雲谷記. "西循小山而上 以達于中阜 沼上田數畝 其東
　　欲作田舍數間 名以雲莊"
55)『朱子大全』권78, 雲谷記. "徑緣中阜之足 北入泉峽 歷石池 山楢 藥圃
　　井泉 東寮之西折旋南入竹中 得草堂三間 所謂晦庵也"
56)『朱子大全』권78, 雲谷記. "堂後結草爲廬 稍上山頂北望 俯見武夷諸峯
　　欲作亭以望 度風高不可久 乃作石臺 名以懷仙"
57)『朱子大全』권78, 雲谷記. "南循岡脊 下得橫徑 徑南卽谷口小山 其上小
　　平 田畉卽以祈年 因命之曰雲社"
58)『朱子大全』권78, 雲谷記. "東寮北 有桃蹊 竹塢 漆園"

산에 숲도 무성하고 수석도 더욱 깊어져서 짐들도 더 정돈될 것이다.
그러면 산속에 밭 갈고 물에서 낚시질하며 <u>마음을 수양하며, 책을 읽고,</u>
<u>거문고를 뜯고</u>〔養性 讀書 彈琴〕, 북을 치며, 선왕의 멋을 읊조리면서
스스로 즐거움에 만족하며 죽음을 잊고 살 수 있겠다. 그러나 지금은
여유가 없으니 잠시 이와 같이 산승의 빼어남에 기기를 쓰고, 겸하여
시를 지으며 장차 화가로 하여금 그림을 그리게 하여 때때로 들여다보고
위안을 삼고자 한다.59)

여기서 주자가 「운곡기」를 쓴 이유를 알 수 있다. 바로 '양성養性
독서讀書 탄금彈琴'이다. 이 내용들이 하나로 이루어지고 있다. 하지
만 아직은 시기가 아니라서 우선 「운곡기」를 쓰고 그림으로 남겨
마음의 위안을 삼고 있다. 운곡은 주자가 아니면 알려지지 않았을
지명이다. 『신증동국여지승람』에서 "무이武夷가 주회암朱晦菴을 만나
지 못했으면 운곡雲谷이란 이름이 어찌 알려졌으리요."라고60) 언급
하고 있다.

운곡雲谷에 관해서 회헌 선생은 주자의 「운곡이십육영雲谷二十六詠」
도 보았을 것이다. 내용이 많아서 전체를 인용하기 곤란하여 26개
의 제목만 간략하게 살펴보면 다음과 같다. 운곡雲谷, 남간南澗, 폭
포瀑布, 운관雲關, 연소蓮沼, 삼경杉逕, 운장雲莊, 천협泉峽, 석지石池,
산영山楹, 약포藥圃, 정천井泉, 서료西寮, 회암晦庵, 초려草廬, 회선懷

---

59) 『朱子大全』권78, 雲谷記. "然予常自念 自今以往 十年之外 嫁娶亦當粗
    畢 卽斷家事 滅景此山 是時 山之林薄當益深茂 水石當益幽勝 館宇當益
    完美 耕山 釣水 養性 讀書 彈琴 鼓缶以詠先王之風 亦足以樂而忘死矣
    顧今誠有所未暇 姑記其山水之勝如此 幷爲之詩 將使畫者圖之 時覽觀焉
    以自慰也"해석은 다음을 참조함. 고봉학술원, 『국역 주자문록』, 보림,
    2003
60) 『신증동국여지승람』권16, 충청도 황간현.

仙, 운사雲社, 휘수揮手, 도혜桃蹊, 죽오竹塢, 칠원漆園, 다판茶坂, 절
정絶頂, 북간北澗, 중계中溪, 휴암休庵이다. 「운곡잡시십이수雲谷雜詩
十二首」의 제목도 살펴보면 다음과 같다. 등산登山, 치풍値風, 완월
玩月, 사객謝客, 노농勞農, 강도講道, 회인懷人, 권유倦遊, 수서修書,
연좌宴坐, 하산下山, 환가還家이다. 다만 「운곡잡시십이수雲谷雜詩十
二首」에서는 호에서 차용할 만한 내용은 나오지 않는다.

「운곡기」와 「운곡이십육영」에서 공통적으로 나타나는 용어를 정
리하면 흥미로운 사실을 알 수 있다.61) 주자 이후에 탄생한 성리
학자들이 이 용어를 활용하여 자신의 호號를 정하고 있기 때문이
다. 이들을 연결하여 보면 다음과 같다.

표 1. 「운곡기」와 「운곡이십육영」에서 호號를 차용한 인물

용어	호號에 차용한 인물	비고
노봉蘆峯	김정1670~1737	
운곡雲谷	金成厦, 南老星, 閔汝儉, 朴文富, 朴受, 宋康錫, 宋翰弼, 申純希, 禹南陽, 李光佐, 李澤, 李義發, 蔣喆邦, 鄭保, 趙學經, 崔繼勳, 崔授	
초당草堂	姜景敍, 權昱, 구면, 金正喜, 金懷愼, 李長源, 曹挺龍, 韓世琦, 許曄	
남간南澗	羅海鳳, 睦行善, 徐湜, 秦東老	
운장雲莊	劉燴, 張養浩, 陳澔	중국
약포藥圃	安瑋, 李海壽, 鄭吾道, 鄭琢	
회암晦庵	晦齋-李彥迪, 成聃仲, 尹漑, 尹心衡	
	晦軒-安珦, 金基周, 李庭綽, 林大同, 趙觀彬, 韓	

---

61) 「운곡기」에서 언급은 되었으나 내용 전개상 직접적인 연관이 없는
    '武夷'와 '岳麓'의 용어는 제외하였다.

	如海	
초려草廬	金震陽, 李惟泰	
죽오竹塢	權基彦, 金虎變, 盧應祐, 睦大欽, 睦取善, 沈益顯, 吳彦毅, 任國老, 李覲吾, 李之益, 河範運	
칠원漆園	尹桓	
휴암休庵 (휴암休菴)	金尙寯, 白仁傑, 林先昧, 全烈, 鄭弘翼, 蔡無逸	

위의 표에서62) 호를 차용한 인물들의 면면을 살펴보면 조선시대
의 기라성 같은 학자들이 포진해 있다. 운곡雲谷을 사용한 학자 중
에는 남노성南老星(1603~1667), 송한필宋翰弼, 이광좌李光佐(1674~
1740) 등이 유명하다. 초당草堂은 김정희金正喜(1786~1856), 허엽許
曄(1517~1580)이 유명하다. 남간南澗은 호에서도 사용하지만 우암
송시열(1607~1689)이 남간정사南澗精舍에서 학문을 전수하기도 하
였다. 운장雲莊은 우리나라에서는 잘 쓰지 않는 호號인 것 같다. 중
국의 유약劉爚(1144~1216), 장양호張養浩(1270~1329), 진호陳澔
(1260~1341)가 유명하다. 약포藥圃는 이해수李海壽(1536~1599)와
정탁鄭琢(1526~1605)이 있다. 초려草廬는 이유태李惟泰(1607~1684)
가 있다. 죽오竹塢는 목대흠睦大欽(1575~1638)이 있다. 휴암休庵은
휴암休菴과 글자의 의미가 같아서 동일하게 사용하는데, 유명인으
로 김상준金尙寯(1561~1635), 백인걸白仁傑(1497~1579)이 있다.

다만 회암晦庵의 호는 조선시대 승려인 정혜定慧(1635~1741)가
유일하게 사용한 경우가 있지만 성리학자들은 직접 쓰지 않고 변형
해서 쓰고 있다. 이는 주자에 대한 존숭으로 이해할 수 있다. 경모

---

62) 李斗熙 등, 『韓國人名字號辭典』, 啓明文化社, 1988.

하는 인물에 대한 휘諱라고 할 수 있는 것이다. 회암晦庵을 변형하는 경우는 다음 사례가 있다. 회곡晦谷, 회당晦堂, 회봉晦峯, 회산晦山, 회와晦窩, 회운晦雲, 회은晦隱, 회정晦亭, 회재晦齋, 회헌晦軒 등이다.63) 회재晦齋로 쓰는 경우는 대학자 이언적李彦迪(1491~1553)이 있고, 회헌晦軒으로 쓰는 경우는 안향 선생을 포함해서 조관빈趙觀彬(1691~1757), 한여해韓如海(1607~1693) 등이 있다.

그런데 이렇게 호를 휘諱하여서 쓰는 원조가 회헌 선생이다. 회헌 선생의 선구적인 모습을 짐작할 수 있다. 이는 선생이 주자화상 찬과 「운곡기」와 「운곡이십육영」을 참고하지 않았다면 나올 수 없는 사실이다. 「운곡기」와 「운곡이십육영」의 중요성은 조선에서도 계속된다. 퇴계退溪 선생은 「운곡이십육영」을 빌려와서 「도산잡영陶山雜詠」을 저술하고 있다.64) 퇴계 선생의 시 「도산잡영」을 살펴보자.

당은 모두 세 칸인데, 중간 한 칸은 완락재玩樂齋라 하였으니, 그것은 주선생朱先生의 「명당실기名堂室記」에 "완상하여 즐기니, 족히 여기서 평생토록 지내도 싫지 않겠다."라고 한 말에서 따온 것이다. 동쪽 한 칸은 암서헌巖棲軒이라 하였으니, 그것은 운곡雲谷의 시에, "자신을 오래도록 가지지 못했으니 바위에 깃들여 작은 효험을 바라노라."라는 말을 따온 것이다. 그리고 합해서 도산서당陶山書堂이라고 현판을 달았다.65)

---

63) 李斗熙 등, 위의 책.
64) 申斗煥, 「「陶山雜詠」의 美意識과 「雲谷二十六詠」의 비교 硏究」『漢文學論集』 36, 2013.
65) 『퇴계선생문집』 권3, 陶山雜詠.

암서헌이라 이름한 것은 '운곡의 시' 즉 「운곡이십육영」에서 가져 온 것이다. 특히 이 모두를 합해서 도산서당이라고 현판을 달았다 는 점이다. 또 퇴계의 제자인 한강 정구는 "그리고 주자의 「운곡기」 를 한번 읽노라니 가슴속이 더욱 툭 트여 내 몸이 어느새 저 중국 의 노봉蘆峯과 회암晦庵 사이에 놓여 있는 것만 같았다."라고[66] 할 정도였다. 주자를 가장 흠모해서 조선의 주자라고 불리는 퇴계 선 생의 모습은 앞선 시대의 회헌 선생의 모습과 닮아 있다. 따라서 회헌 선생의 선구자적 모습을 여기서도 확인할 수 있는 것이다. 이 때문에 회헌이 호를 개정하는 의의를 찾을 수 있다. 한편 앞에서 언급하였던 『고려사』 내용을 다시 살펴보면 아래와 같다.

> 만년晩年에는 항상 회암선생晦庵先生의 진眞을 걸고 경모景慕하였으 므로 드디어 호號를 회헌晦軒이라 하였다. 유금儒琴 1장張을 두고 매양 선비 가운데에 배울만한 자를 만나면 이를 권하였다.[67]

회암晦庵의 진상眞像을 경모景慕하여 호를 회헌晦軒으로 바꾸고 마 지막 모습에서 유금儒琴을 타면서 제자들에게 권하고 있는 것이다. 유금을 타고 있는 모습은 「운곡기」의 마지막 표현인 '탄금彈琴'과 일치하고 있다.[68] 평상시의 생활까지 영향을 받고 있는 모습이다.

---

66) 『한강집』 권9, 가야산 유람록.
67) 『고려사』 권105, 列傳18, 安珦.
68) 신천식, 『여말선초 성리학의 수용과 학맥』, 경인문화사, 2004, 14쪽에 서 "'儒琴 1張'의 내용이 무엇인지는 확실하지 않지만 아마도 그가 연 경에 있을 때 베낀 성리학의 내용이었을 것으로 생각된다."라고 하였 다. 아마 저자는 회헌이 「운곡기」를 본 것을 알지 못했기 때문에 이 런 평가를 한 것이 아닌가 한다.

회헌의 이런 모습을 당대 기록에서 경모景慕라고 표현한 것인지 아니면 후대에 『고려사』를 편찬한 학자들이 사용한 것인지 알 수 없지만 아마도 회헌의 마음을 잘 헤아리고 경모景慕라는 표현을 사용한 것 같다. 단순히 공경하고 사모한다는 의미라면 경모敬慕를 사용하였을 것인데 경모景慕라는 용어를 쓴 것은 이유가 있을 것이다. 『예문유취藝文類聚』의 권52 「선정善政」을 참고하면 이해가 된다.69) 도상圖象, 즉 화상을 보면서 경모하였기 때문에 이런 용어를 사용한 것이다. 결국 회헌 선생이 회암의 진상을 보면서 경모의 마음을 일으켰기 때문에 『고려사』에서 이와 같은 표현을 쓴 것이라고 할 수 있다.

이상 회암을 경모하여 호를 회헌으로 바꾼 의미를 파악해 보았다. 주자는 이미 40대에 「운곡기」와 자신의 화상찬에서 삶에 대한 방향성을 정해 두었다. 그것은 수기를 통한 학문 연구와 제자 양성이었다. 이를 잘 파악하고 있던 회헌 선생은 주자라는 대학자의 사상과 삶을 따르기 위해서 호를 개정하였던 것이다. 회헌의 이런 뜻은 조선시대에 그대로 계승되어 많은 학자들이 「운곡기」와 「운곡이십육영」에 나오는 용어를 차용하여 호號로 삼게 된다. 그 선구자가 회헌 선생이란 점은 주자성리학을 도입한 원류로서의 의미가 있다. 곧 '동방도학지조東方道學之祖'라고 할 수 있는 것이다.

---

69) 『藝文類聚』권52, 善政. "冀州表朱穆之象 太丘有陳寔之畫 或有留愛士 民 或有傳芳史籍 昔越王鎔金 尙思范蠡 漢軍染畫 猶高賈彪 矧彼前賢 寧忘景慕 可並圖象廳事 以旌厥善"

4. 결론

유학이 등장한 이후 성리학 시대까지 동아시아의 모든 학자들이 추구하던 화두는 성인을 희망하는 것이다. 선성宣聖의 십철十哲 중에서 아성亞聖이라 할 수 있는 안연顔淵은 '舜何人也 予何人也 有爲者亦若是'라고 하였다. 이는 누구나 노력하는 사람은 성인을 희망할 수 있다는 뜻이다. 회헌 선생은 공자를 희성希聖하면서 회암을 경모景慕의 대상으로 삼고 있었다. 그 내용과 의미를 밝히는 것이 이번 논문의 목적이었다. 그 결과 다음 몇 가지 사항을 확인할 수 있었다.

첫째, 회헌晦軒 선생은 회암晦庵의 진상眞像을 걸어두고 경모하는 뜻에서 자신의 호를 회헌晦軒으로 바꾸었다. 이는 선생이 주자의 화상 및 화상찬과 회암이란 호의 내력에 대해 자세히 알고 있음을 뜻한다. 주자의 『회암집』을 살펴보면 화공이 그린 경우에는 세 번의 초상화가 있고 스스로 그린 초상화가 있다. 이때의 초상화는 남아 있지 않지만 화상찬에서 그 의미는 파악할 수 있다.

주자가 44세에 지은 「사조명寫照銘」과 45세에 지은 「송곽공진서送郭拱辰序」에서는 수기修己를 통해서 학문에 전념하고 제자 양성에 몰두하고자 하는 의도를 파악할 수 있다. 이때는 송이 금과 화의를 맺으면서 주화 정책을 추진하고 있을 때였기에 주자는 조정과는 거리를 두고 오히려 학문에 몰두하면서 제자를 양성하던 시기였다. 마침 이 무렵인 41세 때 화양현의 운곡雲谷에 회암초당晦庵草堂을 짓고 있다.

주자가 61세에 직접 그린 자화상에 대한 「자경사自警詞」에서는 자신이 살아온 삶이 예법과 인의를 함께한 것이라는 자부심을 표현하고 있다. 또 주자는 제갈무후상諸葛武侯像과 윤화정상尹和靖像을 직접 그리고 「육선생화상찬六先生畵像贊」을 지으면서 초상화의 수기적修己的 의미를 강조했다. 이를 본받아 오징吳澄은 「회암선생주문공화상찬晦庵先生朱文公畵像讚」을 지었다. 오징은 원대 강남 지역에서 활동하던 성리학의 대가로 주자의 도통을 계승한 것으로 자부하고 있었다.

둘째, 주자는 초상화의 이론에 정통하여 전신사조傳神寫照로 이해하고 있다. 이는 사람의 형사形似뿐만 아니라 정신精神・의취意趣를 함께 담아야 한다고 여겼다. 그래서 그 자신뿐만 아니라 후학들도 주자의 진상眞像을 존중하게 된다. 따라서 회헌이 회암의 진상을 마주했다는 것은 곧 그의 삶과 사상을 따르고자 하는 뜻이었기 때문에 본인의 삶도 그러하였고 서거 이후에는 국가에서 화공에게 명하여 화상을 그리도록 하였다. 현재 남아 있는 화상에서 회헌 선생의 고결한 인품을 확인할 수 있다. 이는 북송 성리학 이래로 화상과 화상찬을 남겨 도학과 수기修己의 전통을 전수하던 학풍을 계승한 것이다. 이를 잘 아는 회헌의 후손과 후학들도 그 전통을 유지하고 있었다. 이런 전통을 잘 알고 있던 우암 송시열도 초상화의 수기적 의미를 매우 강조하게 된다.

셋째, 회헌晦軒은 백운거사白雲居士 이규보李奎報에게서 소모所慕하는 바 즉, 경모景慕하는 바를 본따서 호號로 짓는 방법을 전해 받는다. 그리고 주자의 호인 회암晦庵을 직접 접하는 것은 「운곡기雲谷記」와 「운곡이십육영雲谷二十六詠」를 통해서 가능했다. 주자는 이미 40대에 「운곡기」와 자신의 삶에 대한 방향성을 정해 두었다. 그것

은 수기를 통한 학문 연구와 제자 양성이었다. 이를 잘 파악하고
있던 회헌 선생은 주자라는 대학자의 사상과 삶을 따르기 위해서
호를 개정하였던 것이다. 회헌의 이런 뜻은 조선시대에 그대로 계
승되어 많은 학자들이 「운곡기」와 「운곡이십육영」에 나오는 용어를
차용하여 호號로 삼게 된다. 대표적인 호로는 노봉蘆峯, 운곡雲谷,
초당草堂, 남간南澗, 운장雲莊, 약포藥圃, 회암晦庵, 초려草廬, 죽오竹
塢, 칠원漆園, 휴암休庵 등을 들 수 있다. 이와 관련된 중요 학자들
은 일일이 거론할 수 없을 정도이다. 다만 이때 주자의 호였던 회
암晦庵은 직접 사용하지 않고 휘諱해서 회헌晦軒 안향安珦・회재晦齋
이언적李彦迪 등으로 사용하고 있다. 이렇게 호를 휘諱하여서 쓰는
것은 주자에 대한 경모이다. 그 선구자가 회헌 선생이란 점은 주자
성리학을 도입한 원류로서의 의미가 있다. 곧 '동방도학지조東方道學
之祖'라고 할 수 있는 것이다.

넷째, 이상을 통해서 회헌 선생이 주자의 저서인 『주자서』를 직
접 보았음을 확인할 수 있다. 만일 주자의 진상과 화상찬, 「운곡기
雲谷記」를 저서에서 직접 보지 못하였다면 결코 호를 회헌으로 바
꿀 수 없었기 때문이다.

〈참고문헌〉

『고려사』, 『고려사절요』, 『陶隱集』, 『동문선』, 『世說新語』, 『宋子大全』, 『신증동국여지승람』, 『御纂朱子全書』, 『藝文類聚』, 『傳家集』, 『졸고천백』, 『朱子年譜考異』, 『朱子大全』, 『죽계지』, 『止浦集』, 『太平御覽』, 『퇴계선생문집』, 『한강집』, 『晦菴集』, 『晦軒先生實紀』

강헌규, 신용호, 『한국인의 字와 號』, 啓明文化社, 1993.

고봉학술원, 『국역 주자문록』, 보림, 2003.

수징난 지음, 김태완 옮김, 『주자평전하』, 역사비평사, 2015.

신천식, 『여말선초 성리학의 수용과 학맥』, 경인문화사, 2004.

위잉스 지음, 이원석 옮김, 『주희의 역사세계하』, 글항아리, 2015.

李斗熙 등, 『韓國人名字號辭典』, 啓明文化社, 1988.

陳榮捷, 『朱子新探索』, 華東師範大學出版社, 2007.

최석기 등, 『宋元時代 학맥과 학자들』, 보고사, 2007.

강관식, 「조선시대 초상화를 읽는 다섯 가지 코드」 『미술사학보』 38, 2012.

강관식, 「조선시대 초상화의 圖像과 心像」 『미술사학』 15, 2001.

강관식, 「진경시대 인물화」 『澗松文華』 81, 2011.

강관식, 「털과 눈 - 조선시대 초상화의 祭儀的 命題와 造形的 課題」 『미술사학연구』 248, 2005.

노평규, 「安珦에 대한 사상사적 일고찰」 『동양철학연구』 13, 1992.

劉振維, 「評介方彦壽 朱熹畫像考略與僞帖揭秘」 『止善』 16, 2014-6.

박만규, 「先秦西漢中國人名字號考」 『중국학연구』 12, 1997.

申斗煥, 「「陶山雜詠」의 美意識과 「雲谷二十六詠」의 비교 硏究」 『漢文學

論集』36, 2013.

장동익, 「安珦의 生涯와 行蹟」『퇴계학과 한국문화』44, 2009.

全在康, 「安珦과 許衡의 實踐的 性理學 思想과 現實的 詩文學의 對比 研究」『慕山學報』12, 2000.

정상홍, 「회헌 안향 선생 연구의 성과와 과제」『한국선비연구』2, 2014.

차미애, 「恭齋尹斗緖의 聖賢肖像畵硏究」『溫知論叢』36, 2013.

〈Abstract〉

The adoration of scholar Hoeheon晦軒 An Hyang安珦 toward Zhuxi朱子 / Lee Seong-ho

The main purpose of this paper is informing the fact that An Hyang安珦 had changed his pen name to respect Zhuxi朱子, and also proposing the meaning of his conduct. Consequently, this study were shown four results as below.

First of all, An Hyang changed his pen name to Hoeheon晦軒, because he had found the significance of sugi修己 in jinsang眞像 and hwasangchan 畫像讚 by Hoeam晦庵. He had concentrated his study, educated young generation, and expressed his self-esteem of his life.

Secondly, Zhuxi had figured out portrait as Jeonsinsajo傳神寫照. It means that chosanghwa肖像畫 should be contained not only hyeongsa形寫, but jeongsin精神 and uichwi意趣. As a result of this, it had been delivered his noble character by his extant portrait, as the young generations had drawed Zhuxi's portrait, following his thought.

Thirdly, it was possible to find Zhuxi's pen name, as Hoeam, through Ungokgi雲谷記 and Ungogisibyungnyeong雲谷二十六詠. The terms of these two books had been applied Seongnihakja性理學者's pen name.

All in all, it is truth the historical record, which Hoeheon had read Jujaseo朱子書, written by Zhuxi.

Key words: An Hyang安珦, Zhuxi朱子, jinsang眞像, hwasangchan畫像讚, Ungokgi雲谷記

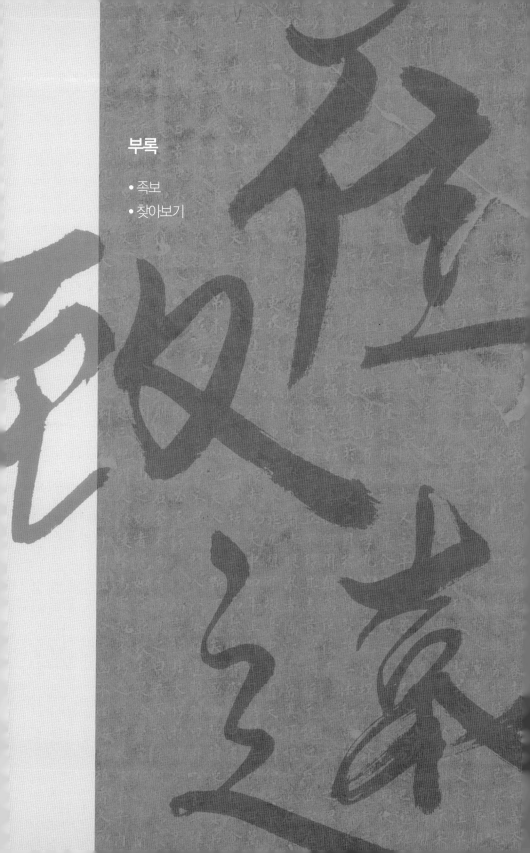

부록

- 족보
- 찾아보기

족보

【족보 1】정명공주主·홍주원·홍상한·홍석주를 중심으로
출전: 『풍산홍씨대동보 豐山洪氏大同譜』1985, 농경출판사

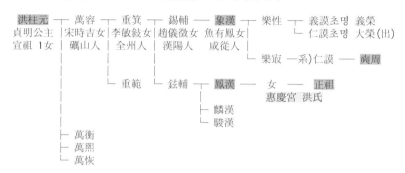

【족보 2】홍상한洪象漢·홍석주洪奭周·홍현주洪顯周를 중심으로

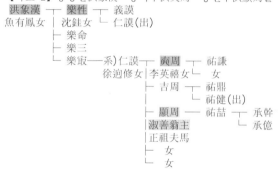

【족보 3】정신옹주·서형수徐迥修·서유구徐有榘를 중심으로

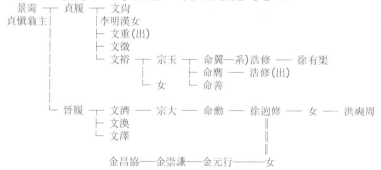

찾아보기